美國唯一漢語總統

赫伯特‧胡佛

支援八國聯軍、詆騙清帝國，救援歐洲大功臣，卻使國家差點破產，飽受爭議的一戰後領袖

THE MAKING OF
HERBERT HOOVER

蘿絲‧懷德‧萊恩 ——著
王少凱 ——譯

他 9 歲變成孤兒，卻成為史丹佛大學第一屆學生；
他 23 歲成為採礦經理，靠「詐騙」在中國混得風生水起；
他和妻子盧‧亨利是美國史上唯一一會說漢語的總統夫婦；
他化解了一戰後歐洲的糧食危機，卻對「大蕭條」束手無策
——赫伯特‧胡佛，評價兩極的美國第 31 任總統。

本書將以幽默的文筆、類小說的形式，
娓娓道出胡佛斜槓、勵志又充滿奇異色彩的一生！

# 目錄

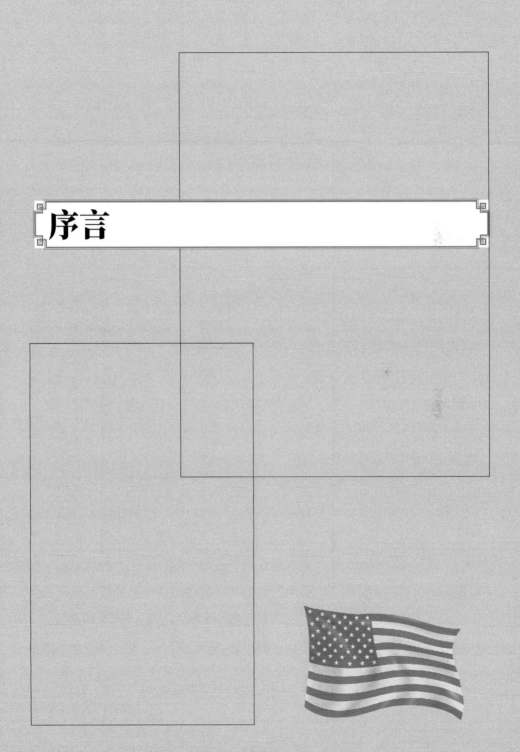

# 序言

# PREFACE

赫伯特・胡佛的人生可謂比小說更加離奇，但卻是一個美國人的真實故事。從他有趣的童年經歷到傳奇般的成功，胡佛幾乎度過了讓美國成為偉大國度的全部階段。正是這樣一股力量成就了美國，也成就了胡佛的傳奇人生。胡佛的傳奇人生不過是這個國家不斷成長的一個縮影而已。

在本書的開篇，我們會首先談論胡佛那些當年來自大西洋西岸的祖先，在結語的時候則會談到胡佛為美國以及世界所做出的貢獻。他的人生故事深刻地證明一點，那就是赫伯特・胡佛代表著一種美國精神。

筆者在處理赫伯特・胡佛的相關傳記資料時使用了與眾不同的方法，因此對此稍作解釋是很有必要的。筆者在這本書裡所引用的資料與事實都是沒有任何爭議的，每一個故事細節都是筆者從不容爭辯的權威手中那裡取得的。當然，對這些資料的解讀則是屬於筆者自己的。我想要透過這些故事來呈現出赫伯特・胡佛充滿生命力的個人形象，展現出遺傳與環境對他個人品格的影響。因此，若是純粹從解讀層面去看的話，我只是在書中表達了自己的一些觀點，其他的內容都屬於參與了此書的合作者，他們都是從小認識並了解胡佛的人。

本書得到的任何讚譽都應歸屬查爾斯・凱洛格・菲爾德（Charles Kellogg Field），這位《日落雜誌》（Sunset）的編輯。正是他鼓勵我去寫作這本書，幫助我收集了許多關於胡佛的資料，每天都在寫作方面給予我協助，並且最後負責編輯整本書。要是我們在書中呈現出來的故事堪比一齣戲劇的話，那麼當這齣戲劇落幕的時候，我想每位觀眾都能感受到胡佛這位偉人帶給我們的心靈衝擊。他們會在臺下大聲地呼喊：「誰是編劇呀？」我只能長時間躲在舞臺背後說：「請將燈光照在查爾斯・凱洛格・菲爾德身上，這位赫伯特・胡佛的大學同學與朋友。」

蘿絲・懷德・萊恩

# 開篇

## 開篇

在十六世紀下半葉，法國信奉羅馬天主教的國王迫害他統治的清教徒。當時，在巴黎市郊生活著一位名叫胡波爾的男人。他是一位生活節儉、充滿智慧與心滿意足的人，他的家庭正在慢慢壯大，他似乎會安安靜靜地度過老年生活，就像花園裡的果樹一樣。他擁有一切讓一個人感到知足的東西，除了一樣東西。

「一個人的靈魂需要的，」他說，「就是自由！」正因如此，他將自由看得比自己擁有的所有財產都更加重要。為了自由，他寧願拋棄一輩子積攢下來的財富。他帶著家人與那些被政府追捕的逃犯逃到了荷蘭，身上只有他們裝在背包裡的東西。

之後，就沒有人再聽說過胡波爾這個人了。與很多被遺忘的逝者一樣，時光也將他掩埋了。在一個與他說著不同語言的國度裡，即便在他去世的時候也不會有多少人在意。他的兒子叫胡佛。但是，胡佛父親的精神深深影響著他。正是父親播下來的自由種子，讓他勇於投身到一個未知的將來，此時一個國家正在茁壯成長。

在胡波爾去世的四百年裡，許多王朝、信仰都發生了改變，世界的重心已經朝著大西洋西邊轉移到一片全新的大陸。在這個大陸國家上將出現一個人，正是這人一手改變了歐洲許多國家的命運，讓上億人免於戰爭的飢餓，深刻地影響著一次世界大戰之後的走向。

這個人坐在辦公室的桌子前，這是一個安靜的地方。歐洲過去幾個世紀所建造的基礎正在發生動搖，有二十六個國家的人民正因為缺乏食物而處於死亡的邊緣，整個歐洲面臨著饑荒，美國也感受到了地震般的震撼。那個時代呼喚著強者的統治。人們願意放下自己的主見與珍視已久的自由，只為了吃一口飽飯。

赫伯特·胡佛，那位名叫胡波爾的法國人四百年之後的後代，當時就

只是向一億飢民發放糧食的食物署長。想要維持同盟國就需要食物，而食物只能來自美國。赫伯特·胡佛負責運送糧食到歐洲的艱鉅任務。此時胡佛手中的權力要比歐洲任何一位國家元首的權力都要大，數以億計的人也希望著他能夠好好地運用這種權力。

「不！」他說，「自由是一種極為寶貴的資源，絕對不能被摧毀。人們並不需要獨裁的統治者，人們需要的是教育。我會告訴美國人民發生在歐洲的事實，他們必然會對此做出反應。我會將他們聚集起來，但是能讓他們取得成功的力量只能源於自由的人民。」

在一片歇斯底里的美國主義的喧嘩聲中，赫伯特發出這些代表美國的真實聲音成為所有人都認可的共識。正是因為當年許多的男女發聲，才讓他們遠度重洋，擺脫了原先受到束縛的國度；正是他們的發聲，才在原本布滿荊棘的荒野上建成了一個共和國。赫伯特·胡佛為這些勇敢的男女們發聲，因為正是他們的精神造就了他。在他之前的五代祖先都是勤勞的人，他們雖然過著平凡的生活，卻始終為這個夢想而努力。他們的努力奮鬥造就了今天的美國，也造就出了赫伯特·胡佛。

當年為了追求靈魂的自由，胡波爾離開了法國前往荷蘭。在將近兩百多年之後的 1740 年，在一個全新的大陸上尋找自由的希望讓他的三個後代克里斯蒂安、約拿斯與安德魯·胡佛遠度重洋，來到了美洲大陸。在馬里蘭的邊境地區，安德魯建造了一座木屋，成立了家庭。

安德魯是一位身強體壯的人，性格安靜，有著一雙柔和的眼睛。他成為了一名優秀的伐木工人與聰明的獵手。他所建造的木屋是舒適的，他所經營的小農場也逐漸盈利。但是，當他手持著斧頭或是槍支獨自一人在森林裡的時候，他深沉地思考過。最終明白了一個道理，他並沒有找到所謂的自由，這裡依然還有一些控制人心的教堂，這些教堂以偏執古板的教條

## 開篇

控制著那些遠度重洋找尋自由的先驅者的心靈，想讓這些人成為天主教徒。有一些宗教的形式，比如洗禮，是必須要遵守的。諸如什一奉獻也是應該繳納的，一些不容改變的信條是必須要遵守的。晚上，當他坐在火堆旁邊，與自己的妻子瑪格麗特討論了這個問題。

「一個自由的人只能遵循自己的良知。」安德魯最後斬釘截鐵地說。當一位前來過夜的旅行者談到了胡瓦拉溪那邊有清教徒的社區，安德魯與瑪格麗特決定離開這個他們苦心經營的地方，前往北卡羅萊納州的荒野。

來到美國的早期清教徒團體也許是在個人主義（individualism）與集體主義（collectivism）之間達成了最佳妥協的團體。這些男女都是整個社區裡平等的成員，個人的良知是唯一的法律規定，對上帝的崇拜也可以按照每個人喜歡的方式與儀式去進行。在這樣的環境下，安德魯與妻子找到了內心的平靜。他們在這裡養育了十三個孩子。

在安德魯壯年時期，他的孩子約翰變得躁動不安。在向西的森林那一頭是一片沒有人開墾的大陸，這需要那些具有冒險精神的人去開墾。此時，傳來了美國聯邦政府號召民眾前往俄亥俄以西的荒野之地開墾的消息。

約翰與他的七個兄弟賣掉了他們的房子與土地，將財物與貨物都裝上馬車，跟他們原先熟悉的地方說再見。其中兩個兄弟騎著馬驅趕著羊群跟在馬車隊伍後面。約翰騎馬在前，馬鞍上放著步槍。他的兒子傑西此時只有七歲，卻也已經非常自豪地騎著馬前進。他們就這樣穿越了森林，翻過了維吉尼亞的許多高山，來到了俄亥俄山谷的一片平原。

最後，他們在俄亥俄州的邁阿密郡紮下了營，這裡距離斯提沃特溪的一座木屋不是很遠。一位名叫麗蓓嘉·楊格的女生在晚上的時候被吵醒了，聽到了美洲豹用爪子抓木牆的聲音。九年後，她十八歲，嫁給了傑

西‧胡佛。正是她在未來的某天抱著自己的曾孫赫伯特‧胡佛，用曲奇餅撫慰自己的曾孫，因為小胡佛的其他兄弟都出去打獵了。

　　無論是在少女時期還是熟女時期，麗蓓嘉都擁有著對目標堅定的信念，她有著很強的工作能力，以及極強的執行能力。她養育了九個孩子，還另外收養了十九個孩子。

　　麗蓓嘉是邁阿密郡出了名的家庭主婦，她懂得醃製肉類食品，會紡織亞麻，她所做的拼布床單在那一帶都非常出名。在她的手中不會有什麼東西是會被浪費的，每一樣東西都能發揮其用處。在秋天的時候，她會準備過冬所需要的豬肉，做一些香腸、水晶皮凍與醃製豬腳。她會透過過濾木灰與蒸煮殘餘的油脂來做香皂。當她精心縫製的長袍破舊之後，就會將長袍切割下來，為女孩們做精緻的方巾。當這些女孩不適合戴這些頭巾之後，她會將較大的布料做成縫補衣服的布料，其他的布料則切割成條狀，利用冬天的晚上將這些布料縫製在一起，做成地毯。

　　麗蓓嘉的職責並沒有單純局限在家庭事務與照顧二十八個孩子身上。她還是一位虔誠的清教徒，是當地社團的一分子。她深刻地感受到身為一名公民所應該承擔起來的責任。她的觀點不僅得到當地社區得到重視，在她所在的州也得到重視。多年來，她始終受到當地尊敬。在年度集會上，她會面對眾人發表演說。西部的整個教區都因她所帶來的積極影響而感到自豪。

　　在麗蓓嘉九十四歲的時候，她依然時刻關心著國家大事。她曾說：「只要我還活在這個國家，我就認為自己有必要了解政府正在實施什麼政策。在上帝的幫助下，我能據此形成自己的觀點，然後適時發表出來。」

　　麗蓓嘉在五十三歲的時候建議自己的丈夫離開他們居住了大半輩子的家，前往遙遠的西部，這樣做只是為了能讓他們的子孫能夠在一個全新

的環境下生活。因為在當時的俄亥俄州，想要找到免費的土地已經越來越困難了。原先的田產已經不足以維持整個家庭的日常開銷了。瑪麗・胡佛 —— 麗蓓嘉兒子的妻子，希望自己的孩子能夠擁有屬於自己的農場。瑪麗的身體一直不是很好，因此她擔心自己可能不久於人世了。每當她言辭激烈地敦促丈夫為三個孩子找尋土地的時候，臉上都會變得通紅。

於是，艾利與他的兩個兄弟就出發前往西部了。當他們回來的時候，興奮地表示在愛荷華州有幾千畝肥沃的土地等待著開墾，可以做成農場，而且這是一片相對平坦的平原，不需要耗費多少人力去砍伐森林，因此開墾起來會相對容易許多。他們最終說服了麗蓓嘉以及她的丈夫，最後還是決定搬到那裡居住。

第二年春天的時候，他們離開了邁阿密郡這個有他們唯一記掛的地方，前往了愛荷華州的平原。艾利與他的兄弟也一同前去，但麗蓓嘉將瑪麗的五個孩子視如己出。瑪麗在去年冬天已經去世了，她無法看到為孩子們留下來的這片土地。要是她還活著的話，赫伯特・胡佛的父親可能會繼續當一名農夫，而不會做一名鐵匠，並在這之後選擇放棄鐵匠的工作，成為農場機械的經銷商。

在瑪麗的孩子當中，傑西排行中間，他對農場工具更感興趣，對使用這些工具去做農務則不是很感興趣。他的爺爺與叔叔都在愛荷華州中部的平原上立樁表示了他們的土地範圍，這片土地在愛荷華州與雪松河的中間地帶，這裡還散落著其他的房子，最終形成了西布蘭奇這座小鎮，這座小鎮的名稱是以他們之前在俄亥俄州居住的那個鎮命名的。傑西的兄弟們則前往了森林之外更遠的地方，那裡經常有野鹿出沒，還能聽到很多平原野雞在不斷地喊叫。但是，傑西還是最喜歡到農場的工具房裡研究這些工具。

在一個下雨的週末下午，他看到了班納賈奇叔叔用燒紅的煤炭來燒鐵做犁頭，不斷用鐵鎚敲打著犁頭，使之變得越來越鋒利，然後將燒紅的犁頭放入冷水裡，犁頭發出嘶嘶聲響。在曾祖母麗蓓嘉發現之前，他就在週日這天從大家集會的房間裡拿了幾枚釘子與家用的鉸鏈，偷偷地放入口袋裡，接著偷偷地嘗試一下這樣的實驗。對一個小孩來說，這種工作很快就讓他們感到疲憊。

在集會房間的走廊上，他第一次遇到了那位留著棕色頭髮、灰色眼睛的小女孩赫爾達‧朗達爾‧明索恩。明索恩的母親乘坐馬車將她從底特律帶到這裡，同行的還有她的六個兄弟姐妹。她的父親則騎著那匹好看的佩爾什馬在後面緩慢地跟著。一次，赫爾達跟傑西談論起關於馬匹的問題，說他們全家從加拿大的多倫多一路來到這裡，船上的每個人都非常敬佩他們。她說，加拿大人的腿就像樹幹那麼長，他們的皮膚非常光滑，就像絲綢那樣閃耀著光芒。

雖然當時的赫爾達‧明索恩年紀還比較小，但是她已經是一位非常美麗且舉止優雅的女生了。他們的祖先可以追溯到威廉‧明索恩，威廉在1725年與妻子一起乘船離開英國，但在漫長的旅途中病逝了，留下了四個年幼的兒子與母親來到了美國。在康乃狄克州茫茫的森林裡，她的祖輩憑藉著勇敢開創的精神克服了重重困難定居下來，與印第安人也爆發過多次戰爭。儘管如此，威廉的兒子以及這些兒子的後代始終都沒有喪失對知識的追求。威廉‧明索恩的第三代子孫已經是哈特福德大學的學生了。他的孫子，也就是赫爾達的父親，帶著全家跨越了加拿大、北美五大湖、密西根州、印第安納州與伊利諾州，最後來到愛荷華州。在一路上，他始終帶著幾本自己珍愛的書籍。

赫爾達的母親瑪麗‧衛斯理‧明索恩是一個身材瘦小、有著一雙明亮

眼睛的女人，她的臉上經常掛著微笑，頭髮紮起來，戴著貴格會教徒們經常戴的軟帽。在她的靈魂裡，對色彩有著獨特的愛好，特別是紫色。她所穿的長袍一般是灰色或是棕色的，配上一條掛在胸前的白色方巾。她的軟帽是灰色的。對她來說，編織被單總是充滿了誘惑。她在紡織方面的能力在家庭主婦當中可以說是出類拔萃的。她會親自設計衣服，準確地測量衣服的尺寸，然後染布料，在用刷子粉刷衣服的時候會感到愉悅。她從來都沒有兩件顏色完全一樣的衣服。她對美感的熱愛都展現在衣服繪製的圖畫上，包括她對每一根線的染色上面。因此，當她長時間坐在紡織機前面，看著手中的布料變成一件美麗的衣服時，她的內心是無比愉悅與驕傲的。有時，她甚至會覺得自己這樣沉迷於做衣服是一件錯誤的事情，但她從未想過要放棄。

瑪麗‧明索恩身上散發出一種強大的精神力量，讓她勇於面對生活的各種困難，成為生活的征服者。在丈夫去世的時候，佩爾什馬還沒來到這裡，也沒有為他的家人建造好房屋。此時，瑪麗要獨自撫養七個年幼的孩子，還要開墾超過一百六十畝的平原荒地。在她丈夫躺在棺材等待下葬的那天早上，她就戴著貴格會教徒的軟帽，手上拿著圍巾，站在丈夫的棺材前，勇敢地做出了宣誓：

「我一定會好好照顧這幾個孩子的！」她說，「我一定會讓他們吃得飽、穿得暖，將他們養育成敬畏上帝的男女。他們每個人都將要接受大學教育。」

她一人擔起了這個家。在鄰居的幫助下，她不得不承擔起繁重的農務，這也讓她得到了一定的回報。在接下來十七年的時間裡，她勤勤懇懇地經營著這個農場與這個家。她與孩子們一起鋤地、煮飯、收割農作物，為冬天存糧，並且每天都要祈禱。在這段時間裡，她的每個孩子都接受了

最好的教育，他的兩個兒子都以優異的成績從俄亥俄州州立大學畢業，他的女兒赫爾達在私立學校上了兩年學之後，也在大學讀了一個學期，最後幸福地嫁給了傑西·胡佛 [01]。

　　整個村裡的人都記得這年秋天發生的事。因為這是很多人第一次見到打穀機。當時的打穀機還是相對簡單的，機械的輪子由兩匹緩緩繞著圓圈的馬匹來驅動。但這對當時的農民來說簡直就是一種奇蹟，因為他們之前從未見過這樣的東西。這種機械零件是從東部透過船運到這裡的，但是誰也不知道如何將這些零件組裝起來，直到傑西·胡佛看到了這種機械。他認真研究了這個機械的每個零件，小心翼翼地組裝，終於讓這臺機器正常地運轉起來。

　　打穀機的出現對這個地區產生了深遠的影響，這意味著美國的歷史翻開了一個全新的篇章。之前零散的開拓者勇闖西部的時代已經結束了，農業開始真正建立起來了。機械化的時代也開始到來了。當時，美國的內戰也已經結束了幾年，製造業在北方已經得到了長足的發展。現代工業的發展最終不可避免地會造就許多大城市與大企業，讓財富與權力得到更一步的集中。

　　四年之後，在靠近傑西·胡佛那間小鐵鋪的一座棕色的木屋裡，赫伯特·克拉克·胡佛出生了 [02]。他出生的時代剛好是勇敢開拓西部結束的時代，卻是另一個時代的開始。

　　赫伯特·胡佛的前五代祖輩身上所展現出來的精神也在他的身上顯現出來。安德魯·胡佛、約翰·胡佛、麗蓓嘉·楊格、威廉·明索恩、瑪麗·明索恩等人的血液在他身上流淌。他們的人生其實也是造就美國的人生，

---

01 此事發生在 1870 年 3 月 12 日的愛荷華市。
02 出生的日期為 1874 年 8 月 10 日。

## 開篇

而胡佛的人生則代表著美國的未來的時代。

赫伯特·胡佛的阿姨寫的一封信：

「親愛的女兒：

妳的信件已收到，我會將自己所知道的事情告訴妳，因為妳說過所說的內容必須是真實的。我還清楚地記得赫伯特出生的日期。那一天，我與赫爾達在一起縫製衣服，而妳就在我身邊。赫爾達與傑西一直都對妳非常好，因為他們就想要一個像妳這樣的女兒。

第二天很早的時候，傑西過來敲我的窗戶，說：『我們生了另一個格蘭特將軍[03]。赫爾達想見見妳。』於是，我就與妳一起過去看了。

他們當時住在鐵鋪旁邊的一間小房子裡。這是一間很小的房子，但屋內卻總是那麼乾淨整潔。因為赫爾達是一位非常能幹的家庭主婦，不管房子是大是小，總要將房子打掃得乾乾淨淨的。但是，她對家庭環境的追求並不會影響家人。孩子們始終可以在這裡玩的很開心。這裡有一個玩具馬，還有小球與各種玩具，但是當孩子們沒有玩的時候，這些玩具都擺放得很好。對赫爾達來說，做任何事情都要有始有終。我現在就可以看到那個抽屜，抽屜裡面始終裝著許多隨時能夠用得上的東西，這些東西都是她親手做的。在那個時代，我們都還沒有縫紉機。

赫伯特出生的時候是一個非常帥氣的孩子，圓嘟嘟的臉，用友善的目光看著身邊的每個人。」

---

03 格蘭特時任美國總統。

# 第一章

## 第一章

　　赫伯特・胡佛年幼時最早的印象是關於陽光、綠葉以及他母親談論上帝的聲音，這一般都是發生在早餐之後的客廳裡。他與哥哥塔德會爬上椅子，然後在椅子上懸空著雙腳，而他們的父親則會用莊嚴的聲音閱讀著一本黑色封面非常厚的《聖經》。他的母親則會抱著妹妹梅在膝蓋上。接著，他們都會在地毯上下跪，手肘靠著椅子的位置。在一陣短暫的沉默之後，母親就會開始說話。

　　胡佛並不清楚母親到底所說的話是什麼意思，但母親說話時的聲音非常好聽。他透過手指的縫隙看到了早晨的陽光灑在窗戶外面一排排的植物上。陽光在房間的地面上留下了一條條長方形的黑帶。陽光灑在房間的一個角落裡，剛好照在母親灰色的衣服與她秀麗的頭髮上，頭髮在陽光下閃閃發光。整個房間顯得一片沉靜。這樣一種沉靜、照在綠色葉子上的陽光，再加上廚房煮沸的茶壺發出的響聲，似乎代表著母親所談論的上帝正在他們所處的房間裡。上帝存在的感覺以一種奇特而安靜的方式充斥著整個房間。

　　赫伯特・胡佛會不自覺地扭動一下身子，但他在這個過程中不敢發出一點聲響，他只是悄悄地轉過頭，看看妹妹梅是否還在保持著安靜的狀態。接著，在聽到移動椅子發出的清脆聲響之後，他們都站起身。胡佛的父親會戴上帽子，穿上外套前往工具房，而他的母親則開始收拾吃完早餐後的碗盤。

　　「伯蒂[04]，出去外面玩吧。」母親說，「但是千萬不要弄溼雙腳。」說完，母親就在胡佛的脖子上纏上一條圍巾，幫他扣好外套上的鈕扣，然後親吻了他一下。母親的手是那麼靈活與堅定有力，卻又是那麼的溫柔，她的眼神裡始終透露出一種淡淡的笑容。胡佛迅速地扭動著身子，離開了母

---

04 胡佛的小名。

親的束縛，因為他想要帶上雪橇立即到室外去玩耍。

　　房子外面有一個很寬闊的庭院。在庭院前面有六棵非常大的楓樹，這些楓樹的樹幹會在雪地上形成一片非常大的陰影。在不遠處道路的另一邊就是一座棕色的房子，當他還是個嬰兒的時候就曾在那裡居住。而在更遠處則是父親當年做鐵匠時所開的店鋪，現在依然在冒出著黑色的濃煙。

　　雪橇鈴突然發出一陣清脆的笑聲，約翰・明索恩乘坐的雪橇在兩匹鼻子冒出蒸汽的馬的牽引下匆匆經過。胡佛看了一眼約翰叔叔，只見他騎在馬背上，身體的力量都集中在手上所拉的韁繩上，另一隻手則拿著鞭子，他一臉微笑，露出了雪白的牙齒。接著，他就在雪中匆忙地離開了。約翰叔叔的馬匹是非常狂野的，非常難以控制，但他卻像駕馭風一樣駕馭著馬匹。當然，對於當時還小的胡佛來說，在雪橇上安裝雪橇鈴還是一件無法做到的事情。

　　伯蒂從廚房大門裡將雪橇拖出來，此時房子的屋簷上都凝結著冰柱。伯蒂帶著露指手套，想要用手去折斷冰柱，嘗一下冰柱的味道，但母親禁止他這樣做。在房子的後面是一座花園，茫茫的大雪已經掩埋了馬鈴薯的藤蔓以及葡萄藤蔓。殘餘的棕色藤蔓也被大雪所覆蓋，當他用腳踩上去的時候，可以聽到一陣清脆的破裂聲。整座房子就在錢伯山的山腳下。伯蒂拖著雪橇，緩慢地沿著小山的斜坡向上走，他那兩條很短的小腿只有深深踩在雪地裡，才能繼續向前。

　　沉寂的小山因為很多孩子在這裡乘坐雪橇往下滑而顯得熱鬧非凡。在這裡，伯蒂聽到了孩子們大聲的叫喊聲、歡笑聲，還看到了很多孩子在雪地裡打滾的情形，一些小女孩則興奮地尖叫著。現在，他處於自己的世界裡，身邊被無數個他喜歡或是不喜歡的交叉氣流所影響，內心感到既恐懼又無比的興奮。喬治與瑪米・庫姆斯都在這裡，艾迪、威利、艾迪・史密

斯也在這裡，哈利艾特、布蘭切與希歐多爾·邁爾斯以及其他小孩也在這裡。在這些孩子當中，伯蒂看到了自己的好朋友，也看到了自己不喜歡與之一起玩耍的人 —— 一些個子較大的男孩會用雪來擦拭他的臉，而他的哥哥塔德[05]總是會勇敢地站出來為自己的弟弟出頭。而很多喜歡告密的小孩在回到家之後都會講述這些有趣的打架情況。他們會對他大聲喊叫，而他也會大聲喊回去，接著繼續沿著小山山頂走，他的面容始終顯得那麼沉著冷靜，絲毫沒有受到其他孩子的挑釁。他的目標就是要到達小山山頂，然後乘坐雪橇立即向下滑。

伯蒂氣喘喘地停下了腳步，因為他終於來到了小山頂。他看見下面是一條很長的彎曲滑雪道，這條雪道經過約瑟夫·庫克那個沒有葉子的果園，然後經過楊木樹叢，與其他小孩一起滑過的雪道重合，最後到達一座小橋附近的彎道才停止。伯蒂放下了雪橇，準備全力衝下去，但他突然停下來了。威利·史密斯就在站在他前面，手裡拿著一個全新雪橇的繩索，這個雪橇塗著紅色，閃著亮光漆的光芒，看上去非常結實，並且附有一些鋼鐵做的營釘。

「我有這個全新的雪橇。」威利說。伯蒂走上前去，認真地端詳著這個新雪橇。

「我的雪橇是我爸爸幫我做的。」伯蒂最後心滿意足地回答說。

「我的雪橇有一個全新鋼鐵做的營釘。」威利說。

「你的這個雪橇不錯。」伯蒂說完，就準備向下滑了。

「你的雪橇沒有鋼鐵做的營釘。」威利繼續說。

「是的。」伯蒂說，「但是，我的雪橇是用鐵做的。在我很小的時候，我的父親在鐵匠鋪裡工作。」

---

05 也就是希歐多爾·傑西·胡佛，他比赫伯特·胡佛大三歲半，是史丹佛大學礦物系主任。

「我的雪橇才是最好的雪橇，」威利堅持說，「我想要跟你換雪橇。」

「不行。」伯蒂說，「我喜歡我現在的雪橇。」

「即便你給我兩個你這樣的雪橇，我也不想跟你換。」威利說。

「沒有兩個這樣的雪橇。」伯蒂反駁說，「在這個世界上，我只喜歡這個雪橇。」

他們的談話突然出現了暫停。「要是我想跟你交換的話，你會給我什麼呢？」威利問道。

「你想要交換什麼？你的雪橇也不錯呀！」伯蒂說。

到了吃晚餐的時候，伯蒂的母親來到門廊前看到遠處自己的小兒子正在拉著一個表妹往回走，他的手上拿著一個全新的雪橇。她在楓樹下等待著兒子的歸來。

「伯蒂，你從哪裡得到這個新雪橇呢？」

「我換的。」伯蒂微笑地對著母親說。「威利想要交換雪橇，威利更加喜歡我之前的那個雪橇。哦，母親，妳看，這個雪橇還有鋼鐵做的真正營釘呢！」

他們一起走回家。當他們回到家之後，家庭的溫馨瞬間讓他們將外面的事情拋在腦後。這個家就像一個充滿安全感與溫暖感覺的泉源，讓每個人都想要回來。這裡是所有冒險的起點與終點。這個家的溫暖感覺讓人愉悅，讓人不知不覺想要回家。

在這個家裡，孩子們都可以自由地走動，去做能讓自己感到開心的事情。在一個刮完暴風雪的下午，他們玩得非常高興！附近的表弟表妹都會過來玩耍，他們會在樓梯上你追我趕，發出陣陣吵鬧聲與笑聲，他們還會玩捉迷藏的遊戲，他們會躲在衣櫃裡或是母親的衣裙下面，而母親則安靜認真地坐在椅子上縫紉。當孩子們玩累的時候，她就會拿出餅乾罐，或是

## 第一章

從地窖裡拿出一些冷凍的蘋果給孩子們吃。

這個家庭的核心就是胡佛的母親。她就像陽光或是空氣那樣照耀著這個家庭，母親的存在也是他那個堅定與不可改變世界的一部分。他從來都無法想像沒有了母親的世界或是任何的情景。對他來說，母親不僅是一位幫他洗澡、穿衣服或是安慰他的人，母親更是代表著一種秩序、平靜與美好，而這些都是人生建立的基礎。他能從母親的身上看到一股光芒，這樣的光芒從她的微笑中綻放出來，從她那雙纖弱的手流露出來，從她那棕色頭髮的光澤中流露出來，從她穿著的那件乾淨的長袍中流露出來。在胡佛眼中，母親就是耶穌基督的化身。

母親經常會跟他講伯利恆的孩子的故事。母親會跟他說善良的牧羊人會讓人躺在綠色的牧場上，然後引領著他們走到靜水的旁邊。母親會跟他說耶穌基督的觸摸會讓生病的人身體痊癒，會讓那些失明之人恢復視力。母親還告訴他，基督在十字架上受難時所做出的犧牲的故事。母親所說的這些故事都讓他年幼的心靈隱約感覺到過去的世界與未來的世界，讓他知道自己的生命循環之外的其他世界。他知道了以利沙與母熊的故事，知道了以利沙與駕駛著熊熊燃燒的二輪戰車的故事，知道了關於所羅門、大衛王與諾亞的故事。但在年幼的胡佛心中，這個世界還有另一個「基督」，這個「基督」就是他母親經常談論的，正是他的善意與犧牲才讓眾人得到救贖。正是這樣一位「基督」才讓母親的臉上長掛笑容，讓她的眼神充滿了光芒。這就像陽光一樣永恆存在的事實，誰也不會對此心存懷疑，而只能與這樣的信念相伴。

在週日那天，胡佛與塔德在洗浴之後穿上了乾淨整潔的衣服，然後安靜地步行到了他們認為上帝所在的教堂。他們不喜歡來這裡，他們更想要穿著平時的衣服到拉班叔叔那個堆滿乾草的穀倉裡玩耍，或是與表弟表妹

們爬上小山上玩耍。但是，這個世界就是這樣，有些事情總是無法順他們的心意。在週日這天，幾乎全村的人都前往教堂禮拜。

教堂占地面積很大。在教堂旁邊有一片教堂墓地，那裡是曾祖父傑西・胡佛與外公希歐多爾・明索恩埋葬的地方。一想到這，就讓胡佛感到毛骨悚然卻又充滿誘惑力。很多人都沿著兩旁種滿樹木的大街前來這裡，乘坐輕型馬車前來的人也非常安靜。很多叔叔阿姨、表弟表妹們都已經過來了，他們的馬匹就拴在教堂後面的小屋裡。胡佛看到了爺爺艾利與叔公威廉以及叔叔班傑明・邁爾斯，他還看到了外婆明索恩，她就像一個帶著灰色軟帽與圍著圍巾的小矮人，在她旁邊站著的是潘恩叔叔。來自鄉村的表弟表妹們也在那裡。他能夠跟他們說很多有趣的事情，也能夠聽到很多新奇的事情。但這一天是週末，孩子們都被父母嚴加看管，因此他們只能沉默不語。他們的嘴巴必須要像老鷹的喙被封住一樣保持沉默。即便是大人們也沒怎麼說話，即便是說話也用非常輕的口氣說話。

「赫爾達，很高興見到妳。」

「母親，妳身體還好嗎？」

「上帝的仁慈始終保護著我。」

胡佛的母親用手抱著妹妹梅，接著與外婆一起走進了女性專屬的教堂通道。但是，胡佛身為男性，只能與塔德以及父親一起透過男性專屬的通道進入教堂。胡佛很快就爬上了教堂的椅子上，透過高高的隔離區看到了一排排的女性都戴著軟帽，身體微微向前傾，看不到她們的容貌。他看到母親與其他女性都在安靜地坐在那裡。在這之前，她應該看到了隔離區這邊的自己吧。於是，他努力挪到了塔德旁邊，就看不到母親了。

他坐在一張又高又堅硬的長椅上，看著自己的叔公約翰・楊格，只見

# 第一章

叔公正與其他長輩[06]坐在那裡。他們都是留著長鬍鬚的嚴肅之人,坐在教堂最後面的四排上,其中每一排長椅的高度都有些區別,因此他只能看到他們那一張張莊嚴的臉。對年幼的胡佛來說,他認為上帝就是留著長鬍鬚、表情嚴肅而且從來都不微笑的人。接著,腳步拖曳的聲音消失了,安靜彌漫在整個教堂裡。

這樣的安靜就像是一塊沉甸甸的石頭壓在胡佛的心頭,讓他覺得難受,最終覺得無法忍受。胡佛緩緩地轉過頭,看著身邊的其他人都是一臉專注嚴肅的樣子。他抬頭看了一眼教堂的天花板,認真端詳著教堂牆壁上的細縫。他的雙腿開始覺得疼痛。突然之間,讓他感到驚訝的是,身旁的大人們都用力地站起來,他因為身材矮小,靴子觸碰到地面時發出了一陣聲響。父親用責備的眼神看著他,這讓他感到非常羞愧。他立即挺直身體站立起來。安靜繼續彌漫著整個教堂。

接著,他聽到了母親的聲音。因為男女座位之間的那道隔離板,他看不到母親的樣子,但他能看到長輩的臉都望著遠處,那就是母親發表演說的地方。母親的聲音低沉而充滿力量,雖然當時看不到母親的樣子,但他能夠感受到母親的精神力量。母親的話語跨越了擋板,正在談論著耶穌基督。母親說,耶穌基督是仁慈的,他的愛意始終都包圍著我們,因此我們必須要盡心盡力地服務他,愛著他,活在耶穌基督的影響下是一種難以言喻的快樂感覺,能讓人獲得一種超乎想像的平和感。

母親的演說結束了,教堂裡又沉默了,這樣的沉默似乎要持續到永遠,這樣一種看似無限的沉悶感覺沉重地壓在胡佛的心靈上,他的身體也不再感到疼痛了,他的心智開始變得麻木,他對班傑明·溫特斯在教堂裡似乎要入睡的情景也失去了興趣。他的雙眼不再無聊地看著教堂牆壁的各

---

06 約翰·楊格就坐在教堂執事旁邊的位置。之後,他成為了西布蘭奇貴格會教堂的專職牧師。

種細縫，只是安靜地坐在長椅上。

　　當這種麻木的感覺消失的時候，他只是從長椅上滑下來，跟著父親走去外面那個充滿喧嘩與活力的世界。他就像一個被釋放的囚犯重新獲得了自由。

　　在教堂前面的樹木下，很多家庭都重新聚集起來，他們都安靜地分享著眼前這輕鬆愉悅的時刻。大人們都面帶微笑，不時地點頭，用低沉的聲音談論著剛才的儀式、天氣狀況或是莊稼的情況。胡佛的父親將在外婆手臂中沉睡的妹妹梅抱過來，放在肩膀上讓她繼續睡。母親看著神采奕奕，胡佛知道母親剛才在演說中已經被耶穌基督的精神所感染到了。胡佛立即過去與自己的表弟表妹們見面，聽聞喬治最近剛得到了一個浣熊玩具，並且他的父親還承諾要買一把專門用來狩獵兔子的槍給他。這些男孩都黏在一起，談論著這件事，眼神都顯得炯炯有神。他們都想要立即奔跑、跳躍或是大聲地喊叫，為自己能夠離開教堂的束縛而感到無比高興，他們都對剛才在大人們監管下不得不一動不動地坐在位子上的事感到厭煩。

　　胡佛也有自己要做的任務，他要將木柴裝滿木柴箱，在夏天的時候到花園裡除草，還有其他零碎的雜事要做。對他來說，玩耍的事情必須要先放在一邊，他必須要先洗乾淨臉與雙手，他的衣服必須要保持乾淨與整齊。他必須說實話，遵從父母的教誨，並且在有必要的時候給予大人們一些幫助。這些事情都是必須要做的，因為做好這些事情能讓他感到高興，讓他的內心升起快樂的光芒。在他的潛意識裡，天國的世界有一種更為宏大與模糊的幸福感正在等待著他。

　　當他完成了這些任務之後，總是要去玩耍一下的。他會盡情地奔跑、跳躍與喊叫。冬天的時候，他可以爬上小山向下滑雪；在春天樹液從樹皮上流出來的時候，男孩們會將這些樹液都收集起來，做成楓葉糖漿。那些

個子較高的男孩會在樹木南面的樹幹上鑽一個小洞，然後在樹幹上掛一個提桶，在樹下生一堆火，然後等待著樹液滴下來。伯蒂在這裡忙上忙下的，幫助他們清空提桶裡面的樹液，攪拌與蒸煮這些糖漿，或是幫忙撿來木材。最後，他們會拿來湯勺，吃著鍋裡煮沸的熱騰騰的糖漿。附近有一條小溪，他們還會用一條彎曲的木棍連接著一個釣鉤，在釣鉤上掛著一條蚯蚓，有時他們能夠釣到五英寸長的鯰魚。有時，他們還會到拉班叔叔的那個穀倉裡玩耍，陽光透過穀倉的裂縫投射進來，照在裡面的乾草堆，可以看到草堆上冒出一陣陣灰塵。他們還會從竹筏上跳到河裡游泳，而那些表妹們則會大聲尖叫，用手遮住眼。也許，對伯蒂來說，最好玩的還是父親之前那個打鐵的鋪子。

鐵鋪是一棟很大的建築，旁白還有一個堆滿灰塵的庭院，庭院裡堆滿了各種工具以及農用機械。對年幼的胡佛來說，這些工具是非常具有吸引力與誘惑力的。父親經常會不厭其煩地解釋機械運轉的緣由，向他展示到底是什麼讓引擎轉動的，講述輪子與看似沒有盡頭的傳送帶是如何傳送能量的。最讓他興奮的是，父親之前還購買與組裝一個全新的工具，這個工具在當年那個夏天還造成了附近一定的轟動 —— 這臺機器可以將倒鉤放在圍欄鐵絲上。

很多人從好幾里外過來看這臺機械，並且談論這臺機械的用處。這臺機械只要稍微用力拉一下，就能從線軸裡將線伸展出來，而在另一邊，鐵絲則會從一個尖銳的叉狀物裡出來，斷斷續續地包裹。很多農民都過來觀看，難以置信地搖著頭。現代技術發展的速度讓他們感到震驚。在幾個小時之內，這臺機械做出一個男人要花幾個星期才能做好的柵欄。人們在使用這臺機器的時候，只需要設定好木樁，然後延伸鐵絲，那麼農場的柵欄很快就會做好。

更多保守的人則反對這種剛出現的發明。他們說當鐵絲生鏽之後，叉狀物就會變鬆。他們的質疑沒錯，兩條線串起來的鐵絲網在那個時代人們還沒有想到。傑西·胡佛想要在自己的鐵鋪裡改善這個機械，就想到了用焦油覆蓋在鐵絲上面，延緩鐵絲生鏽的速度。於是，在庭院裡，他生起了一堆火，燒著一大壺的焦油，然後用卷軸線放進去。對於當時的胡佛來說，這實在是太有趣了。

一天，當胡佛站在水壺旁邊，一個問題突然湧上了他的心頭。要是將一根燃燒的木棍放在焦油上會發生什麼情況呢？焦油是否與水有著相同的屬性呢？焦油能否將火焰滅掉呢？如果焦油無法將火滅掉的話，那麼焦油與火接觸之後會產生怎樣的反應呢？在他之前所掌握的一切知識當中，都找不到這方面的知識與資訊可以解答這個問題。對他來說，焦油所具有的屬性是未知的，焦油有可能產生任何一種反應。

他想要向其他人請教這個問題，但他卻找不到這樣的人。他的父親當時正在鐵鋪裡忙，之前僱傭的工人也已經離開了。他只能憑藉自己的能力去解答這個問題。水壺旁邊那些黑色的塊狀物體在移動的時候會變得腫脹起來，在其表面會閃動奇怪的顏色。對於當時的胡佛來說，這一切都是那麼的神祕，那麼的具有挑戰性。焦油到底有什麼屬性呢？他蹲下身子，靠在火箱旁邊，取出了一條燃燒著的很長的木棍。他站起身。在那一瞬間，一種類似於恐懼的感覺控制著他的雙手。正是這樣一種恐懼的感覺讓先驅者們勇於去探尋廣闊未知的世界。接著，他做出了一個舉動，將燃燒的木棍放在水壺旁邊的焦油上。

在那極為短暫的瞬間裡，水壺似乎也屏住了「氣息」，接著緩緩地變成了一堆劇烈燃燒的紅色火焰。這一切來得太快，就像魔術一樣，整個屋子的上空都被濃厚的黑色煙霧所覆蓋。濃煙讓他嗆了幾口，他聽到有人在

## 第一章

大聲喊叫，接著迅速跑出了房間，遇到了一個身材高大的人，其他的人看到了這種情況之後都顯得驚慌失措。

　　他看到很多大人手裡提著水桶爬上樓梯，看到了木瓦屋頂上也冒著火焰，一團團紅色的火焰正沿著屋簷在蔓延。一堆人正從鐵鋪裡走出來，前去泵浦那裡抽水，很多人都提著半滿的水桶前來滅火。他看到了自己父親，只見他在屋頂上被濃煙燻黑了，正在用一個溼麻布袋滅火。他想要上去幫忙，卻不知道自己該怎麼做。此時，母親雖然臉色蒼白，但依然非常冷靜地將他帶走了。他也沒有任何反抗就與母親離開了。

　　那天晚上吃飯的時候，他聽到父親談論著鐵鋪乃至整個城鎮都得救的事情。父親認為，這場大火可能是因為沒有人照看水壺旁邊的焦油所引起的。胡佛沒有說話。如果有人向他問起這件事的話，他肯定會說出自己所做的一切，但沒有人問他。他就安靜地坐在那裡，靜靜地吃飯。他為自己所做的事情感到遺憾，為自己的行為造成的後果感到恐懼，但在他的內心深處還是感到高興的。他就是懷著這樣奇怪複雜的心情上床的，直到深夜都還沒有睡去，他聽到了螽斯在窗外野生的海棠樹上發出了聲響。他做了一件非常可怕的事情，這件事所帶來的震撼依然影響著他的神經，這種「做錯事」的心理依然壓在他的良知上，但是他絕對無意造成這樣的後果。他只是在無知的情況下進行了這樣一個實驗，雖然這樣的實驗的結果並不完全是讓人感到沮喪的。

　　「無論怎麼說，我都知道了焦油有怎樣的屬性。」他想，「我是憑藉自己的實驗去了解的。」胡佛心想，要是自己說出了事情的真相，是否會遭受一些懲罰呢。但是他決定最好將這件事情放在心底，在接下來的四十年時間裡，他一直都是這樣做的。

　　週末的時候，他們又來到教堂禮拜。在習慣性的沉默之後，一位男子

站起身開始發表演說。他是一位剛剛從東邊來到此處的陌生男子，所有人的目光都集中在他身上。此人有著一雙黑眼睛，目光顯得非常銳利，他的臉頰有點凹陷，但是他的聲音卻震撼著教堂裡的每個人。他談論到了罪惡與地獄的情景，說在地獄的世界裡，蠕蟲永遠都不會死去。他還說，聆聽他布道演說的人都已經被魔鬼撒旦所迷惑了，上帝希望他們在還來得及的時候趕緊懺悔。他的雙眼充滿了一種讓人恐怖的嚴肅感覺，他的臉色顯得蒼白而堅定，就像那些之前參與了撲滅焦油引起大火的人那樣。

當他演說完之後，他用手擦拭著前額上的汗珠，沉默了一會。接著他說：「上帝要求我說出這些話，我的朋友們，從明天開始，我將會開始一系列的布道演說。」說完，他走下了講臺。

當他站起身，走出教堂的時候，教堂裡的人都開始聚在一起嚴肅地討論。孩子們則睜大眼睛，安靜地站在父母旁邊，聽著一些讓他們感到費解的話。

自從那次之後，情況就變得與之前不同了。無論在大街上還是在家裡，人們所談論的都是那位陌生人以及他所發表演說的內容。在父親的鐵鋪裡，農民們再也不是像之前那樣微笑地過來。他們都圍在一起，表情嚴肅地大聲爭論著這些諸如「罪惡的定罪」或是「神聖化」的全新問題。父親的眼神流露出憂慮的神色。在半夜的時候，他與母親都會談論這些事情並且一起祈禱。每天晚上，那位名叫大衛‧厄普德格拉夫的人都會在教堂裡發表演說。他談論到了罪惡與上帝等問題。他還說人們的心靈已經變得極為邪惡了，他們的雙腳已經走在通往地獄的道路上了，並且懇求人們能夠遵循得到救贖的道路。很多女人在聽到演說之後都紛紛啜泣，很多男人則掩面嘆息。

這種狂熱的宗教情感甚至一度掩蓋了孩子們玩耍的天性。在街角的地

方，很多男孩都會聚在一起貌似嚴肅地討論這個問題。據說，過去那種崇拜上帝的陳舊方法是錯誤的。厄普德格拉夫是上帝派來的，特地來告知人們這件事。他說，過去崇拜上帝的方式是毫無生命力的，這樣的崇拜方式是無法將上帝真正的精神傳遞到每個人身上的。很多家庭都因為這些宗教問題而出現了意見上的分歧，一個男孩的奶奶將自己關在房間裡，整天哭泣與祈禱，因為她的女兒相信厄普德格拉夫的話。另一個男孩成年的哥哥則因為父親的憤怒而離家出走。很多家庭主婦都在晚上雙膝跪地祈禱自己的丈夫能夠重新見到上帝的光明，從而得到救贖。在那段時間裡，維繫整個村子牢固的基礎正在慢慢地坍塌。

但是，胡佛的家依然是一個安全溫馨的避風港灣，這是任何宗教教義都無法入侵的。母親依然溫柔地對待著自己的孩子，父親依然非常友善。雖然他們在祈禱的時候會更加嚴肅，祈禱的時間也變得更長一些，但是他們依然在心底相信，一切都會好起來的。

儘管經歷了這樣的風波，但是胡佛的家依然顯得巋然不動，有時甚至會因為這次宗教方面的討論而變得更加堅定與團結。那位陌生人帶給胡佛的母親宗教層面上的快樂，她說自己找到了精神層面上的樂趣。她覺得自己已經「神聖化」了，以後再也不會遭遇任何罪惡了。對年幼的胡佛來說，這一切都遠遠超過了他的理解能力，但對他的母親來說，這意味著她能夠更加接近上帝，讓她更願意投入到服務別人的行動當中。胡佛正是從母親的言行當中看到了自己的人生方向。在他看來，人們可以有很多種崇拜上帝的方式，人們也能以不同的方式去實踐上帝的理念。但是，不管遭受怎樣的思想衝擊，他的母親依然是一位堅定虔誠的基督徒。

教堂的布置方面也出現了變化。男女之間的隔離擋板被取走了，添加了一個管風琴。在禮拜儀式的時候，唱詩班的人會歌唱讚歌，一位牧師會

站在講臺上發表布道演說。現在，週末也有了一個全新的稱呼，被稱為週日，剩餘的六天都有了各自全新的名稱。很多男孩再也不會說「汝」（英文是 thee，這個單字也是你的意思），而是直接說「你」了。這些全新使用的單字聽上去非常古怪，但說出這些單字卻是一件非常有趣的事情。但在那些離開教堂，建立屬於教派的教堂的大人面前，最好還是別說這些話。這些人依然按照之前的方式用隔離擋板將男女分開，以這樣的方式去崇拜上帝。因此，胡佛不僅從父親那裡學到了「更加簡潔的語言」，還學到了另一種語言，這種語言是大衛·厄普德格拉夫帶來的。

家庭之外的其他所有事情幾乎都發生了變化，就像一塊磐石旁邊的漩渦在不斷轉動。拉班叔叔與艾格尼絲阿姨以及他的表弟們都前往了一個印第安人領地的地方。外公伊利從哈丁郡回來了，開了一間泵浦廠。泵浦這種全新發明讓農民在做起農務的時候方便了許多。班納賈奇叔叔也有這樣一個泵浦，很快這樣的泵浦在其他地方都出現了，很多家畜都知道如何透過泵浦取水來喝。羊群都會站在一個木製的平板上，然後透過自身的體重去壓中立板，這樣的話，水自然會從水槽上流出來。當牠們喝飽之後就可以走開，平板自然會升上去，等待著下一隻羊踩在上面。

外公的泵浦廠是一個非常有趣的地方，那裡有木匠的長椅，還有熔爐，六到七個農民的兒子都不想繼續留在之前的農舍裡，都想按照外公的指引來這裡工作。這有點像是一座成人學校，也有點像父親的鐵鋪。當他們一起用長柄勺從水桶裡取水的時候，他們都會站在一個角落的木屑堆裡一起合作。這些都是個子較高、滿臉笑容的男孩，他們叫著彼此的名字，有時在中午的時候會舉行一場摔跤友誼賽，為他們在泵浦廠裡抽出來的水的多少感到自豪。

他們送給胡佛一把短柄小斧頭來玩耍。當胡佛用這把斧頭去砍木棍之

第一章

後，他又嘗試用斧頭去砍鋼鐵，發現斧頭砍不斷鋼鐵，於是就伸出自己的食指放在一塊磚頭上，然後用斧頭來切自己的手指，想看看能否切開。當他開始切的時候，就感到一陣鑽心的疼痛，驚恐地叫了起來。鮮紅的血從他的食指上流出來，還染紅了他的衣服。但是血卻一直在流，無法止住。對此誰也沒有辦法，最後，外公像抱嬰兒那樣一把將他抱起來，抱到約翰醫生的診所。

「坐著別動。」約翰叔叔嚴肅地說。此時，胡佛安靜地坐著，還在不停地啜泣。接著，約翰叔叔就用針線將他的傷口縫好，然後用繃帶纏住。「年輕人，你差點將自己的手指切掉了。」約翰叔叔說，「但你是一個勇敢的男孩，這是一分錢，拿去買糖果吃吧。但你要記住，以後不要繼續玩斧頭了。」胡佛食指上的那個傷疤始終讓他想起約翰叔叔的這些話。在這之後，他依然還會拿斧頭來玩耍，只是他知道了斧頭的危險性，也知道了如何控制這種危險。

整個冬天，他都在學校裡上學，並在拉班叔叔重新來到這裡的時候，順利完成了學前班的課程。胡佛被告知他要到印第安人領地那裡去拜訪他的表弟們。之後，他才知道原來這個世界是如此之廣闊的。他們坐了好幾天的火車，看到了車窗外的田野、森林與城鎮。下了火車之後，他們乘坐著驛站馬車經過了一個個到處都有山丘的鄉村，最後他們終於來到了大路旁邊的一座巨大的石屋，在這裡看到了艾格尼絲阿姨、布蘭奇、哈利艾特以及希歐多爾‧邁爾斯，他們還是像之前在西布蘭奇的時候那樣。這裡距離他父母所在的地方已經很遠了。但是，他成功地掩飾了內心的思鄉之情。

表弟表妹們都對胡佛的到來非常高興。他們一起歡笑，一起玩耍，雖然胡佛當時並不知道那些笑話到底是什麼意思。但他知道他們都在隱瞞著

一些事情。他們讓他看一些狗、貓與小雞，他們一起蹚過小溪、帶著他到拉班叔叔辦公室裡角落，在一棵橡樹下住著一個印第安人。

這個印第安人個子很高，皮革顏色的皮膚讓他顯得很嚇人。他穿著紅橙色的毛毯式的衣服遮住了他的手臂，他那雙黑色眼睛上方的頭髮插著很長的羽毛，而一些看上去讓人害怕的鳥獸頸毛則插在他的後背上。這個印第安人就像幽靈一樣出現，讓驚恐的胡佛一下子就停下了腳步。他彷彿能夠聽到自己的心臟在砰砰地跳動。這肯定就是約瑟夫酋長了，那位可怕的印第安人在很久之前曾出現在西布蘭奇的講臺上，開了幾槍，最後塔德在回家之後還一直驚恐地哭喊著。塔德在那次事件裡沒有受到傷害，父親當時跑過去將他救了出來。但是，現在沒有誰可以去救他了。表弟表妹們都在他身後不停地向後退，讓他一個人孤零零地面對著這個印第安人，印第安人則用可怕的眼神看著他。他站在原地，將喉嚨裡的口水咽下去，接著勇敢地向前走，用顫抖的聲音禮貌地說：「你好嗎？」

表弟表妹們發出了一陣驚叫，這在他聽來就像是音樂那樣動聽，但他依然面不改色。他雙腳稍微分開地站著，雙手插在口袋裡，專注地看著眼前這位印第安人。「你頭上的那些羽毛是什麼鳥的羽毛呢？」他問道。這位印第安人只是咕噥了一聲，並沒有回答。半個小時之後，這位印第安人遞給了他一根羽毛，上面嵌著珍珠似的東西。

胡佛在拉班叔叔這裡待了很長一段時間。廣闊的平原地區以及西布蘭奇綠樹成蔭的街道對他來說就像是一場美夢。他現在活在了一個有樹有山的世界裡，而且印第安人在這裡也有一座簡陋的小屋，他撿了許多有趣的東西。在小溪邊與山上有很多有趣的岩石，還有一種被稱為打火石的岩石能夠做成尖頭，還有一種被稱為砂岩的砂礫，還有一種被稱為龍骨的岩石，能夠像粉筆那樣畫線。這裡有很多像石螺一樣的有趣岩石，還有一些

# 第一章

岩石會反射太陽的光線，而其他一些岩石的大小與形狀則與螺絲釘相差無幾。這些岩石激發了他無窮的想像力。誰也沒有告訴他這些岩石到底是從哪裡來的，也沒有人告訴他為什麼這些岩石的形狀是千奇百怪的。

他與表弟表妹們玩得很開心。在夜幕降臨之後，一種孤獨的情感湧上了他的心頭，但他還是盡可能地掩飾這種情感。他知道自己的父親與母親正在等待著他，他們對他的愛肯定是永遠都不會改變的。他想要在未來的某天回到他們的懷抱。這一天也終於到來了。驛站馬車來到了拉班叔叔這裡，他與所有的表弟表妹們道別。艾格尼絲阿姨、拉班叔叔都將胡佛放在他們家裡的箱子搬出來。拉班叔叔走到門口，大聲地說：

「胡佛，你的箱子都裝了些什麼呢？我搬不動這些箱子。」

箱子裡面裝的是胡佛收集的各種心愛的岩石。在這裡的每個白天，他都出去外面收集岩石，比較、選擇與打包這些岩石。在艾格尼絲阿姨幫他將衣服打包之後，他將這些衣服從箱子裡取出來，騰出更多空間來填充岩石。他想要將這些岩石帶回去。對他來說，這些岩石是極為重要的。難道拉班叔叔不知道這些岩石的重要性嗎？胡佛站在馬車旁邊，無奈地看著這些箱子被打開，裡面的岩石被取出來，諸如內褲以及夾克等衣服被重新放進去。

「胡佛，我跟你說了很多次了，你不能將這些岩石都帶走。這是不可能的。這些岩石實在是太重了。」

胡佛的眼眶不爭氣地溼潤了，他的內心非常掙扎，最後只能選擇放棄這些自己心愛的岩石。此時，馬車正在等待，叔叔不允許他繼續耽擱。他只能隨便選擇了一些岩石，似乎是被無法阻擋的命運所控制。他不得不與自己這麼久收集到的「財富」說再見。

「那些都是非常怪異的岩石！」當他跟母親說起這件事之後抱怨說。

「母親，那些岩石是這樣子的……」胡佛不停地談論著，直到最後睏意襲來。當他第二天在那張熟悉的床上醒來的時候，他看到窗外的花園與海棠樹。

家門前楓樹的葉子變得紅彤彤的，大街上都飄落著黃色的落葉。當他與塔德用書包背著書本與小塊的板岩去上學的時候，空氣中彌漫著清新的味道。他現在開始接受正規的教育了。當他在石板上算數或是用腳趾踩在地面的細縫時，這讓他感覺時間過得非常快。他並不是很在意上學，他能夠很好地適應學校裡的環境。他認為自己有足夠的能力去應對學校這個全新的環境。他與老師相處得很好，在下課的時候與同學也相處得不錯。他知道，在未來的某個時候，他一定會上大學的，正如約翰·明索恩與潘恩叔叔那樣。父親與母親也一直希望他能夠上大學，因此他必須要在學習這方面下點苦功。

在下午四點的時候，他會高興地到人行道清掃落葉，或是淘氣地用棍子敲打著木柵欄。他喜歡用耙子在庭院裡打掃，將花園裡枯死的樹葉清理乾淨，然後將這些樹木與葉子都集中起來。在晚飯之後，他的父親會用這些樹葉點燃篝火，清冷的空氣裡頓時彌漫著燃燒葉子的味道。接著，天空會降雪，他們會在週六下午的時候再次到外面滑雪，他已經很久沒有滑雪了。年幼的胡佛開始感覺到四季的更替與流轉，感覺這就像一個穩定的宇宙裡出現的一首頌歌。

在耶誕節假期到來之前，一件出其不意的事情打破了之前每天上課的常規。他的父親身患重病，只能躺在床上。他的叔叔班納賈奇在週六從縣鎮裡趕過來，提出要將胡佛等幾個孩子帶到他家暫住一段時間。

「赫爾達，在傑西養病期間，我想幫你照顧這些孩子。」他說，「我們只會讓他們離開幾天時間而已。」因此，在胡佛等孩子被母親告知要多

# 第一章

穿衣服以及要乖乖聽話之後，他們坐在了馬車的座位，用野牛皮之類的車毯緊緊地裹著大腿，然後高興地向母親道別。

到班納賈奇叔叔家裡做客始終是一件非常有趣的事情。這裡有許多漫遊者，還有一些想要捕獵兔子的獵人，這裡還有浣熊 —— 這種最愛乾淨的動物。胡佛想要哄騙一隻小浣熊吃一點食物。這裡還有一個很大的穀倉，他可以用耙子將乾草叉到馬槽上，觀察喬治擠羊奶，然後用小碟子餵給那些飢餓的貓咪一些水。在木柴間，有一隻被關在籠子裡的貓頭鷹正在抖動著灰色的羽毛，眨著眼。只要一有什麼動靜，貓頭鷹的眼珠就會朝著那個方向轉動。胡佛曾經花了幾個小時不停地對著貓頭鷹繞圈子，他原本以為這樣做的話會讓貓頭鷹扭轉自己的脖子。

在長長的穀倉小棚裡，班納賈奇叔叔正在剝玉米，用套在手掌上的剝殼掛鉤將玉米的皮剝去。當單輪推車裝滿了剝好之後的玉米，男孩們就會一起推著手推車前往穀倉，然後將車裡一大堆黃色的玉米都倒在地上。接著，他們會將一些木材搬進去，用腳在廚房大門外面的雪地上做記號，然後將他們雙手抱著的木材放在一個木柴箱旁邊，艾拉阿姨正是用這些木材將油鍋裡的油煮沸，然後油炸圈餅的。過來這邊玩耍的後輩們都要過來看看曾祖母麗蓓嘉，與她閒聊一會。

曾祖母麗蓓嘉此時已經八十歲了，獨自一人住在一個房間裡。她住在房子的另一端，當有人過來拜訪她的時候，要先敲一下她客廳的大門，然後等著她說：「進來吧。」當前來拜訪的人打開大門之後，可以看到這個小房間非常乾淨。窗邊擺滿了盆栽的天竺葵與秋海棠。曾祖母戴著一頂白色的帽子，鬆弛的下巴上纏著一條乾淨的方圍巾，坐在一張搖椅上，前後緩慢地搖動著。桌子上放著一本《聖經》，上面還有一些縫補衣服所用的各種顏色的針線。她站起身取了兩個針線，然後放在一起，接著將線往針

孔裡穿進去。她那雙粗糙的手還是很靈活的，在穿完針線之後，就在膝蓋上開始拼縫布料。她就是這樣一邊忙，一邊透過眼鏡看著你。整個房間給人一種安靜祥和的感覺，她的雙手顯得那麼靈活與迅速。

「你乖不乖呀？」她用友善的聲音問道。對年幼的胡佛來說，過來拜訪曾祖母會讓他感到有點敬畏，但這樣的感覺之後想起來卻是非常愉悅的。

在晚上的時候，男孩們都會在一個大廚房裡剝玉米皮，而艾拉阿姨會準備做麵包，班納賈奇叔叔則帶上眼鏡，安靜地閱讀著報紙。接著，他們會打著哈欠，一步步地走上冰冷的樓梯，回到房間裡蓋著那張羽毛被睡覺。

房間大門外的敲門聲將他驚醒了。當時，整個房間還是一片漆黑的。不知為何，這樣的敲門聲讓他感到恐懼。房間裡有人來回走動發出的聲響。最後，有人打開了他的房間大門，點燃了一根火柴。是班納賈奇叔叔過來了，他說：「在嗎？」

「傑西現在病得很重，我過來將他的孩子接回去。」

煤油燈發出的光亮刺痛著他的眼睛。在半黑暗當中，他掙扎著穿上了不搭配的衣服，找不到衣服上的鈕扣。他沒有哭，但他感到非常恐懼。塔德已經差不多穿好外套了，用一條圍巾纏在脖子與裹住臉的一部分了。

接著，他們上了一輛雙輪單座輕馬車。月光照在地面上顯得一片慘白，天空則布滿了繁星，而他們所乘坐的馬車則在飛馳著。但是，整個天空與田野乃至這輛馬車都似乎在這冰冷的恐懼感覺中停頓了。這種停頓的感覺似乎持續了幾個小時、幾年、直到永遠。這條被月光照白的道路不斷在車輪的碾壓下後退，馬匹在飛馳，而時間則似乎停止了轉動。這趟旅程似乎沒有盡頭。

# 第一章

　　這趟旅程終於結束了。他下了馬車，匆忙地走在回家的路上。他看到家裡的每扇窗戶都散發出黃色的燈光。客廳裡已經來了很多人。當他看到母親的時候，發現母親的臉色非常蒼白，沒有一絲笑容，但她依然顯得那麼平靜。年幼的胡佛似乎也知道到底發生了什麼事了。他的父親已經去世了。母親是他們唯一的依靠了。

　　「主賜予了我們一些東西，又拿走了這些東西。願主保佑吧！」外婆明索恩說。胡佛母親的臉依然是那麼沉靜與蒼白，知道了當時胡佛只能模糊理解的事情。在接下來的幾天裡，他都沒有哭泣，因為他想要自己的父親回來，他不相信自己的父親竟然會這樣從這個世界上消失掉[07]。

　　這個家一半的支柱已經坍塌了。他的父親已經走了，永遠地走了，因此他永遠也見不到自己的父親了。在楓樹下，他曾經看到過父親從鐵鋪裡走出來。在客廳裡，他們曾坐在一起。在餐桌上，父親始終都坐在他隔壁的位置。但現在這一切都沒有了，只剩下無盡的空虛。這種空虛的感覺就像一種持續存在的東西，每個人都能感受到這種空虛的存在。這就像一陣冷風，因此他必須要投入到母親的懷抱才能抵禦這樣的寒冷感覺。父親去世之後，胡佛經常與母親聊天，好讓母親不需要忍受這種安靜所帶來的痛苦。但是，父親離世所留下的空缺始終是存在的，這讓年幼的胡佛感到恐懼。他感覺到自己無法長久地擁有任何一樣東西了。

　　當他熬過了父親離世的那段時間之後，他又感覺自己重新恢復了之前的生活狀態。他每天照常去上學，放學後他每天都要準時回家。他想要回家，因為母親就在家裡。母親與哥哥塔德、妹妹梅與他都在一起，父親則在天國裡看著他們，想必父親在那裡也會感到非常快樂。當然這與父親還在的時候感覺是不一樣的，但上帝知道什麼才是最好的安排。其他的事

---

07 傑西·胡佛在 1880 年 12 月 13 日去世。

情都與往常沒有什麼區別，只是鐵鋪被出售了。

母親努力工作存錢，好讓孩子們能夠接受更好的教育。一天下午，母親在客廳與外婆明索恩談到了這個問題。她突然站起身，用低沉的聲音說：

「我必須要盡可能地省下每一分錢，」她說，「讓我的孩子們接受更好的教育。」

外婆明索恩平靜地說：「赫爾達，妳說的對。上帝會幫助妳的，正如祂當年幫助我一樣。妳一定會找到辦法的。」

在學期結束沒多久，一些孩子就到田野裡找草莓了。他與塔德都請求母親也讓他們去，母親同意。於是，胡佛就開始自己賺錢了。

每天早上，當青草還沾滿露水的時候，他們就來到了湯普森‧沃克在這個城鎮另一端的果園。這裡的草莓都是一排排生長的，一些很短的藤蔓會交叉起來。在平展的葉子下面，草莓成堆地生長。你可以將葉子撥開來尋找這些草莓。在採摘草莓的時候，絕對不能將草莓的根莖拔出來，綠色葉子上的「小蓋」必須要保存下來。因此，在採摘的時候，必須要用拇指與指甲輕輕地採摘。沒過多久，太陽發出的猛烈陽光就照在他們的後背上，他們的後背也因為長時間的彎腰而變得痠痛。一些草莓葉子上會黏著一些硬殼的五角形小蟲，據說這種小蟲爬過的草莓都會變得苦澀。在炎熱陽光的照射下，草莓的葉子發出一陣陣香氣。一個上午的工作時間並不短，而下午的工作時間則更長一些。儘管如此辛苦，但是採摘一夸脫容量的草莓能讓他們賺的 2.5 美分的收入。

當果園裡的成熟草莓都採摘完了之後，他會邁著疲憊的腳步回家，雖然覺得很累，但他感到內心的滿足。在明天早上的時候，會有更多的草莓成熟。在晚餐之後，他會計算自己這一天所賺到的錢。在整個採摘季節

# 第一章

裡，他一共採摘了 220 夸脫的草莓，賺了 5.5 美元。他將這些錢全部給了母親，用於支付他上學讀書所需要的費用。

在完成了這些雜事之後，他心滿意足地開始玩耍。這是一個他永遠都難以忘懷的夏天，因為他像一個印第安人那樣度過每一天。班傑明・邁爾斯叔叔住在一間大房子裡，他開辦的印第安人學校得到了政府的補助，這所學校有十幾個印第安女生在這裡，還有五個印第安男孩。班傑明叔叔決定讓塔德和他與其他三個留在學校裡的印第安男孩一起度過這個暑假。

他的內心對這樣的安排感到非常高興。對他來說，這是一種全新的生活方式。他之前在拉班叔叔那裡已經見過印第安人了，這讓他在面對印第安人的時候不會再感到害怕。因此，他已經算得上在這方面有足夠的經驗了。此時的他已經能夠以平等的身分與這些大男孩們一起玩耍了。他與塔德以及另外三個印第安男孩一起玩耍，整個夏天都幾乎在村裡村外玩耍。

在這個夏天，他們過著一種「祕密」的生活。他們不再像往常那樣在道路上或是開闊的田野裡玩耍了。他們潛伏在水溝與小溪旁邊，他們會在農民沒有察覺的情況穿過葉子茂密的玉米田。他們明白了沿著馬車路前進的話會讓「敵人」輕易地發現。胡佛學會了如何用專業的眼光去觀察這一切，然後向其他等待的孩子報告說，叔公威廉・邁爾斯剛剛經過了那條路，因此建議「後撤」。他掌握了在被雨水淋溼的木頭上取火的技能，知道如何跟蹤野生蜜蜂前往牠們的蜂巢，也知道了在被蜜蜂蟄了一下之後如何處理。他學會了如何製造重量剛好的箭頭，知道如何用草菸去裝飾箭頭，知道如何在不需要與農民商量的情況下神不知鬼不覺去獲得一些稻草。他曾經與朋友們一起來到鎮上，從一位迷惑不解的屠夫那裡得到了一條牛筋，因為牛筋對於「野蠻人」的生存是極為重要的。後來，他們在馬特斯・拉爾森玉米田捕獵野雞的時候，他發現牛筋做成的那種彈弓要比任

何弓箭都要更加有效。

　　在那個時候，建造一個祕密的見面場所的想法已經成型。他在這個「野蠻人」組織裡的地位已經得到了認可。他們一起探尋「小樹叢」，參與了接下來一系列激烈的辯論。他們決定前往一片茂密的榛樹叢，最後在不發出任何腳步聲的情況下消失得無影無蹤。他負責幫忙收集水，切斷一些小樹苗。這些工作都必須要無聲無息地進行，不能讓任何人知道這件事。要是被別人發現了，他們就要遭受嚴厲的懲罰，因此他們都必須要保守祕密。他們想出了透過鳥叫的方式作為信號去告知附近的人。在一片榛樹叢林裡，他們能夠以印第安人獨特的方式加以隱藏。最後，他們建造了兩座能夠遮風擋雨的簡陋小屋，這棟小屋的面積是八英尺乘以八英尺，用樹葉與樹枝作為圍牆，而樹皮則作為屋頂。

　　只有他們五個人知道這兩座簡陋小屋，甚至連胡佛的母親都不知道。在樹皮屋頂下面，他們經常舉行一些「祕密會議」。他們會將採摘的蘋果放在這裡，將一些堅果以及野生的李子藏在這裡。塔德與他還會將一些他們從鐵路路堤收集到的有趣石頭放在這裡。在緊急情況下，偷來的蘋果可以藏在砂礫下面。這裡還有很多形狀奇怪的石頭 —— 其中就包括瑪瑙石，還有一些像是木材的石頭，也有一些堅硬的白色石頭，其他一些石頭有色彩的紋路。

　　即便是這些印第安男孩也不知道這些奇怪的石頭是從哪裡來的，也不知道為什麼這些石頭上會有星星般的形狀或是條帶的形狀。但是，在塔德因為牙痛去看牙醫之後，他回來之後說了一個讓所有人興奮的事情。那位名叫愛德華·沃克的牙醫在辦公室裡收集了很多這樣的石頭，這些石頭與他們收集到的石頭都是不一樣的，而且他的石頭看上去要更加有趣。

　　胡佛立即匆忙趕到牙醫那裡，看到了很多形狀有趣的岩石。他也隨身

# 第一章

帶了幾塊岩石，並且拿給沃克醫生看。沃克醫生告訴他，那一塊有稜角的岩石其實是珊瑚石，這些珊瑚之前都是有生命的，但在億萬年前因為地質結構的變化而被埋在了地底下面。他怎麼會知道現在是高山的地方之前是一片汪洋大海呢？但這塊岩石就能證明這個事實。他帶來的其他岩石都是屬於石化的樹木。「石化」是什麼意思呢？到底是什麼讓這些樹木「石化」呢？要是那個地方之前是大海的話，那麼樹木又怎麼可能會出現在那裡呢？那個地方是先有樹木，還是先有大海呢？沃克醫生表示他對這些問題也沒有答案，而且他現在也很忙。

胡佛興奮地趕回去，告訴了大家這個消息。他手裡拿著的岩石塊可以證明愛荷華州以前是一片大海！至於這些岩石還能夠說明多少事實，誰也不知道。但是，這些岩石所具有的價值卻超乎了每個人的想像。他們應該小心翼翼地珍藏這些岩石 —— 哦，這些岩石實在是太有趣了，就像沃克醫生那裡展示的岩石一樣。

在那天，他們放棄了簡陋的小屋。他與塔德開始用磨刀石去打磨珊瑚岩石。他們勤勉的打磨讓磨刀石上留下了一道深深的痕跡。最後，他們放棄了這項任務，又回到了那個簡陋小屋。

在這一片茂密的榛樹叢裡有著屬於他們的天地，誰也不會過來打擾他們。他們在這裡用「鐵木」來做成箭頭，在這裡討論著打獵計畫，他們將捕捉到的金翼啄木鳥或是野鴿子帶回到這裡，然後煮熟來吃。當暴雨不期而至的時候，他們可以躲在小屋裡面避雨，在裡面生起一堆火，吃著馬鈴薯或是玉米。而在小屋外面，榛樹的葉子上還在落著雨滴，樹木也在大風的吹襲下發出陣陣響聲。此時，胡佛感覺自己成為了一個真正的男子漢，覺得自己有足夠的能力去面對這些事情，能在任何地方都能過上這種自由的生活。

夜幕降臨的時候，他們還是會滿心愉悅地回家。在煤油燈照亮的晚餐桌上坐下來，看著母親像往常那樣在他們的盤子裡面夾菜，母親根本不知道他們白天在外面做了什麼事。

「胡佛，你在外面玩得開心嗎？」

「母親，我玩得非常開心。」

「你喜歡那幾個印第安男孩嗎？」

「哦，母親，我非常喜歡他們。」

「那就好。班傑明告訴我，他們都是非常聽話的孩子。他們從來都不說粗口，從來不說謊，也從來不會做任何壞事。」

「是的，母親。」

那幾個印第安男孩的確是不會說粗口、不會說謊與不會做壞事的。他們是任何男孩都想要擁有的玩伴。在樹林裡，沒有誰比他們更加聰明的了。在玩耍或是做工的時候，也沒有誰比他們更加講究公平了。在言行方面，沒有比他們更加注意講文明與做好事了。

很快就到秋天了，葉子上開始出現霜露了，野生的葡萄也開始成熟了，上學的時間又鄰近了，玩耍的時間要結束了。他們只能任由那間簡陋小屋在樹林裡經歷風霜雨雪的打擊，最後慢慢倒下來了。他也必須要重新背起書包，拿著幾塊板岩上學了，那幾個印第安男孩也要回到班傑明叔叔那裡了。

此時，胡佛已經上三年級了，開始學習歷史了。他在歷史書上讀到「印第安人都是紅皮膚的野蠻人，為人凶殘，容易背叛」。在讀到這些內容的時候，他沒有說什麼話，因為他知道沒有必要去反駁自己的老師，但他並不相信歷史書上所寫的這些內容。他了解印第安人，他本人就從印第安人身上學到了很多知識。

# 第一章

　　在第二年夏天暑假的時候，他想要繼續與那幾個印第安男孩一起玩耍，但在漫長的冬天過去之後，他們卻已經離開了。班傑明叔叔的學校搬到了愛荷華州的塞勒姆地區，而班傑明叔叔也要前往奧勒岡州，那是西部的一個遙遠地方。最後，他們一家人決定，他、塔德、梅以及母親都過去那邊探望一下親人。他們將要去探訪在普利茅斯郡的梅林・馬歇爾叔叔與薩謬爾叔叔。

　　他再次接連搭乘火車與驛站馬車前去那裡，此時的他已經長大了一些，對這些事情也比較有經驗了。他們來到在平坦草原上一間木製的房子。因為這裡的土地比較便宜，梅林叔叔與薩謬爾叔叔很早之前就已經過來了這裡。這裡的街道兩旁沒有樹木，田野與牧場上都覆蓋著野草，因此這一座全新的房子看上去孤零零的。胡佛來到這裡之後也感到孤零零的，想要時刻待在母親身邊。塔德與其他年長一些的表弟們與他一起去釣魚，他們在野草與野花中間抓到了草原雞，但這裡的一切都與家那裡的情況不一樣。當他在半夜睡醒的時候，都會感覺似乎有什麼可怕的東西在掐著他的喉嚨一樣。每當這個時候，他都會感到無比恐懼，哭著要來到母親身邊，完全沒有了一個將近九歲男孩子的勇敢。

　　整個夏天，他們拜訪了在許多地方的叔叔阿姨。在斯托里郡，他們看到了到處都是鮮花與五月果的樹叢。在愛荷華州的哈伯德，他們拜訪了大衛斯叔叔。大衛斯叔叔是一個身材魁梧、滿臉笑容的人，他帶著胡佛騎馬，教會他如何用去皮的柳木做口哨。這個地方還有很多他之前從未見過的岩石。瑪利亞阿姨並不在意胡佛一家在這邊居住一段時間。她還特意將一些岩石放在較矮的木架上，以便胡佛不需要踩在椅子上就能碰到。之後，母親也漸漸對這裡的岩石產生了興趣，也會與他一起到田野裡找尋新奇的岩石。當胡佛向他提出關於岩石的種種問題時，她也無法回答，但她

希望胡佛做出了一個承諾。

「當你長大了，你就能上大學了，到時候就可以學習關於岩石的知識了。」

大學裡有教關於岩石的課程嗎？大學那裡有石化的樹木嗎？為什麼愛荷華州之前曾是一個汪洋大海呢？那這個大海又去了哪裡呢？在學校裡，老師並沒有講這方面的課程。他想要去上大學。他什麼時候才能像潘恩叔叔那樣去上大學呢？

「如果你在學校裡成績優秀的話，那麼當你長大之後，」母親對他說，「你就能上大學了。」

胡佛喜歡大衛斯叔叔的這棟房子，他也喜歡瑪利亞阿姨，因為瑪利亞阿姨經常會給他餅乾吃。大衛斯叔叔經常都會抽著黑色的長長雪茄菸，那個場面看上去非常有趣。但是，他還是對自己重新回到家感到高興。他甚至為自己能夠上學感到高興，因為他每天晚上放學後都能回到自己的家。回到自己的家，他感覺自己的生活踩在一個更加踏實的地面上，這讓他感到更加自信。

只是當母親前去其他城鎮的教堂的時候，他才會感覺到現在才九歲的自己其實還不是很大。在白天的時候，想念母親的情感還不是特別強烈，但到了晚上的時候，這種想念的情感就會變得非常強烈。他不願向別人坦白這點，即便是面對自己的哥哥塔德，他也不願意袒露這樣的心跡。他想要母親每天晚上幫他蓋被子，跟他說一聲晚安。當他獨自一人躺在床上的時候，他感覺沒有母親的陪伴是那麼的孤獨。此時，母親已經成為了一名牧師，因此經常要到附近的一些教堂發表演說。這是一份上帝希望她去從事的工作，很多貴格會教徒都非常希望她能繼續做下去，為此他們付給她一些錢，這些錢能夠讓他與塔德接受大學教育。每當想到這裡，胡佛就在

# 第一章

心底裡說，他應該勇敢地面對這一切。但母親在要回家之前，總是會提前告訴他，因為當載著母親的雙輪單座輕馬車停在家門口的時候，他總是在房子前面的庭院玩耍，及時歡迎母親回家。

一天，當母親要出發前往斯普林代爾的一座教堂，他來到大街上，看到楓樹下停著一輛雙輪單座輕馬車，房子的大門還敞開著，母親跟他說要到明天才能回家，這讓他感到非常難過。他匆忙地跟著馬車，最後衝進了自家的客廳，大聲喊道：「母親！」此時，他都要感覺自己的心臟停頓了，因為住在隔壁的一位女人從臥室裡走出來，對他說：「噓，別這麼大聲。」

他的母親生病了。她是在教堂發表演說的時候發病的，很多教友將她送回家。母親躺在床上，豪澤醫生也在那裡，在場的還有很多送母親過來這裡的陌生男女。因此，他必須要保持安靜。

那個晚上，他都保持著安靜。樓梯走道上點著煤油燈，有人在輕聲說話，還能聽到腳步聲。在第二天，他同樣保持著安靜。醫生還在那裡，叔叔阿姨們都趕過來了。他沒有向任何人提出任何問題，因為他害怕聽到最後的回答。他緊緊地靠著臥室的大門，感覺到有人正在看他。接著，他走出去，在靠近臥室窗戶的一堵牆邊感到一陣寒意。在接下來的一個晚上，有人過來溫柔地將他迅速搖醒，將他與塔德帶到臥室。

在早上的時候，所有的叔叔、阿姨以及表弟表妹們過來了。這棟安靜的房子裡擠滿了人，但這一切卻顯得那麼空蕩蕩，因為他的母親去世了。他感覺世界每一個角落都充滿了這種可怕的空虛，在這種空虛下，只有無盡的孤獨、無助、恐懼與麻木，讓他無處可逃。在這個世界上，他已經沒有了任何可以依靠的人了，沒有任何一個讓他可以感覺溫馨的懷抱了[08]。

---

08 赫爾達‧蘭達爾‧胡佛在 1884 年 2 月 24 日去世。

# 第二章

## 第二章

　　下了一個晚上的大雪之後，第二天下午放晴了。靠著有點潮溼的枕頭，睜大了雙眼的胡佛彷彿聽到了雪花落在窗型方格上發出的輕柔且難以察覺到的細微聲響，聽到了樹葉在沉重的積雪擠壓下發出的嘎吱聲。他的母親已經去世了，他再也見不到她了。他親眼看到母親被埋在積滿了大雪的教堂墓地下面，上帝已經將她帶到了天國。

　　他並不想母親前去天國，他想要母親留在他的身邊。他想要看一眼母親，擁抱一下母親。因為哭喊著母親要回來卻始終無法得到回應，這讓他整個人肝腸寸斷。但是，他的確是再也見不到母親了，他對母親的所有思念都無法改變這一切。母親已經離開了他這個事實是無法改變與逆轉的，就像一堵堅硬卻缺乏生命力的牆，任何人對著這堵牆發洩情緒都是毫無意義的。

　　此時，刺眼的白色陽光毫無憐憫之心地穿過了客廳的窗戶，他坐在這裡等待著大人們商量的結果。艾倫・胡佛叔叔穿著一件黑色的外衣坐在那裡，米莉阿姨正在用手帕擦拭著眼淚。繼祖母漢娜與表叔梅林・馬歇爾都在那裡。叔叔班納賈奇在說話前清嗓時發出了一陣急促的聲音。外婆明索恩將一個棕色眼睛、尚在襁褓當中的妹妹抱在懷裡，妹妹正在懷裡安靜地睡著。在客廳中央位置的桌子旁邊坐在一個安靜的老人勞里・塔特姆，他之前負責幫助母親管理父親的遺產，並且經常過來與母親討論這些遺產的事情。桌子上有一些文件與信件。其中一封信件是從印第安領地的拉班・邁爾斯叔叔那裡寄過來的，他在信中表示可以為其中一個孩子提供住所，另一封信則是來自大衛斯叔叔的，他在信裡表示他願意將希歐多爾視為自己的兒子來對待，教他如何做農務，在他二十一歲的時候送一輛馬車與一些土地給他，這是當時父親一般對待兒子們的做法。

　　他們聚在一起談論這些事情，並且最終做出決定。外婆明索恩想要妹

妹梅留在她身邊。希歐多爾則要跟隨大衛斯叔叔。外婆明索恩懇求法官讓勞里・塔特姆成為遺產的執行人。他可以賣掉這棟房子，保管好這筆錢，以便日後供孩子們接受大學教育。胡佛則要與艾倫叔叔與米莉阿姨一起生活。

透過灑滿陽光的地毯，他看著艾倫叔叔與米莉阿姨。米莉阿姨非常友善。但在那個時候，他不願意跟隨任何一個不是他母親的女人一起生活。艾倫叔叔用長長的手捋著長長的鬍子，用嚴肅的目光看著他。胡佛猶豫了一下，然後一個小跑投入到了艾倫叔叔的懷抱當中，然後靠著他的黑色外套哇哇大哭了起來。他為自己無法控制情感而感到羞愧，但他卻是難以控制。這是他最後一次像個小孩那樣哇哇大哭，因為他此時只有九歲，即將十歲而已，他就要努力成為一個男人，獨立地面對這個世界。

那天下午，他與塔德以及妹妹梅告別。原先的那個家已經不在了，所有構成一個家的必要元素都已經分崩離析了。他的衣服打包好了，母親生前送給他的兩句座右銘依然刻在木頭上，並且用相框做好了——「哦，救贖我的上帝，不要拋棄我，不要放棄我」與「我永遠都不會拋棄或是放棄你」。

勞里・塔特姆是他的好朋友，以前也經常給他一些零錢花，並且給予他一些父親般的建議。此時，塔特姆與他談到了日後的生活舉止。他對胡佛說以後必須要友善待人、為人勇敢與小心謹慎。他必須要盡可能地幫助艾倫叔叔在農場裡做事，因為他現在年紀還小，因此他幫不上多少忙，但正因為如此，他要努力做一些零工去賺些錢支付自己的生活費。在他到了上大學的年齡時，就會給他一些幫助。與此同時，他還給了胡佛一本很小的黑色封面的書，他可以將自己得到的零錢放入裡面。「我的孩子，願上帝保佑你！」

## 第二章

　　於是，他與艾倫叔叔與米莉阿姨乘坐馬車離開了楓樹下的房子，開始了在錫達縣全新的農場生活。這裡的一切都與之前的環境不同，他必須要努力適應這個全新的家，想辦法與其他同伴接觸，更快地適應這裡與家鄉不同的做事方式。他之前在面對母親的時候的行為方式以及他內心的話語，都是他必須要牢牢地放在心裡的。但是，這樣的改變也帶來了一些讓他感到興奮與愉悅的方面。他依然可以非常高興地與其他同伴玩耍，吃得很好，滿懷熱情地幫忙做一些雜事。他始終沒有表達自己對很多事情的看法，因此誰也不知道他到底在想些什麼。

　　艾倫叔叔與米莉阿姨對待胡佛視如己出，並沒有特別偏愛他們那個與胡佛年齡相當的兒子華特。他們都會不偏不倚地對他們倆的行為做出獎賞與責備。胡佛要做收集木材、抽水、餵養馬匹以及學習駕馭馬匹等工作，教會小羊如何用提桶喝水。他還要經常用雙手抬起玉米播種機，步履艱難地來到春天的田野上，開始播種的工作。艾倫叔叔對孩子們的玩耍時間是有規定的。當孩子們在田地裡的一角看著甲蟲或是鵪鶉的鳥巢而不去做事的時候，他就會大聲說：「孩子們，該做事了！」他的這句話只是一個提醒，算不上一句指責。

　　收割乾草的季節逐漸鄰近，胡佛想出了一個辦法，就是駕馭一頭小牛，教會牠如何推動割草機來完成割草的任務。艾倫叔叔認真地聆聽了胡佛的建議，沒有提出反對意見。於是，胡佛與華特就來到房子後面的一間小屋裡，開始切割與縫紉陳舊的皮帶，做成一個較小的馬具。當米莉阿姨需要燒火爐的木材時，就會大喊兩聲。在完成馬具之前，胡佛想到了另一個辦法。他們同樣可以做一個割草機。艾倫叔叔對胡佛這一想法表示質疑，但胡佛認真地解釋說，他能夠透過以物易物的方式得到一塊舊樣本與一把生鏽的木工鋸，他想要的只是幾顆螺栓以及一些有用的工具而已。艾

倫叔叔回答說：「你可以嘗試一下。」

　　胡佛的割草機最終取得了成功。割草機的輪子是從一輛老舊的輕馬車上拆卸下來的，整個機器的框架則是用鋸子將木頭鋸下來，然後鐵釘釘好固定，而鋒利的割草刀片則是用銼刀不斷打磨而成。最後成型的割草機竟然真的能像那些大型機器那樣來回地移動。米莉阿姨看到之後都感到佩服，艾倫叔叔則高度表揚了胡佛的創造力。艾倫叔叔說，現在的草地還不需要去割草，不過他們能在旁邊的庭院那裡去割一些野草。

　　一天早上，在忙完之後，他們就帶著那頭懵懂的小牛來到小屋的門口，然後開始駕馭這頭小牛。在他們駕馭小牛的時候，小牛依然僵硬地站立著，這頭小牛之前應該早就習慣了這樣的駕馭。華特將韁繩套在前端的橫木上，胡佛則手拉著韁繩。「駕！」胡佛大聲喊道，但是小牛並沒有往前走。「打牠幾鞭子！華特，快打！」

　　小牛的腳突然離開了地面，接著大聲喊叫著。小牛跑開了。割草機在小牛後面，胡佛則牢牢地抓住韁繩，大步地跟在小牛後面。小牛的腰部扭動得很劇烈，割草機上安裝的鋒利的刀片有可能突然傾斜，這必然會造成種植生菜的田地被破壞。他用力地拉著韁繩。米莉阿姨尖叫著喊道：「胡佛，快放手！」接著就是一陣撞擊的聲音，韁繩斷了。胡佛重重地摔在剛長沒多久的馬鈴薯田裡。

　　這頭嘶叫的小牛將尾巴翹得高高的，快速地衝出穀倉的庭院，跑出去了，而華特則在後面緊緊地跟隨著。割草機在撞到蘋果樹的樹幹之後已經粉碎了。米莉阿姨忍不住笑了起來，用圍巾擦拭眼淚，接著繼續笑了起來。胡佛緩緩地站起來，從口袋裡摸索零錢，然後將手放在口袋裡，然後看著那臺辛辛苦苦造出來的機器破損的樣子。

　　「好吧，都結束了。」他平靜地說。抱怨又有什麼用呢？事情都已經

## 第二章

發生了。

「胡佛真的很像他的父親。」艾倫叔叔在吃晚飯的時候這樣說。他對米莉阿姨說，在內戰那段艱苦的歲月裡，很多男孩都提前成了真正的男人。傑西‧胡佛當時才只有十六歲，就已經在田野裡像一個真正的男人那樣做事了，承擔起了一個男人應該承擔起來的責任，他的思想與成熟度超出他那時的年齡。

「胡佛懷念母親的程度超過了他平時言語表達出來的程度。」米莉阿姨看著胡佛那張圓圓卻又樂觀的臉龐這樣想。她只能盡自己最大的努力去填補赫爾達留下的空缺，胡佛對此表示理解，也對米莉阿姨的做法心懷感激。

當他在半夜醒來的時候，會出現呼吸困難的情況。他看到了米莉阿姨提著一盞煤油燈，穿著印花棉布的睡衣匆忙地趕出來幫他。她將一些洋蔥膏狀物塗抹在他的胸口，然後用溫暖的毯子將他包裹起來，抱在自己的懷裡。在那些漫長的晚上，當他將頭枕在米莉阿姨那寬闊的肩膀時，會漸漸發現煤油燈在清晨的陽光下逐漸變得黯淡，此時他對母親的想念情感達到了最高峰，也讓他最難以忍受。但是，他絕對不能讓米莉阿姨知道，因為這會傷害她的情感。任何人都無法取代他母親的地位，但是米莉阿姨已經做到最好了，他也深愛著她。

夏天就在農作物的生產週期裡漸漸地過去了。玉米田裡的玉米已經收割完了，他們要耙地與犁地，乾草成熟之後就要收割。每天很早的時候，在梯牧草與三葉草葉子上的露珠消失之後，他就要駕駛著兩匹馬拉動的割草機器來到田野。他坐在高高的鐵座上，安靜的馬匹在前面不停地拉動著。在他身後則是一堆青綠的乾草，其中還夾雜著雛菊與藍色的矢車菊，這些花朵與乾草都整齊地倒在四英尺寬的鐮刀下面。這些乾草散發出一種

清新的氣味。照在他後背上的陽光漸漸變得猛烈起來。在完成了每一行的收割之後，他就要轉動控制桿，讓馬匹調轉方向。接著，他會再次將鋒利的刀片降低，沿路繼續在草地上割草。

　　他可以利用這個時候思考。他想到了自己認識的人都是一些農民，他想到了母親希望他將來上大學讀書的計畫。這些想法都是他現在必須要努力去執行的。他曾經想過是否要花十美分去購買釣魚鉤的問題，但他認為這樣花錢還是太不划算了。勞里・塔特姆每個月都會給他 5 美元，而他則將這些錢放到了那本黑色的書裡面。

　　在下午太陽最熱的時候，他偶爾會在完成一行的割草任務之後讓馬匹停下來，將繩索拴在柵欄上，讓馬匹在蘋果樹的樹蔭下休息。他拿起水壺喝一口水，然後躺在乾草堆上。此時，他有閒心去觀察各種小鳥，用手指撥弄著草莖，聽到折草發出一陣陣可怕的聲響。但是，他不想以後當一名農民的想法在他的內心變得越來越堅定。

　　一天晚上，當他從草地回來的時候，臉色蒼白，身體在顫抖。他甚至沒有足夠的力氣將馬牽回馬房。他跟跟蹌蹌地回到房子，告訴米莉阿姨他不想吃晚飯。他的前額摸起來很冰冷，並且還冒著冷汗。米莉阿姨立即叫來艾倫叔叔，華特則立即駕駛著輕馬車去找醫生，米莉阿姨將胡佛抱到床上休息，責怪起自己與艾倫。

　　「我們讓這個孩子在烈日下工作得太辛苦了，我們應該好好地照顧他。他現在生病了，這都是我們的錯。要是赫爾達在天之靈知道了會說什麼呢？胡佛，你感覺好點了沒呢？華特去叫醫生了沒？艾倫，如果這孩子出了什麼事，我永遠都不會原諒自己。」

　　但是，沒過多久，胡佛生病的原因就查明了。當胡佛漸漸好起來的時候，米莉阿姨坐下來，喜極而泣。而艾倫叔叔則用嚴厲的口吻說：「胡

## 第二章

佛，我們不是跟你說過不要吃那些青蘋果嗎？」

「艾倫叔叔，你說過。」胡佛溫順地回答，因為他感覺到艾倫叔叔的鬍子下面隱藏著不容易察覺的微笑。他等待了一會，因為他知道艾倫叔叔無意就此對他生氣，他也知道自己的確是應該受到懲罰。艾倫叔叔沒有想多久，就說：「這次就算了，下不為例。」

「艾倫叔叔，不會有下次了。」

收割乾草之後，就是收割小麥與燕麥的時節了。米莉阿姨花了一個星期去烘烤點心、蛋糕以及各式各樣的麵包，還做了許多豆子與大米布丁送給那些幫忙過來脫穀的人。打穀機終於到達了這裡，三個面容黝黑、身強體壯的男子每天早上過來這裡收割，一直工作到太陽從西邊下山。附近的鄰居也過來幫忙。晚上，疲憊的馬匹邁著笨重的腳步聲回到了穀倉，纏在牠們身上的馬具發出叮噹的響聲。胡佛與華特則在煤油燈下做著各種雜事。米莉阿姨在廚房裡洗著碗盤，然後鋪好桌布。

艾倫叔叔需要為打穀機脫的每蒲式耳支付 2 美分，為燕麥支付 3 美分。他在市面上可以將小麥賣到每蒲式耳 40 美分左右，而每蒲式耳燕麥的價格則為 23 美分。胡佛不需要在玉米田裡幫忙，艾倫叔叔與另外兩個男孩之前已經在那裡種植了，他們已經耙了兩次田，一次鋤田，四次犁田了。在打穀機走了之後，他們要將一些堅硬的玉米稈割下來，然後拖到到穀倉裡的乾草堆裡。在霜降的晚上，在完成了對羊群的擠奶之後，他們就要在煤油燈下脫殼金黃色的稻穗。不過，他們絕大多數的時候還是站在田野裡脫殼的，那個時候大雪都落在了地面。胡佛認真思考過這個問題，他想到每蒲式耳小麥大約能以 15 到 30 美分的價格出售。

他還想到了羊群。他對小牛的熱情已經消失了，小牛是喜歡搗蛋、且不講道理的野獸，經常撞翻讓牠們喝水的提桶，或是在一個男孩駕馭牠們

的時候到處亂跑。這些小牛很容易吃那些青蘋果或是被鐵絲網割傷。他們必須要每天餵羊，提供充足的飲水給牠們，還要每天擠兩次奶。最後，這些奶還要帶到地窖，接著又帶上來脫脂。當他們用奶油攪拌，並且加工之後帶到鎮上去銷售的時候，一磅重牛奶的價格為 10 美分。

又到了開學的時候了。胡佛與華特每天要背著書包與拿著午餐盒步行兩里路去學校。在課堂上，胡佛抽出了一些時間去做自己覺得有意思的計算，最後得出的結果證明了他之前的想法。艾倫叔叔如果想一輩子當一名農民的話，那是他的選擇，但他不想當農民。在他看來，當農民做農務不僅是無趣的，而且是對時間的一種浪費。

在那年的夏天，身處奧勒岡州的約翰·明索恩叔叔寄來了一封信，希望能夠將胡佛帶到他身邊。艾倫叔叔、米莉阿姨與胡佛討論了這件事，他們騎馬來到了斯普林代爾，與勞里·塔特姆進行了商談。當時的胡佛只是隱約還記得有這位約翰·明索恩叔叔的存在，但對他的印象非常模糊。此時，他的絕大多數叔叔與阿姨們都搬到了其他地方生活，遠離了他的人生。約翰與母親的一位朋友蘿拉·邁爾斯結婚了，蘿拉是拉班叔叔的妹妹，他們跟隨著她的父親班傑明·邁爾斯到印第安人領地去進行傳教的工作。

約翰·明索恩叔叔是當時西部最出名的醫生，他放棄了自己非常有前途的醫學事業，來到了平原印第安人領地傳教。他一開始成為了約瑟夫酋長部落地區的主管，後來擔任希洛克地區印第安人學校的校長。之後他前往奧勒岡州，將一座森林深處的印第安人學校發展成一座卓越的教育機構。現在，他準備在一些貴格會信徒聚集的定居點紐伯格開辦一所全新的學校 ── 太平洋學校，胡佛可以成為這所學校的學生。

「米莉與我都不想讓胡佛就這樣離開我們。」艾倫叔叔語氣沉重地說，

## 第二章

「但是，我們有責任讓他離開。約翰能夠比我們提供更好的條件給胡佛。當約翰說話的時候，我發現他是一個非常忠誠正直的人。他接受過良好的教育，有屬於自己的深邃思想。我曾聽他做過五分鐘的演說，他的思想足以讓一些人思考一個星期之久了。」

勞里·塔特姆將眼鏡從鼻梁上取下來，用一塊黑色的絲質手帕擦拭。他們在客廳裡商量著這件事，客廳裡的椅子都整齊地靠著牆壁，書架上還擺放著許多書籍，中央位置的桌子上則擺放著閃亮的粉白色的貝殼。胡佛始終挺直腰板坐著，帽子放在手上，認真地聆聽著。勞里·塔特姆說他也與外婆明索恩談過這件事，她認為最好還是讓胡佛跟約翰一起生活。

「約翰·明索恩是一個好人，」勞里·塔特姆用低沉友善的聲音說，「他能夠提供一個充滿基督精神的家庭給胡佛這個孩子，還能讓他接受教育及提供許多便利條件。正如你所說的那樣，他不僅擁有學識，還擁有自己的見解。」塔特姆緩緩地將眼鏡放在鼻梁上，然後透過眼鏡的鋼圈看著胡佛說：「胡佛，你今年已經十一歲了，你有什麼話要說的嗎？」

胡佛用非常遺憾的口吻回答，因為他深愛著艾倫叔叔與米莉阿姨，為離開他們感到難過。但是，擺在他面前的是充滿奇妙的西部世界，那裡還有一所學校，這可以視為他遠離農場與距離大學更近的一步。「我覺得自己最好還是跟約翰·明索恩叔叔一起走。」

於是，事情就這樣決定了。艾倫叔叔與胡佛在回去的路上買了一套全新的衣服給他，米莉阿姨則小心翼翼地幫他熨燙與修補衣服，然後將衣服都裝在胡佛的母親留下來的折疊式旅行袋裡。胡佛一直珍藏的兩句座右銘始終跟隨著他，還有他多年收藏的奇形怪狀的木棍也著他。在九月一個空氣清新的早晨，他們乘車來到火車站。他多次與艾倫叔叔握手。當火車駛入車站的時候，米莉阿姨緊緊地抱著胡佛。

「胡佛，你要做一個乖孩子。」

「米莉阿姨，我會的。」他誠懇地回答。接著，他像個男子漢那樣走上了火車。火車就這樣帶他前往遙遠的西部。

他與艾倫叔叔的一位鄰居奧爾·哈默爾一起出發，此人的姓氏是奧利佛，但大家都叫他奧爾——他們隨身都帶著一個很大的午餐籃子。他們一起乘坐座席客車，因為這比普爾曼臥鋪車更加便宜。晚上，胡佛只能蜷縮在長毛絨覆蓋的座位上，睡覺的時候感覺也不是很舒服。他們在康瑟爾布拉夫斯等待了十二個小時，因為這個中轉站是所有通往西部的火車都必須要經過的。他在這裡看到了密蘇里河，這條巨大的黃色河流要比他所能想像到的任何河流都要更加寬闊。當他在第二天早上醒來的時候，看到的是一望無際的平原，平原上沒有一座房子，也沒有任何柵欄，這樣的景象似乎一直延伸到世界的盡頭。

他們在火車上待了五天五夜，穿過了被太陽烤焦的北美灌木叢平原，經過了茂密的森林，看到了森林後面的岩石牆壁遮擋了天空，經過了大雪覆蓋的高山，經過了茫茫無盡頭的森林，看到了松針、雪松與鐵杉在哥倫比亞河藍色的水流上面聳立著。奧爾·哈默爾對胡佛說，高達一百英尺的桅杆就是用這些樹木做成的，而那些體型龐大、紅色魚鱗的鮭魚經常會被轉動的水輪打到岸上，就像水磨廠的水輪那樣。他們來到了波特蘭，這是一座有五萬人的熱鬧城市，這裡的人群以及人群發出的雜音讓他感到困擾，他們要在這裡乘坐渡輪前往紐伯格，因為紐伯格當時火車還沒有通。

奧爾·哈默爾待在渡輪的小屋內，而胡佛則留在甲板上。他在甲板上看到很多人正在堆積貨物，看到漿輪滾起陣陣的泡沫，領略到了威拉米特河兩岸秋天的景色。他之前從未見過這麼多樹木。他想要獲取更多知識的欲望克服了他內心的羞澀情感。他與一位穿著工作褲、在甲板的扶手前來

# 第二章

回走動、咀嚼著菸草的人聊天，主動向他報出自己的名字。河岸兩邊有很多鮮紅色的山茱萸、黃色的楓樹以及銀綠色的雲杉，這些樹木後面則是籠罩在一片黑暗陰影當中的雪松與松樹。在所有樹木之上，則是一條藍色的瀑布，遠處則是只有《聖經》裡的描述才有的壯美天空。他看到了陽光穿過了雲層，照在胡德山覆蓋著大雪的峰頂上。

渡輪漸漸朝著岸邊行進，泛起的漣漪倒影著岸上樹木的顏色。甲板水手將一根環形繩子套在一個有鋸痕的樹椿上，渡輪最終停下來了，在其他要上渡輪的乘客的行李箱都搬上船之後，渡輪繼續前進。

渡輪經過了奧勒岡城的水閘，接著朝著在他們身後關閉的開放水閘門駛去，渡輪隨著水位的上漲而上漲，接著繼續經過更高的水閘。兩岸的有很多人、也有一些製造廠與工廠。而在下游的森林則被水閘門擋住了。

在下午四點鐘的時候，他們來到懷努斯卡碼頭，這是一個四周全是樹木的水平地面。在樹椿與泥濘的道路上有一座很大的倉庫。倉庫的大門打開之後，裡面堆積著許多鼓起的小麥袋。在倉庫後面則是一條彎彎曲曲通向岸邊的黃色小路。很多馬匹都被拴在樹木上，碼頭上也有一些人。眼前的這一切景象都與他之前所看到的景象完全不同。他勇敢地下船，用力拖拉著折疊式行李袋，站在岸邊有點猶豫不決。此時的他穿著長長的褲子，一件圓圓的夾克衫，感覺自己要比想像中還要渺小。

突然，約翰·明索恩叔叔抓住他的手，他抬頭看到一位面容英俊、表情嚴肅、留著黑色鬍子的男子。約翰叔叔用認真的目光打量著他，將他視為一個男人而不是一個孩子。「胡佛，將你的行李放到馬車上吧，將拴住馬的繩子解開。我很快就回來。」

他們乘坐馬車沿著那條黃色的小路迅速經過了一條小溪的岸邊。岸邊長著許多高大的冷杉與雪松，道路另一邊的樹木在被砍伐之後燒掉了，上

面還有燒焦的樹樁以及黑色的泥土。胡佛回答了約翰叔叔關於西布蘭奇那邊人民生活情況的一些問題。約翰叔叔的馬匹跑得很快，這讓他對約翰叔叔留下了一種做事迅速的印象，他似乎還有很多重要的事情要處理。他很少露出微笑，但在少數情況下，他的臉上的確會露出笑容。他的笑容就像母親當年的笑容一樣，給人一種陽光與溫馨的感覺。

他們經過了一棟沒有粉刷的新房子與另一棟剛剛建好的房子，終於來到了紐伯格。這是一個要比西布蘭奇更小的村莊，周圍都是冷杉與雪松林，空地上還有很多樹樁，山上的四周都是收割小麥之後留下的黃色殘株。約翰叔叔為胡佛指出了太平洋學校的位置，那座學校才剛剛粉刷過。「胡佛，接受教育是過上有價值人生的基礎。任何建築物要是沒有基礎的話都是不牢固的。最重要的是要先接受教育，擁有自己的認知，你要將接受教育擺在首位。」

「我知道了，約翰叔叔。」

在學校附近有兩三間很小的房舍。約翰叔叔住在其中一間。在女生宿舍樓完工之後，他們就能搬進去住。現在，胡佛在這裡沒有地方可住，因為這裡已經住了三個女生，已經非常擁擠了。但他還是可以在主建築的一個小房間裡生活。蘿拉阿姨友善地歡迎胡佛的到來。她同樣將胡佛視為一個小大人看待。她那個比胡佛小四歲的孩子之前已經去世了。

胡佛立即站起身迎接大人們對他的打量。當他坐在客廳面對著許多張陌生的面孔時，他的第一個舉動就是從口袋裡拿出一本黑色的小書，然後將自己多年來積攢下來的錢都交給約翰叔叔。但是，他所說的第二句話就展現出了他的情感。他開始解開折疊式行李袋的扣子，他想起了裡面還有一些他珍藏多年的寶貝，然後問：「這裡有沒有奇形怪狀的棍子呢？」

他的這句話讓他感覺自己非常荒謬。在四周都是茫茫森林的地方，想

## 第二章

要找那些來自奧勒岡的奇怪棍子？蘿拉阿姨用鄭重其事的口吻詢問了胡佛穿多大的內褲以及他的襪子，而且是在一些表妹們面前這樣發問，這讓他感到非常羞愧。如果他能像一個成年人那樣去面對，就不應該遭到小孩子一般的對待。他將自己珍藏多年的木棍搬到木堆上，然後就擺放在那裡。他毫無遺憾地將自己的童年也放在那裡，開始作為一位只有十二歲的男孩在紐伯格的全新生活。

紐伯格是美國歷史上那些最古老的先驅者們來到的最西部的一座城鎮，這裡的人都是信奉貴格會的，他們都是勤勞工作、敬畏上帝的男女，他們有足夠的毅力去將人類文明的曙光照在這片荒涼的大地上。他從這些人身上明白了人生是艱苦與嚴肅的，我們的責任就是要沿著正確的指引不斷前進。人們絕對不能庸庸碌碌地浪費時間，更不能將美好的青春歲月浪費在毫無用處的玩耍上。

當然，他想要憑藉自己的努力來完成大學學業。這個世界絕對不是為那些想要不勞而獲的人而存在的，每個人想要得到什麼，都應該為此付出一定的代價。他必須要從現在開始存錢來支付自己的大學學費。因此，像他這樣沒有錢沒有背景的人，只能憑藉自己的努力去實現這個目標。與很多這樣的孩子一樣，他每天起得很早，餵養馬匹、擠奶、搬運木材與水桶，他還要馴服馬匹，清洗雙輪輕便馬車，在放學後清洗馬槽。在週末的時候，他還要在鄰居那裡做點雜事，積攢一點收入。這樣的訓練才能讓一個人變成真正有用的人。

他毫無怨言地接受了這一切。他身邊的每個人都非常努力地工作。工作是人生的基本。但是他感覺到內心一種全新的獨立衝動在控制著他，他感覺自己成為了一個真正的男人，在這個世界上承擔起了身為男人的責任，能夠在全新的環境下與陌生人打交道。他懂得如何自律，他討厭別人

強加給他的自律。他察覺到約翰叔叔與蘿拉阿姨在他們原本繁重的生活當中還承擔起對他的責任，他們感覺有必要為了他更好地成長，對他實行更加嚴格的自律。

他不會對此感到慍怒，他內心深處的某種合理的樂觀精神能夠將這種慍怒的情感洗刷掉。但他變得越來越安靜了，在他表面的安靜下隱藏著一種高傲與惱怒。他知道這點，但卻無法控制。他越來越討厭馬匹了，也沒有隱藏這樣的情感，儘管這讓約翰叔叔感到難以理解。在約翰看來，他年輕的時候正是在西布蘭奇騎著馬度過那一段青春時光的。胡佛曾當著約翰叔叔的面說他討厭馬匹，他討厭餵養馬匹與馴服馬匹，更不願意騎在馬背上，儘管他知道約翰叔叔希望他從騎馬的過程中得到一些樂趣。

他沉默地按照自己的方式去做事，盡可能以坦誠的方式避免與約翰叔叔的衝突。每當他內心的想法與約翰叔叔的責任感相衝突的時候，他總是選擇退讓。他很快就與身邊的其他男孩成為朋友，並與他們玩得非常開心。在下課休息的時候，他喜歡在學校的庭院裡玩遊戲，雖然他從來都沒有在其中扮演帶頭的角色。在平日的生活中，他變得越來越安靜與謙遜，用一雙敏銳的雙眼觀察著身邊發生的事情，在不發表評論的前提下思考這些事情。

每天早上，他在那間狹小的房間裡醒來。接著，他瑟瑟發抖地穿好衣服，用冰冷的水洗臉，然後出去外面做一些雜事。蘿拉阿姨在他之前就起來了，一般都會幫其他孩子洗衣服與穿衣服，還要為住在宿舍裡的女生準備早餐。她每天要做很多家事，還要負責照顧這些學生的生活起居，之後還要到學校去教她們知識。胡佛安靜地吃完一頓可口的早餐之後，就會跪下來晨禱，在上學之前將床單整理好。

當鈴聲響起的時候，一百多名學生聚集在禮堂裡。他是所有學生當中

## 第二章

個子最矮、年齡最小的學生。其中很多學生都是十六七歲的男女。約翰叔叔站在講臺上看著他們，覺得自己有責任為每個學生未來的福祉而努力。他是這所剛建立沒多久的學校的校長，也是該校的委員會成員，因此必須要關注這所學校的債務以及籌措必要的資金來興建校舍。他在學校裡請來的教師並不多，他是希爾縣唯一的一名醫生。他每天要為工作以及很多細小的事情所忙碌。但在每天早上，他都會將學生召集在一起，激勵學生要努力學習，並且表示會給他們提供力所能及的幫助。他是一位非常優秀的演說家，他的聲音是那麼的清澈與具有感染力，他的演說裡傳遞出來的思想是那麼的真誠：

「今天早上，我們將會思考一下約瑟的人生。上帝選中了約瑟，讓他成為埃及的統治者。上帝為每個人的人生都設定了計畫。他為我們預設了許多人生經歷，希望我們能夠努力去實現這樣的計畫。要是我們能夠像上帝那樣看到這個計畫的話，那麼我們每個人都會努力地去實現這個計畫。但是，我們很多時候卻無法從一個整體去看待人生，因此我們必須要在信仰的基礎上去實現我們的計畫。」

「上帝希望約瑟成為埃及的統治者，因此他給了約瑟要統治埃及的夢想，讓約瑟能夠朝著這個方向去努力，而不要將自己的時間與精力浪費在其他毫無意義的事情上。上帝希望約瑟能夠統治埃及這樣一個由多數奴隸組成的國家。因此，上帝先讓他成為一名奴隸，從而讓他對奴隸懷抱著憐憫之心。」

「上帝知道，想要成為一名統治者，就有必要去理解政治。因此，他讓約瑟被販賣到波提乏（《聖經·創世紀》裡埃及法老的護衛長）那裡做奴隸，好讓他能夠站在波提乏身後，聆聽當時的統治者談論關於政治的問題。這樣的情況持續了好幾年。最後，為了讓他能夠鍛鍊管理方面，又讓

他擔任了波提乏的管家。」

「接著，約瑟被關進監獄，這並不是一所普通的監獄，而是一所專門關押政治犯人的監獄。他在這裡了解到了埃及政治的另一面，學到了如何去對待政治異見者，因為負責看守監獄的人將自己所聽到的一切都告訴了他。」

「當他從現實生活這所大學畢業之後，最終登上了國王的寶座，他是有史以來第一位接受過恰當訓練的君王，因為上帝希望他成為一名傑出的君主，約瑟也按照上帝為他設定的計畫去完成了，雖然他無法看到上帝這樣做的最終目的。因此，我們可以從約瑟的故事裡明白一點，那就是眼前看上去的困難與挫折對於任何一個擁有信念的人來說，都是最為寶貴的財富。」

在短暫的祈禱之後，學生們都回到教室上課了。讀書對胡佛來說是相對輕鬆的，他的成績在班上名列前茅，雖然很多同學的年紀都比他大。他比較擅長數學，因為數學的邏輯符合他大腦的思維模式。他感覺自己在掌握知識的過程中有一種力量感，他感覺課堂上的時光非常愉悅。約翰叔叔並沒有表揚他的學習成績，而是跟他說驕傲是一個會困住男人雙腳的陷阱，最後讓人陷入災難的境地。

每天晚上七點，在約翰叔叔的房子裡，每個人都會結束閒聊。一盞煤油燈擺放在桌子中央，孩子們手上拿著書，一直學習到上床睡覺的時候。蘿拉阿姨要麼忙活著寄宿女生方面的事情，要麼就是在備課。約翰叔叔則埋頭處理學校的各種事務，或是在夜色中騎馬沿著山路去治療病人。在九點的時候，胡佛站起身，與蘿拉阿姨道了一聲晚安，然後上床睡覺了。

週日的情況則有所不同。週日早上，在忙完了雜事與吃完早餐之後，他要去安息日學校，之後還要去教堂。在十二點或是之後的時間裡，他與

# 第二章

其他男孩安靜地走路回家，一路上他們不敢打鬧，深怕弄髒了鞋子與衣服。他對於去安息日學校並不感興趣，他覺得即便自己不去那裡，也能成為一個正直的人。他對教堂裡的捐獻盤十分反感。讓他在教堂裡不斷地聆聽他已經聽了很多遍的演說已經很煩人了，還要他為此給錢？他更願意對那些遭遇比他不幸的人捐錢，但他始終無法心甘情願將錢捐給安息日學校。他知道主並不稀罕他那幾枚心不甘情不願投下去的硬幣。雖然他這樣想，但還是將錢放在了捐獻盤裡。

「胡佛，我剛才看到你將一枚 25 美分的硬幣放在盤子裡了。」他最好的一個朋友驚訝地問。

「是的。」

「但你怎麼有這麼多錢呢？我只投了 5 美分的鎳幣。」

「你知道，約翰叔叔每次給我的錢都是我投入裡面的錢的兩倍。」

在吃午飯的時候，約翰叔叔就給了他一些零錢，他將這些零錢攢起來用於日後上大學。他覺得，將這些錢用在一些能讓他學習到新知識的事情更有意義。

午飯之後，他坐下來安靜地閱讀《聖經》，一直持續到下午三點鐘。那時，他要去終身戒酒社團的集會，在那時這個城鎮還沒有出現酒吧，所有的孩子都必須要在週日下午參加這樣的活動。在吃晚飯之前，他還要再看《聖經》上幾章的內容。之後，他還要參加晚上的祈禱儀式，最後在十點鐘提著煤油燈回家睡覺。

胡佛就是在這樣的生活方式下度過了幾個月的時間，期間偶爾會有一些歡樂的玩耍時光，但更多的是因為內心日益追求獨立與約翰叔叔強加給他的自律之間的衝突而感到矛盾。在暑假的時候，他獲得了一份不錯的兼職工作，他在鋸木廠下面的一個深水池裡學會了游泳，每天都能夠聽到鋸

木廠那邊的環形鋸發出的呼呼聲，許多粗壯的松樹被砍伐下來，在太陽的照射下，他能聞到松樹散發出來的松脂味道。他看到了鐵路正在慢慢修建到了紐伯格這個地方。在一間鐵匠鋪裡，他看到種植小麥的農民在一旁等待著他們的馬匹裝上蹄鐵，聽到了有人談論著關於果園的事情。

很多時候，他的想法都會與約翰叔叔的觀點出現衝突，但他還是沉默地表示恭順，但這讓他的內心感到強烈的不滿。約翰叔叔知道胡佛不喜歡別人強迫他去做某些他不喜歡去做的事情。一天晚上，胡佛安靜沉默地坐在廚房的椅子上，約翰叔叔對妻子說：

「蘿拉，這是讓胡佛這匹『小馬』勇敢前進的唯一方法。在他還年輕的時候，就要給他套上一個『韁繩』，讓他在自己的母親旁邊跟著跑。當他長大之後，就會習慣這樣的韁繩，也就不會想著要掙脫出這樣的韁繩，因為他已經完全習慣了。如果他在知道這些『韁繩』給他帶來的好處之前就試圖去掙脫的話，這必然會給他帶來更多的傷害，而且這樣的掙脫也是沒有什麼價值的。」

胡佛站起身，回房間睡覺了。幾個星期後，他準備到班傑明·邁爾斯那裡做一些雜事，賺點學費。

邁爾斯是一位虔誠的貴格會信徒，是拉班叔叔與蘿拉阿姨的父親，他對於男孩子應該承擔的某些責任有著更為嚴格的要求。他堅信一點，那就是現在的年輕一代因為沒有給孩子施加多少的自律而漸漸寵壞了這些孩子。他說：「魔鬼撒旦會潛入那些懶散之人的靈魂當中。」他不希望胡佛養成懶惰的習慣，因此每天都讓他去後院砍伐直徑為十英尺的冷杉樹。在做完每天的雜事與學習之後，繼續從事這項工作的確讓胡佛累壞了。

不過，週日是可以休息的，這讓他感到高興。在九月的一個週日早上，當他準備出發前往教堂的時候，一輛輕馬車來到了後院。他看了一

## 第二章

眼，然後呆住了。他的心似乎停止了跳動。塔德過來這裡了！

　　他的哥哥塔德從愛荷華州趕來這裡與他相聚。在學校建築那個角落的一個房間裡，他終於有伴了，他們可以睡在一起了。哥哥也是世界上第一個知道耳痛會讓他晚上睡不著的人。他之前之所以對別人感到不滿，是因為他覺得自己像一個男人那樣工作，但別人卻將他當成孩子。

　　塔德的叛逆性格是以公開的方式展現出來的，無論是對他自己還是對胡佛而言都是如此。此時的塔德已經十七歲了，是一個內心善良卻又任性的年輕人，他有時會做一些讓胡佛覺得很糟糕的事情。他經常會到山上進行長時間的旅行，而不是到安息日學校參加學習。有人甚至說塔德學會了抽菸，他甚至還表示要去參加鄉村的舞蹈表演。某天，當他的正義感被激發出來之後，他與其他人在學校的庭院裡打了一次架。他面無懼色地面對約翰叔叔，表示只要他感覺自己所做的事情是正確的話，就根本不在乎別人對此有什麼想法。

　　「你應該考慮一下別人對此的想法。」胡佛在與塔德的交談時最後這樣說，「別人的想法也代表著一個事實 —— 就像圓鋸那樣。你必須要接受別人對你的看法，正如你可以去做自己認為正確的事情。」

　　這是一個讓他難忘的冬天，因為池塘的水嚴實地凍住了，其硬度足以讓他們在上面溜冰。胡佛之前在愛荷華州的時候就擁有當時鎮上唯一的一雙溜冰鞋。當然，其他孩子向他借來用的時候，他也很難拒絕。有好幾天，他都想要親自在冰面上溜冰，但是很多男孩都想要借他的那雙溜冰鞋去玩一下，因此他想要溜冰的念頭一再延遲。不過，當他站在岸邊看著其他男孩努力學習溜冰的樣子，他感覺這要比那種只是讓自己去玩的自私念頭更加有趣。

　　在他即將十三歲那年，他必須要做出一個選擇。此時的太平洋學校已

經建立起來了，約翰叔叔正準備搬到塞勒姆地區，準備與 B.S. 庫克進行土地買賣的生意。這是西部開墾的第三波高潮：第一波高潮是開墾森林，接著就是開墾麥田，現在則是開墾果園。胡佛可以到約翰叔叔的辦公室裡工作，或者他可以選擇繼續留在學校裡讀書。這兩個選擇就擺在他面前。

他默默地看了一眼自己那本黑色的小本子，發現裡面積攢下來的錢還不足以讓他讀完大學，他必須要憑藉自己的努力去賺錢完成大學學業。他已經厭倦了每天做一些雜七雜八的事，除此之外，他唯一熟悉的只是做一些農務。他需要一些商業方面的經驗讓他日後更好地賺到一些錢供他念完大學。現在，一個學習商業運轉方法的機會就擺在他面前，他應該抓住這個機會。「約翰叔叔，我想要去做這份工作。」

約翰叔叔聽到他這樣說，臉上露出了罕見的微笑，這是胡佛第一次看到約翰叔叔露出這樣的微笑，他感覺到約翰叔叔對他的決定表達了出一種自豪感。但是，約翰叔叔很快就反對了這樣的想法。「你應該與塔德一起去騎著馬，趕著羊群前往塞勒姆地區 」。約翰叔叔再次聲明他是一位嚴格的自律主義者。

約翰叔叔地匆忙收拾行李，將學校的管理事務安排妥當，最後一次去探望那些生病的人。而胡佛則每天晚上忍受著耳痛帶來的折磨以及糟糕的伙食所帶來的食慾不振，他們倆之間的一場「風暴」即將爆發。約翰叔叔始終是那麼地威嚴，說一不二，胡佛的自制力在他那雙顫抖的雙手中漸漸地失去控制。他站起來大聲地反對約翰叔叔的建議。在堆滿垃圾的後院，面對著驚恐的馬匹時，他終於第一次公開反對約翰叔叔的想法。在他們爭論的高潮時，雙方都忘記了其實就是一些很小的事情促成了這樣的爭論。他們都認為自己是有理的，都不願意退讓。

這場爭論的記憶一直藏在他們的心間，在他們到達塞勒姆之後都一直

## 第二章

沒有提起過。胡佛住在約翰叔叔在市郊地帶的一間房子裡，這裡是屬於高地貴格會教徒的聚集地，剛成立不久的奧勒岡土地公司準備出售其中的一塊土地。他就在這間公司的辦公室裡工作，約翰叔叔則是這間公司的合夥人。他們每天見很多次面，彼此之間的冷漠漸漸變成了對對方一種難以言喻的尊重。約翰叔叔是一位有能力且有遠見的商人，而胡佛身為辦公室的勤務員也具有與其位置相等的能力。

塞勒姆是一座擁有八千人的城市，這座城市就像一棵樹，其不斷生長的養分源於富饒的小麥田迅速變成果園所帶來的商機。奧勒岡土地公司可以抓住這個機會建設未來的塞勒姆果園，以前只能讓十個人生存的土地現在能讓一百人生存。很多大農場分為了許多小農場，而很多小農場被分為更小的城鎮地帶，道路變成街道，街道兩邊都鋪上了軌道方便有軌電車的通行。財富源源不斷地流向了土地公司。這些都是成立奧勒岡土地公司的人一開始所懷抱的希望。

胡佛躲在背後默默地觀察著一切，他每天的工作很忙碌，卻依然保持著敏銳的觀察能力。外婆明索恩與妹妹梅從愛荷華州來到了這裡，現在就住在約翰叔叔家附近的一間房子裡。她們在那裡也有一些雜事可以做：比如砍柴、挑水等。每天早上，當他去辦公室上班的時候，長長的街道依然還有露水，兩旁兩層高的商店還沒有開門。他打開了辦公室大門，打掃地板與人行道，用抹布擦拭桌子，接著打開郵差送來的信件。他瀏覽了一下這些信件，然後分類，幫約翰叔叔與庫克先生放好這些信件。接著，他還要重新安排櫥窗展示 —— 其中包括一捆小麥桿、一個龐大的南瓜、紅蘋果以及一大罐裝用酒精泡著的李子乾。忙完這些雜事之後，他一天的工作才剛剛開始。很多商店都漸漸開門了，一些人經過了用平板玻璃做成窗戶的商店，馬車也開始悠閒地經過街道。身材魁梧、性情溫和的庫克先生過

來了，他高興地說：「胡佛，早上好！今天天氣不錯啊！」蘿拉‧胡埃拉特是一位只有十五歲的速記員，此時剛剛來到辦公室，進入了她那個用玻璃幕牆圍住的小隔間裡。負責在東部地區廣告業務的科特爾先生急忙走進辦公室，大聲說：「胡佛，XX 在哪裡呢？」無論科特爾想要什麼，胡佛總能立即將這樣東西送到他的手上，絕對不會麻煩科特爾。

　　辦公室的工作非常忙碌。每天都有很多人進進出出，很多信件寄到這裡，很多地圖需要製作，很多合約都要達成，很多備忘錄要完成，還有很多支票要送到銀行。公司在東部地區的一千份報紙上都做了廣告。胡佛負責廣告方面的細節。公司已經購買了三千畝土地，準備在上面種植果園，建造道路，然後在將一些規模較小果園農場賣出去。胡佛親自到每塊土地上走了一遍，描繪出了這些土地的藍圖，然後在辦公室裡畫出了每個山丘與樹木的地形圖，按照自己的方法將這些資料都整理好。當公司準備要到芝加哥參加展覽會，胡佛就為這次展覽會做好準備，將所有的材料都打包好。

　　「胡佛，底特律地區一位名叫亨利‧史密斯的人來信說，他會在晚上乘坐火車來到這裡，我們之前與他通信的信件在哪裡呢？」

　　他立即去從資料庫裡翻找，很快就找到了相關的信件，然後遞到了說話人的手上。

　　「胡佛，與麥克道爾的交易中，我們支付了多少錢？」

　　「2,140 美元。三年期的利息為 7%。」

　　「胡佛，我們告訴了那位來自奧馬哈的人 —— 胡埃拉特，胡佛去哪裡了？」

　　「庫克先生，他去銀行了。」

　　「哦，好吧。那我等他回來再問吧。」

## 第二章

　　當他沒有回答這些問題的時候，就要去跑腿，或是回覆電報和坐在一張高高的椅子上繪製地圖。有時，他會沉默地站在一旁，聆聽其他商人的談話。此時的他會雙手放在灰色外套的口袋裡，微微聳肩，帶著一頂圓圓的小帽子，認真地聆聽著。沒有人會留意他的存在，也沒有人會特地向他講解商業經營方面的知識。他對此並不在意。他只是會將自己聆聽到的事情默默記住，不斷地將一些商業知識刻在自己的腦海裡。

　　當時的公司在與其他土地公司的競爭當中處於劣勢。在奧勒岡土地公司的廣告攻勢下，很多人從東部來到了塞勒姆，他們在前往飯店的路上往往會被競爭公司的銷售員拉去。奧勒岡土地公司對此感到不滿，但這就是土地公司這個行業競爭的方式。銷售總是屬於出手最快的人。

　　胡佛利用週六下午的閒暇時間，將塞勒姆地區所有裝潢好但沒有人入住的房子以及可供出租的房子進行了調查。接著，他向約翰叔叔提出了自己的建議。他提出要在火車站那裡將潛在的客戶拉到公司，讓這些客戶暫時住在比飯店更加不起眼的房子，這樣的話，奧勒岡土地公司的銷售員就能夠在不受競爭對手的干擾下與客戶達成協議。他希望從出租這些空房子的交易中得到部分傭金。

　　他的建議得到了叔叔的認同。奧勒岡土地公司得到了許多客戶的合約。就是這麼簡單。但是，另一位銷售員的感慨則讓他感到煩惱，這位銷售員說：「你的這個方法實在是太有效了！胡佛，你是怎麼想到這個方法的呢？為什麼我們想了幾個月都沒有想到呢？如果我在八月分的時候以這樣的方法留住來自內布拉斯加州的客戶，就像我在上週留住拉姆森這個客戶的話，我已經達成了銷售協議了。」

　　為什麼那麼多人總是習慣夸夸其談，而不願去認真思考一些事情呢？

　　他想過要參加夜校的商業課程，並且上了幾週時間。但他最後還是放

棄了，因為這會讓他在晚上無法待在辦公室裡。在晚上七點到九點的這段時間，很多商人依然會進進出出，這些商人有時會坐在會議室裡進行商業討論，他能夠從聆聽這些人的談話中學到比在夜校更多的商業知識。

在公司成立第二年的一個晚上，他坐在辦公室的一個角落，雙手插在口袋裡，帽子拉到了眼睛的位置，認真聆聽著債權人舉行的會議。當時的公司具有償付債務的能力，但是公司的擴張趨勢會讓公司處於風險不可控的形勢。因此，他們必須要就一些事情以及選擇進行考量。公司還有一些未兌現的款項尚且還沒有收回來，否則就會讓交易就無法達成。當這十幾個人中出現了一個不講道理的債權人的時候，其造成的後果就可能導致公司的倒閉。

果然，這些人在交流的過程中變得越來越激動，最後變成了人身攻擊。每個人都想要保護自己，對他人採取一種猜疑的態度，說話的嗓門都想要比對方的更高一些。一些人甚至用拳頭敲打在桌子上。很多人在興奮的狀態下都無法控制自己的脾氣。

「你影射我不是一個誠實的人嗎？」

「難道你剛才不是說……」

此時，突然沒電了。突然的黑暗讓在場的商人感到一陣困惑，他們都聯合起來抱怨電氣公司的服務太糟糕了。他們點燃煤油燈，不過很快就熄滅了。他們無法容忍在黑暗的環境下繼續討論事情。為什麼一間服務大眾的公司的服務就如此糟糕呢？他們決定將討論推遲到明天吧。他們在桌椅前摸索著，走出了辦公室，來到了街道，各自回家了。在約翰叔叔正準備關上辦公室大門的時候，一隻手突然出現在了一個光圈下，此時的胡佛露出了淡定的表情。他走出來，用自己的鑰匙鎖上了辦公室的大門。

「胡佛，是你關掉了電燈嗎？」

「他們剛才的討論只是在浪費電費。他們那樣的討論根本不會有任何結果。」胡佛回答說。接著，他騎上腳踏車回家，讓那些人在明天以更好的心態去討論公司所面臨的困境。

塞勒姆街道鐵軌上的小型馬車要隔很久才會悠閒地沿著其軌道前進，但在鐵軌之間的空間則用杉木板材鋪著，成為了一條非常適合騎腳踏車的道路。胡佛在黑暗中騎車回家，經過了主街道兩旁那些已經打烊關門的兩層商店，偶爾發出光亮的弧光燈照在街道上一些水坑上。他經過了住宅區，那裡很多白色的房子都是用木頭做成的，上面還有渦卷裝飾的角樓，安裝著有色玻璃的窗格，遠處的草地上則聳立著一座用鑄鐵做成的鹿雕像。他繼續騎車朝著一塊長滿野草的空地前進，往高地貴格會聚居地去。這片土地上的每單銷售與再銷售都是他所熟知的，他自己也在這裡擁有一塊不大的土地，這是他以相對合理的折扣從一位賣家手上購買的，想要在日後以合理的價格出售。

他經過了高地的貴格會教堂，這座教堂是這個地區的核心地帶，教堂是奧勒岡土地公司出錢建造的，教堂建立在堅固的石頭基礎，教堂頂端是以滾動裝飾的尖塔塔頂，傳遞出只有過上正直的生活才能回報的道理。胡佛是這個教堂的會員，這個身分是真實存在的。當然，他也是經過深思熟慮之後才加入的，他將這視為自己的成就之一。當他騎車經過教堂的時候，看到了天空中的繁星發出的光芒照在教堂上，形成了一個陰影的角落。他思考著到底是什麼讓人們成為基督徒，並且審視著自己成為基督徒的動機。他希望自己之所以成為基督徒，並不僅僅是為了救贖自己的靈魂，因為這與純粹的自我利益相比並沒有高尚多少。

他將腳踏車放在約翰叔叔的穀倉，接著從一棟面積較大的白色房子那邊穿過街道，來到他住的地方。外婆明索恩所住的那間扇形屋頂板的房子

沒有發出燈光，她與妹妹梅肯定已經睡覺了。他關上了穀倉的大門，沿著樓梯來到了穀倉上面的閣樓。他點亮了放在桌面上的煤油燈。他自製的書架堆滿了書，他從中選擇了一本與幾何學相關的教科書，然後用削好的鉛筆盒裡取出一支鉛筆，然後坐在用釘子釘好的廚房椅上開始學習。

在屋頂傾斜的牆面板上，一隻蜘蛛正在來回都爬行，忙碌地編織著用肉眼都看不清的網，準備在白天捕捉獵物。煤油燈在安靜的房間裡燃燒時發出柔和的嘶嘶聲。胡佛的專注力完全集中在幾何線段與計算上。那個已經有點破舊的鬧鐘的指標緩緩地指向了午夜十二點。房間裡的空氣變得越來也冷。他穿上了大衣，準備再做一題與角度 C 相關的難題，最後他放棄了，伸手拿到了桌子旁邊的那個蘋果。接著，他從衣袋裡拿出了一捆小冊子，攤開這些小冊子，慢慢地閱讀。

此時的他已經十六歲了，是時候選擇他要去就讀的大學了。這年夏天，希歐多爾已經回到愛荷華州，進入潘恩學院就讀。胡佛有自己的打算。他閱讀了塔德寄過來的關於潘恩學院的簡介，不是很喜歡這所大學。家裡的人無法理解他的想法，因為他希望就讀的大學要更專注於科學，而不是宗教。他認為能夠控制自己的宗教觀點，他想從大學裡學到的是事實方面的知識 —— 特別是數學、地理以及礦石方面的科學知識。在奧勒岡土地公司工作的這幾年，他經常看到很多從奧勒岡山地那邊過來的人，這些人都是礦場主或是對礦石感興趣的人，這些人向他展示了一些來自石化的森林裡找到的一些石化木材，其中包括在奧勒岡海灘上撿到的瑪瑙、石英石、天然金塊、一些形狀古怪的岩石，這些都喚起了胡佛內心深處對這些石頭隱藏的祕密的興趣。況且，從事礦業工程也有豐厚的回報。他曾見到過一位來到塞勒姆地區的成功的礦業工程師，這位工程師所說的事實給他留下了深刻的印象。他查看了當時美國許多大學的簡介，認真地選擇。

## 第二章

　　當時的史丹佛大學就要在加州開學了，這所大學最符合他的需求。因為史丹佛大學可以提供許多科學課程，並且對他這樣要靠自己的能力讀完大學的學生非常具有吸引力。入學考試在波特蘭舉行。他最後決定報考史丹佛大學，但他能夠通過入學考試嗎？

　　「今年秋天，胡佛就要上大學了。」塞勒姆地區的一位商人對另一位商人這樣說。

　　「如果是這樣的話，奧勒岡土地公司將會懷念他的。我覺得他算得上是那個辦公室裡的支柱。庫克前幾天跟我說，他們都不知道胡佛離開之後該請誰好。」

　　「胡佛，我聽說你要上大學了。」一天下午，當胡佛前來銀行辦事的時候，銀行家威廉這樣問道。

　　「是的，威廉先生。」

　　「我希望你能讓佛雷德跟你一起去上大學。他的年齡也差不多要上大學了，但他似乎對上大學不是很感興趣。」

　　「威廉先生，我將會盡自己最大的能力去做。」

　　他並不是很了解佛雷德・威廉，佛雷德是這位銀行家的兒子，他在上學的時候經常參加各種聚會，經常與一群人站在街角，穿著名貴的服裝，將口袋裡的零錢抖得叮噹響，而胡佛每天則要在土地辦公室裡忙著繪製地圖或是各種藍圖，因此他們倆之前並沒有什麼共同的話題。不過，上大學成為了他們現在共同的話題。佛雷德對上大學不是很感興趣，胡佛則非常有技巧地喚起了他對上大學的熱情。他們將一起前往波特蘭參加大學入學考試。

　　佛雷德是一個不錯的年輕人，他在吸菸區可以很快地與其他人成為朋友，從容且自信地在火車上閒逛，他穿著名牌衣服，手指熟練地拿著香

菸。胡佛認真聆聽著他與其他人的對話，感覺這與自己平時的經歷相差甚遠。佛雷德之前所感受到的世界是他所不習慣的，這也是他的一個劣勢。他孤獨沉默地坐在位置上，認真地觀察著其他人的行為。透過對他人的觀察，他在內心的世界裡不斷增添自己的儲備知識。之前在學校裡讀了三年書讓他大約有兩年高中的學力，他已經讀完了兩本關於幾何的教科書，並且做了很多數學方面的計算。在土地辦公室裡的工作讓他獲得了商業方面的歷練。此時，他已經積攢了 800 美元的現金。要是他能夠通過大學的入學考試，他知道自己肯定能夠念完大學的。

佛雷德習慣了旅行，他非常熟悉波特蘭這個地方。他走出了飯店門口的公車，與司機閒聊，直接喊出了飯店服務員的名字，然後前去吃晚飯，而胡佛則要吃力地記住每個人的名字以及他們見面的日期。

第二天，他們就要參加考試了。斯溫納教授是一位身材魁梧、心地善良的人，經常說一些鼓勵學生的話，不過他出的試卷卻讓胡佛感到不知所措。胡佛面對著考卷上的幾何題目呆若木雞，這些數學題需要的數學知識都是他之前從未學習過的。這些數學題必然是能夠解答出來的，但是該怎麼去解答呢？他咬著牙，想了一切辦法去解答。他的身體肌肉都僵硬了，整個世界彷彿變成了一座長長的平行四邊形，被無數條不可控的線條橫向地平分。斯溫納教授將手放在胡佛的肩膀上，這讓胡佛彷彿感覺到了地震般的顫動。

「有什麼問題嗎？」兩道數學題，只有一個回答，胡佛在數學方面的無知充分暴露出來了。胡佛之前只學習過兩本幾何書，但其中一道幾何題目是出自第四本幾何書的，而他根本沒有看過那本書幾何書。

「今晚，你來一下我的飯店房間吧。斯溫納夫人與我想要跟你談一下。」

## 第二章

　　他如期去了。他還是顯得那麼沉著冷靜。在他的內心深處，還是想要盡一切辦法去上大學。此時距離史丹佛大學開學還有將近四個月的時間。在這四個月的時間裡，他要學習兩本幾何書，並且要將裡面的內容全部學好。但是，他面臨著最後考試不通過的風險，即便他這一次沒有通過，依然會繼續努力下去的。他依然可以住在穀倉的閣樓上，依然可以利用晚上閒暇時間去學習。他在回答斯溫納教授的問題時回答得較為簡短，並且在對待斯溫納夫人的時候非常有禮貌。斯溫納夫人是一位性情愉悅的女性，她大度的舉止以及時尚的瀏海都表現出了她是一位具有教養的女性。「斯溫納教授，我之後還可以繼續參加考試嗎？我想再試一次。」

　　那天晚上，他回到了塞勒姆。在胡佛乘坐火車回去的途中，斯溫納教授發了一份電報給約翰叔叔：

　　「明天下午，我會乘坐火車經過塞勒姆，請在火車站那裡等我一下，我想與你談論一下關於你姪子在史丹佛大學入學考試的事情。」

　　「胡佛現在的知識水準還無法讓他達到進入史丹佛大學的門檻，他現在還有兩本幾何書沒有看。但是，你要告訴他要盡最大的努力去學習，爭取在今年九月分的時候進入史丹佛大學，史丹佛大學也會做相應的讓步，以便接受胡佛。他在進入大學之後，也許還要更加努力地彌補之前所缺乏的知識，但我們還是願意給他這樣的機會。明索恩先生，你擁有一個讓你感到驕傲的姪子。」

　　「胡佛的確是一個好孩子。」約翰叔叔坦誠地說，「斯溫納教授，我會將你的話傳達給他。你對胡佛這個孩子的關心真的讓我非常感謝。」

　　約翰叔叔回到了辦公室，看到胡佛正在整理檔案。「胡佛，從現在開始，你可以不去辦公室裡上班了，立即回家學習吧。從今往後，你將所有的時間都投入到學習當中去吧。斯溫納教授希望你能夠盡快學習兩本幾何

書以及提高英文的水準。」

　　對胡佛來說，此後一個階段的生活都以解決一連串幾何算術問題為中心。無論是在吃飯、睡覺還是在每分每秒的呼吸當中，胡佛都在思考著幾何方面的問題。最終在睏意襲來之後，他在清晨的夢鄉裡依然做著關於幾何題目的夢。他帶上幾何教科書來到辦公室、晚餐桌，並在吃完晚飯之後帶著幾何教科書回到自己睡覺的穀倉閣樓上。

　　佛雷德‧威廉也沒有通過數學考試，他的父親表示，如果胡佛能夠幫助輔導佛雷德在幾何方面的知識，那麼他願意出錢購買胡佛之前在高地貴格會地區的一塊土地。出售這塊土地的錢讓胡佛小賺了一筆，他將這些錢積攢起來，用於以後的大學生活。

　　此時的胡佛已經十七歲了，是一個頂天立地的男子漢了，他準備在不需要任何人的資助下完成大學學業，就像在半個世紀前，外婆明索恩成為寡婦之後，仍然努力拉扯著赫爾達長大成人。他沒有將自己的想法告訴佛雷德‧威廉，因為他始終對上大學就讀不是很感興趣，像他這樣的富家子弟有足夠的經濟來源購買華麗的衣服與條紋襯衫，幻想美好的大學生活。但是，胡佛卻不能像他那樣蹉跎歲月。他依然還記得在八月，當他們一起出發前往加州之前與外婆之間的對話。

　　「我經常會想，要是赫爾達能看到現在的你就好了。」外婆明索恩在胡佛彎下身子，親吻她柔軟而褶皺的臉頰時說，「胡佛，你從小到大都是一個好孩子，我會為你祈禱的，希望你始終能夠遵從自己的良心去做事。」

　　「外婆，妳將來肯定會為我所做的事業感到驕傲的。」胡佛用保證的口氣說，臉上露出的微笑足以掩蓋了他內心的情感。這並不是一個成年男人應該展露出來的情感，無論是對像他還是對像佛雷德那樣的人來說都是

## 第二章

如此。當前往加州的火車出發的時候，佛雷德立即前往抽菸區那個對他來
說非常有趣的「世界」。

# 第三章

# 第三章

　　火車要跑一天兩夜才能到達加州。這是一段漫長的旅程，這也是胡佛第一次感受到睡在普爾曼臥鋪時的感覺，枕頭在他的頭下不停地顫動，黑夜中的森林不停從窗邊掠過。他坐在餐車裡，手中無聊地撥弄著餐牌，服務員就在他的身旁。這一趟旅程將會讓他體驗許多之前從未有過的全新生活，他也能隱約感覺到未來的人生所面臨的各種困難。

　　過了森林還是森林，延綿無際的山峰此起彼伏，火車在沿著鐵軌不停地繞圈與攀爬。火車在一個很小的棕黃色車站停下來了，這是在樹林深處與陡峭的懸崖邊上建立起的一座孤零零的車站。沙士達山覆蓋著大雪的峰頂在橙色的夜空中顯得額外憔悴與蒼涼。夜幕降臨之後，胡佛透過車窗看到了正打著哈欠的乘客，一位黑人乘務員用力地搖動著綠色的窗簾，為乘客整理著床鋪。這是一個全新的世界，他現在還沒有足夠的能力在這個世界來去自如，但他總有一天會做到的。

　　第二天早上，他看到了加州沙加緬度山谷下面一大片廣闊肥沃的平原。漫無邊際的黃色麥田，建立在麥田附近的許多穀倉就像一個小小的黑點。灰色的水面上彌漫著灰色的大霧，這是蘇森海峽的邊緣了，已經靠近舊金山灣了。漁民的小屋都聚集在圖萊地區，碼頭上那些看似雜草的東西其實就是漁民捕魚時用的漁網。海面上的海鷗在不停地盤旋。接著，他們來到了加州西部城市奧克蘭，這裡的渡輪要比任何一座房子都更大，冰冷的海風吹拂著他的臉龐，沒有盡頭的舊金山灣連接著許多島嶼，碼頭上還停泊著許多擁有高高桅杆的船隻。接著，他看到了度口大樓與市場街，這給他留下了深刻的印象。

　　舊金山是一座讓人感到困惑的大都市，這裡的建築、人群、馬車以及發出嘎吱聲響的纜車都讓他感到困惑。警察指引著他與佛雷德。他手上拿著地圖，不想因為自己犯任何錯誤而讓自己的尊嚴受到傷害。他發現這趟

火車帶他們遠離了這裡，最後奔向了史丹佛大學。

　　火車經過了一個金黃色的鄉村，沿途上可以看到一些黃色的罌粟花在風中飄蕩，更遠處則是一片麥田在八月的陽光下顯得金燦燦的。胡佛抬頭看了一眼深藍色的天空，看到了加州沒有樹木的許多山腳，因為仲夏乾旱的原因，這裡的很多植物都呈現出金黃色與金棕色。連綿的樹木一直延伸到種滿紅杉的山巒，這裡就是海灣與大海的中間。火車駛過了一些種植著許多天竺葵、萬壽菊以及棕櫚樹的小鎮。火車鐵軌旁邊尚且沒有多高的桉樹瘦長的線條在陽光下閃耀出銀灰色，舊金山灣的大海在陽光的映射下也呈現出銀藍色。這是一個充滿無限美感的地方，這裡的柔和、豐盛都是他之前從來都不敢想像的。

　　「蒙羅公園！前往史丹佛大學！」在鐵軌旁邊聳立著一塊很大的標語「親吻大學」。這些字眼並沒有讓胡佛感到不安。他從來都不對單純的單字拼寫感興趣。不過，對英文的不重視，這在後來讓他的日子也不是很好過。司機用精明的眼光打量著胡佛與佛雷德・威廉。

　　「你們是要去史丹佛大學嗎？你們知道嗎？那裡的大學建築還沒有建好呢。你們不能待在那裡。」

　　「但是，我們要去的是阿德蘭托郊區呀。」

　　「好吧，上車吧。我會帶你們去那裡。」

　　一條布滿灰塵的道路與鐵軌平行，他們沿著這條路經過了殘梗地與葡萄園。當他們經過了一條下面是乾涸的河谷的橋梁之後，司機開車向左轉。

　　「那個農場的名字就是說樹，不過它的名字是帕羅奧圖，這在西班牙語中是樹的意思。」司機解釋說。

　　紅杉樹就聳立在前面的鐵路橋梁旁邊，映襯著八月蔚藍的天空。這是

一種高貴的樹木，但卻不像他在奧勒岡見到的冷杉有那麼好看的樹枝。這個全新的地方也沒有其他地方所擁有的一些東西。

經過橋梁之後，他們看見了一道大門 —— 那裡應該就是史丹佛大學了，但司機接著往前開。

「史丹佛大學的住宿區就在前面。」司機說，「男生宿舍在靠近那棟房子的拱頂上，在那邊的樹叢裡，一棟全新的建築就要完工了。」

左邊是一條單行鐵軌，在鐵軌的前方是一片閃亮的麥田，一直延伸到在熱浪蒸烤下發出水汽的地平線。胡佛發現鐵軌旁邊上一片黃色的荒野裡有一個遮陰的木製長椅，上面寫著「帕羅奧圖，火車上落站。」附近，一些馬匹沿著右邊慢慢地行進，朝著穿過松樹叢與桉樹叢的長長直徑。一些很矮的棕櫚樹種植在道路兩旁。在植物園之外的遠處，還有在陽光下發出光芒的農田。胡佛在這裡看到被太陽炙烤的平原、米黃色的牆壁以及發出一棟拱廊建築紅色磚瓦發出的閃光，塔頂稍微突出，在還帶有迷霧的藍綠色山丘上形成了一道曲線。

「史丹佛大學就在那裡。」司機邊說邊指著手頭上的鞭子。「就在左前方的那一棟高高的建築，那就是宿舍，但這棟宿舍還沒有完全建好。右前方白色的穀倉是一座畜牧場，世界上最優良的馬匹都在那裡。本州州長最大的愛好就是馬匹了。阿德蘭托郊區就在前面那裡。你們應該就住在那裡吧。我聽說，那個地方的住宿條件還不錯，雖然聽人說那裡之前出現過鬼魂。一些人說一個女人就埋在門前的庭院，因此幽靈在晚上經常會出現。一些教授與妻子也住在那裡，他們都是從東部過來的。就我所知，他們都是非常友善的人。好了，我們到了。你們各自付 1 美元就可以了。孩子們，再見了。祝你們好運。」

史丹佛大學！他站在一堆有缺口的砂岩上，望著前面的建築。那裡

有一個四邊形的長廊，拱形的尖頂從一堆木材與一大桶的水泥上面突兀出來。忙碌的工人正在拱形下面的水泥地面上鋪著水泥，其中一些工人在攀爬著梯子，大聲吆喝著指令。錘子與鋸子發出的聲響，工人鏟沙時發出的聲響，機器運轉發出的隆隆聲響，冒煙的火車頭沿著鐵路支線穿過了穀物用地。這裡的每個角落都有人在勞動，在創造，匆忙地建設著一個嶄新的未來。這裡沒有過去傳統的羈絆，有的只是今天，每個人都在今天的基礎之上去創造明天。美國！史丹佛大學！

他將雙手插在口袋裡，抬起頭看著眼前的這一切。任何考試的挫折都不能阻止他進入這裡。既然他已經來到了這裡，就要努力地留下來。

阿德蘭托郊區有一棟古老的房子，這棟房子被茂密的藤蔓所覆蓋，處在柏樹的陰影之下。這裡的草地生長著許多野草，花朵在中間努力地綻放。當他們走上前去的時候，每個腳步都會發出嘎吱的聲音。在有點昏暗的走廊上，一位有著明亮眼睛、略帶羞澀的年輕女性熱情地歡迎他們，而胡佛的行為則顯得相對笨拙。眼前這位是皮爾森女士，在史丹佛大學開學之前都會一直輔導胡佛的英文。開學之後，阿德蘭托郊區將會成為女生宿舍。

「過來這邊吧！這位就是之前一直與我通信的胡佛呀！很高興見到你。斯溫納教授之前就跟我說起你。他與斯溫納夫人在他們的房子建好之前都會一直與我們在一起。你在晚餐的時候會見到他們。這是你的房間，房間裡的東西還沒有完全準備好，床單也還沒有送來。但是，我們會盡快將這些事情安排妥當的。我知道你不會介意這點小麻煩的。」

當然不會了，他壓根不會介意這點小麻煩。當皮爾森女士離開之後，他一個人看著這間陳舊的房間。他打開行李包，將書本與文件都放在搖晃的大理石桌子上，選擇了一張最穩當的椅子，然後坐下來開始認真學習幾

# 第三章

何教科書。他現在面臨的首要問題就是要通過入學考試。

弗萊徹女士輔導他的數學，皮爾森女士則負責輔導他的英語。他非常努力地學習這些教科書，但他在學習之外也學到了更多有用的知識。他幫助另外兩位年輕且充滿熱情的拉德克利夫女生解決住宿的問題，讓她們的住所變得更加舒適。他還要照顧那匹名為吉姆的馬，每天前往兩里之外的蒙羅購買一些生活用品、蠟燭以及信封。晚上，他與心地善良且待人友善的斯溫納教授、斯溫納夫人以及英語系的安德森教授一起進行愉悅的交流 —— 他們都是從東部過來這邊的，用極為樂觀的心態看待這所新開辦的大學所面臨的困難。安德森教授認為，每個從這所大學畢業的學生都應該能夠用標準的英文書寫。胡佛聽到這句話之後內心感到一絲不安。對他來說，用英文寫文章要比數學難多了。前往這些建築大樓東面的埃斯康迪特村莊拜訪喬丹校長，這是一次讓他難忘的經歷。他能夠感受到喬丹校長這位偉大人物的熱情與理想主義，正是這樣的熱情與理想主義才創造了史丹佛大學。胡佛認真地聆聽著喬丹校長的話語，保持著沉默。他知道自己是這項龐大且民主事業的一部分。

九月到來了。他通過了數學考試，英語考試卻沒有通過。他對英語不是很感興趣，雖然他盡了最大的努力去獲得必要的學分。但他進入史丹佛大學之後的科系是機械工程，英語方面的學分可以日後再補上，因此事情的進展還是很順利的。因為他的監護人勞里·塔特姆住在這裡，因此他將籍貫地登記為愛荷華州的斯普林代爾。

他從阿德蘭托教區搬到了校園裡的恩西納大廳。這棟空蕩蕩的大樓迴盪著他在走廊地板上的腳步聲，牆壁上的亮光漆還沒有完全乾，他是第一位睡在這裡的學生，他只能點著蠟燭找到通向宿舍房間的大門，然後睡在冰冷的床上，因為當時宿舍還沒有通電，史丹佛參議員準備用來編織紅色

地毯的羊毛依然還在板條箱裡。每天清晨，他都被發出叮噹響的三角鐵吵醒，很多工人從簡易的工棚裡走出來，準備加緊完成大學建築的最後建設。

　　長長的走廊上有很多個拱形建築，一直延伸到紅色磚瓦做成的屋頂，彎曲的陰影在灑滿陽光的人行道上留下了一道道間隔的陰影。當他走在長廊上，一會處在陽光下，一會處在陰影下。拱門下面則是一片青綠的葡萄園，山丘上的殘株排成了佇列，映襯著加州蔚藍的天空。在牧場白色的穀倉之後，桉樹的葉子在清晨的陽光照射下閃著光。當他剛想在校園裡轉悠一下的時候，史丹佛參議員的紅色馬車過來了。在這樣的清晨保持著生命力，而且還能身在史丹佛大學，這實在是太好了。

　　胡佛在學籍登記處找到了一份兼職，此時已經陸續有學生過來報到了。很多穿著整齊、無憂無慮的年輕人與父母一起過來，他們在登記處的桌子前停下了腳步，用驚訝的眼神看著胡佛，說：「我不是過來這裡跟你報到的。」

　　胡佛看到了這些人的眼睛，知道自己這位衣著樸素的鄉村男孩是他們所看不起的。

　　「我就是在這裡幫你們登記的，請問你的名字？」最後，這些學生登記了。其實，胡佛根本不在乎這些人怎麼看他，他知道自己存在的不足，也深知自己的能力。他知道自己想要什麼，並且知道怎麼努力才能得到自己想要的東西。胡佛這種埋在內心深處的剛毅是其他很多前來報到的學生都有的 —— 其中一些人要比他年長六歲、八歲或是九歲，這些人都是經過勤奮努力的學習才獲得在史丹佛大學就讀的機會。他了解這些人，他們也了解他。他能在這裡交到許多朋友。

　　在這些剛建好的新建築裡，湧動著一股生命的氣息。工人們開始將建

# 第三章

築周邊最後一個鷹架拆走，將乾硬的水泥路面上的厚擋板拿走，將柏油鋪在最後三畝大小的方院地面上。木匠完成了最後的木工與懸吊門的工作，木門散發出亮光漆的味道。教授們都攜帶著家眷搬進了一排排教職工房子裡，這些房子與高高的宿舍樓相比顯得額外渺小。這裡有十間房子，有人將這一排房子成為「十誡」。越來越多的學生搬進了恩西納大廳的宿舍樓，大廳裡擺放著一架鋼琴，餐廳裡出現了很多餐桌與椅子。新來的學生越來越多。在登記辦公室裡的工作讓他知道教職員工所面臨的困惑：他們原本以為只有一百名學生前來，但現在來了四百名學生。

在史丹佛大學開學的前一天，恩西納走廊上聚集了很多人。三百名年輕的大學新生想要在這裡故作勇敢地展現自身的獨立精神。樓梯上也擠滿了人，大家都似乎在期待著什麼。三百多張陌生的面孔 —— 一些人在爽朗地大笑，一些人則表情嚴肅，一些人有濃密的眉毛，其中很多人都留著像「教授一樣的鬍鬚」。很多學生留著寸頭，頭上戴著一頂寬窄禮帽，每個人所戴帽子的風格都不一樣。胡佛就靜靜地觀察著眼前熱鬧的場面。很多人用高昂興奮的聲音說話，一些人則用粗啞的聲音相互問候。「你好，我來自懷特平原。」「你好，我來自沙加緬度！」「還不錯嘛，我爸爸送給我一套傢俱，我……」「他每個月從家裡可以拿到 100 美元的生活費，他是某某的兒子。」在一陣沒有停歇的腳步聲中，他看到了在二樓的壁龕裡發出了一陣和絃的聲響，音樂聲一直往樓下傳送。接著，他聽到了男高音與男低音的聲音，這些聲音在樓梯井裡迴盪。

「鎮上有一間酒館，我的真愛就在那裡坐著。」

「朋友們，我們明天要早起，準備這一盛大的日子。等等，你們保持安靜，聽一下那是什麼聲音。」一些人將雙手做成杯形，然後對著杯形手說：「嘿，朋友們，當你們聽到這個聲音之後就要一起大叫。我們現在一

起大叫吧：

　　哇哈！哇哈！

　　L！S！J！U！

　　史丹佛大學！」

　　對胡佛來說，這是一個全新的世界，這一切是那麼的新奇、陌生且讓他感到困惑。他安靜地站在那裡，雙手插袋，緊靠著走廊的牆壁，就像一座孤島那樣抵禦著海浪的不停衝擊。他像一個局外人那樣看著這一切，感到了莫名的孤單與寂寞，但他又是那麼堅定。他之前從未與一群人一起大喊大叫，也沒有聽過鋼琴演奏的聲音，也沒有人會輕拍一下他的肩膀。他從來都沒有想過要與一大群人一起透過杯形手大叫，他只想靜靜地聆聽這一切。他感覺自己的心靈就像一個以自我為中心的圓圓的世界，但是自我思想所帶來的代價就是必須要忍受他努力去隱藏起來的孤獨感。

　　在一大群陌生的面孔當中，突然出現了一個他熟悉的面孔。此人用低沉的聲音對他說：「胡佛，你好。」

　　「你好。」胡佛回答說。此人是亨利・皮爾斯，是奧勒岡州揚希爾縣最富有的小麥種植商的兒子。在塞勒姆的時候，他們根本不認識。但皮爾斯上高中的時候，在騎腳踏車經過胡佛當時工作的土地辦公室，因此認識了胡佛。這兩位家境懸殊的人之間的鴻溝在這個場合被彌合了：現在，他們都是史丹佛大學的學生。

　　「胡佛，很高興在這裡見到你。看來明天將會有重要的事情要發生。」

　　「是的。」

　　「那些人還在等著我，那我們明天再見了。如果你有時間的話，過來七十五號房那裡找我啊。」

第三章

「好的，我會的。」

晚上十點鐘。他排隊等候著從菲斯勒先生的辦公室那裡拿蠟燭，然後安靜地回答宿舍睡覺。他還要為明天的工作養精蓄銳呢。在這裡，每個月的住宿費與生活費要 20 美元！這可是一筆不少的錢啊，他必須要努力賺錢。他絕對不能將自己之前那麼多年來辛辛苦苦積攢下來的錢都花掉。在畢業的時候，他還需要一些錢。至少，他要確保自己所賺的錢能夠讀完四年大學。當然，老師們會有一些兼職讓他去做，可以讓他賺到一些零錢。但是，他絕對不能坐以待斃，他擁有著其他學生所沒有的商業經驗。當他躺在床上思考著自己未來美好的人生時，這讓他的自我感覺非常好。他必須要憑藉自己的努力去一一解決現在面臨的各種問題，至於煩人的英文可以慢慢去解決！亨利·皮爾斯是一個不錯的傢伙，能有機會認識他挺不錯的。

他吹滅了蠟燭。夜幕已經降臨到了三十八號宿舍房的窗戶上。他可以看到天空上明亮的星星，可以看到平坦寬闊的草原，還可以看到一排排的橡樹。附近的高大建築已經建好了，就像一間豪華的飯店。很多學生沿著走廊經過他的窗前，沿著沒有鋪上地毯的走廊下去了。一些學生用力關上宿舍門，一些學生發出的聲音回應著其他一些學生發出的聲音。在這些聲音逐漸從樓上的走廊消失之後，突然傳來一個人嘶聲力竭地大聲叫道：

「哇哈！哇哈！」

這個聲音就像貓頭鷹發出的尖叫。胡佛聽到之後咧嘴笑了起來。他這位首屆的史丹佛大學新生，在床上轉過身，然後睡去了。

田野上的百靈鳥嘶聲力竭的歌唱將他叫醒了，他開始迎接這全新的一天。因為供水系統出現了一些問題，他小心翼翼地用深棕色的水擦臉。吃完早餐之後，他滿心好奇地沿著四方院子裡閒逛。此時，太陽出來了，天

空也沒有一絲白雲，大地已經變得溫暖起來了。在一大段尚且被圍住的柏油路面上散發出亮光漆與柏油的氣味，在十月早上的清新空氣中彌漫著。在學校西面的入口處，來自城市的裝飾工人正在為演講臺布置場景。拱道兩旁擺放著棕櫚樹與竹子，遮住了放在那裡的木材。一些掛滿葡萄的葡萄藤蔓用貨車運過來了，一些葡萄是紫色的，一些是綠色的，都懸在扶手上。在拱門下方則懸掛著史丹佛議員年輕時候的畫像，畫中的史丹佛看著他記憶中一些活動。胡佛想到了雄偉的博物館建築，那座博物館建好之後應該會收藏許多珍貴的寶物。那些寶物都是畫中這位偉大人物收集過來的。他還記得在愛荷華州的時候收集的一些有趣岩石，不禁聳了聳肩。穿著工作褲的工人正在擺設幾百張輕便折椅。許多教授都穿著襯衫袖子，正在用手提著水桶回家。整個場景隱約彌漫著一種期待的氛圍。

九點半的時候，很多馬車都開始駛進方院了。在十點的時候，一輛從舊金山駛來的火車進入了停靠站，很多人都從學校的正門進來。在十點半的時候，方院裡的每個座位都坐滿了。很多人都在烈日下等待著，還有數百人在拱頂下走來走去。很多城市的報紙攝影記者都過來了，他們正在擺設著三腳架，或是爬到屋頂的有利位置準備拍照。很多教授也陸續出現了，他們都顯得從容淡定，他們的襯衫袖子已經被穿在外面的外套包裹起來了。很多重要的人物出現在講臺上，他們都是過來祝賀這所新大學開學的，祝賀像胡佛這些第一屆的學生。是的，就是向赫伯特·胡佛致敬的，他是這所大學的正式學生！

他在那些專屬學生就坐的椅子上找了一個位置。椅子在太陽的炙烤下變得很熱。在他所坐的位置上，無法聽清楚講臺上的人到底在說些什麼話。他在椅子上一動不動地坐了一個小時，看著講臺上的人站起來演說，然後繼續坐下來。他看到了喬丹校長用沉穩的聲音在發表演說，旁邊的斯

## 第三章

溫納教授在幫他打傘。這兩人都有著魁梧的身材，給人留下深刻的印象。他已經感覺到他們兩人是他的朋友了。接著，斯溫納教授繼續為加州柏克萊大學的馬丁·克洛格博士打傘。當然，柏克萊大學是他們的競爭對手。胡佛咧嘴笑看這一切，不過嘴邊的笑容很快就消失了。此時，史丹佛參議員站起身了，史丹佛夫人就站在他的旁邊。

　　史丹佛參議員！正是他創辦了這所大學，正是他給了四百名男女這次重要的人生機會！史丹佛參議員本人曾經也過著貧窮的生活，但他憑藉自身艱苦的努力成為了百萬富翁。他建造的鐵路將美國太平洋沿岸與美國東部連接起來了，他累積了數百萬美元的財富。現在，當他唯一的兒子離世之後，他就將這些財富奉獻給這個世界。「加州的孩子就是我們的孩子！」

　　史丹佛議員與夫人站在講臺上，似乎是在以這樣的方式去悼念自己去世的孩子。他們想辦法去用自己的財富幫助那些更為不幸的孩子，正是他的這一善舉讓他與胡佛的人生連繫起來了。艱苦的努力、節約的生活以及巨大的成就 —— 最後服務社會。這些都是先驅者們留下來的重要遺產，這也代表著一種純正的美國精神。擁有更多只為奉獻更多。在這個物質豐富的世界裡，強大的個人只有憑藉勤奮的工作、堅強的意志才能贏得財富，並且最終將財富返還給人民。這才是真正意義上的成功。在棕櫚樹圍牆形成的講臺上，在砂岩石拱頂以及紅色磚瓦的屋頂上面是一片蔚藍的天空，史丹佛參議員站在講臺，簡直就是高尚成功的人生的化身。工作、成功與奉獻 —— 這代表著美國的精神，這也是史丹佛大學的精神！

　　喬丹校長在演說中說的一些話至今仍在他的腦海裡迴盪：「他們所擁有的權力就是在死後仍能夠展現出來的，他們留下來的遺產將會在他們死後依然改良著人民的思想，深刻地影響著人們的生活方式。」是的，死亡

並不是個人奉獻的終點。如果你能夠在這一輩子裡獲得足夠的成就，那麼你就能在死後繼續給後人帶來積極的影響，正如史丹佛參議員這樣子。突然之間，他想起了自己的父親，雖然父親在他很小的時候去世了，但父親留下來的積蓄以及保險金讓他能夠繼續好好地生活下去。他想起了自己的母親，正如母親長年累月的努力，才讓他得以接受良好的大學教育。他想起了勞里‧塔特姆，正是他始終對自己的嚴格要求才有自己的今天。這些人都以自身看似微不足道的方式發揮著自身的影響力。雖然他們去世了，但他們所帶來的影響至今仍影響著他。當他此時此刻坐在灑滿陽光的四方院子，面臨著一個重要的機遇的時候，他自身的努力與這些人的影響是分不開的。是的，並不是只有像史丹佛參議員這樣功成名就的人才能幫助他接受良好的大學教育，從而過上成功的人生。在他的人生裡，很多對他產生過深遠影響的人現在都已經化為塵土了，但他們帶給他的影響卻是實實在在的，至今仍然存在。

他壓抑許久的眼淚不經意間從眼眶裡流出來了。最後很多學生都紛紛站起來，共同發出一陣吼聲，這聲音在拱形的走廊裡迴盪：

「哇哈！哇哈！

L！S！J！U！[09]

史丹佛大學！

學生們大聲地重複著這幾句話，似乎整個空氣中都彌漫著這樣的氣息。人群紛紛站起來，然後緩緩地移動。胡佛來到了走廊遮陰的地方，然後跑到亨利‧皮爾斯與山姆‧柯林斯身旁。他們熱情地招呼他。

「胡佛，過來吧。讓我們去看看吧！」

他們朝著恩西納吵雜的人群慢跑過去。他們一邊跑一邊大聲地對別人

---

09 這句話全文是 Leland Stanford junior University，是史丹佛大學的英文全稱的縮寫。

# 第三章

說：「快走！」但是，他們的心氣是高漲且自由的。現在，他們都是羽翼豐滿的大學生了，史丹佛大學屬於他們！他們也屬於史丹佛大學！

在豐富多彩的大學生活裡，胡佛可以選擇自己最感興趣的專業與學科。他喜歡數學，喜歡他的朋友斯溫納教授，因此他報名了三門數學課。在四方院子後面有一棟磚砌的建築，一些木工正在那裡忙活著，這裡的領班是布坎南。胡佛必須要掌握線性或是自由的畫圖方式，因為蓋爾教授要求選擇機械工程的學生必須要掌握這項能力。因為當時的史丹佛大學還沒有開設地理學系，但是登記處的人員說約翰・卡斯佩爾・布蘭納，這位阿肯色州的地理學家會在過年後的下個學期過來這裡任教。胡佛一心想要學習地理學。當布蘭納教授前來這裡執教的時候，如果可能的話，他一定會去上第一堂課。

與此同時，在灑滿月光的四方院子的恩西納大廳裡，很多學生在吃完晚飯之後都回到了宿舍。他看到之前還是沒有成型的史丹佛大學此時正在慢慢變成一個機構。他看到這所大學正在慢慢形成一個龐大的社交圈子。

這些群體會慢慢形成的。史丹佛這所大學的本質精神是具有開拓精神與民主風氣的。大學生與教授可以一起工作，雖然他們當時缺乏必要的物質設備，但他們懷抱著高遠的目標，想要打造一座全新的大學。很多教授都在大廳裡租房來住，他們過來這裡並不是為了過上休閒與富足的生活，並不是過來這裡製造貧富階級差別的。這所大學的學術氛圍是講求一種實用可見的結果，講求一種實用性。實用這個全新的詞彙充分展現了美國的先驅們在過往的艱苦歲月裡總結出來的精華，而這樣的精神也代表著史丹佛大學的精神以及赫伯特・胡佛的人生哲學。真理與正義並不是什麼抽象的概念，相反，它們是一些代表著實用性的東西，是某種能夠「行得通」的東西。理論、想法、計畫以及任何機械都必須要接受同樣標準的檢驗。

這些東西是否具有即時實用的功效呢？如果它們是有這樣的功效，那麼它們就是正確的。勤奮工作是正確的，節約是正確的，追求個人自由以及個人的創造性都是正確的。

學校的一些社團慢慢形成了。最先成立的是學校的合唱團。一些學生將鋼琴擺放好，然後在月光下的四方合院裡漫不經心地彈奏著斑鳩琴與曼陀林。學校還有一些喜歡競技體育的學生，他們此時已經在尚未拆除鷹架的新建體育館外面踢球，想著是否可以與已經有了二十五年歷史的柏克萊大學一較高下。羅布宿舍的「天使」們也開始發揮一定的社交影響。恩西納的一些學生提出要舉辦晚上聚會，並且向羅布宿舍那邊發去了邀請。但是那些女生在得知男生之所以練習鋼琴與小提琴就是為了能夠與她們跳舞，就覺得這種追求娛樂的方式與史丹佛的大學的精神並不相符。

「這些邀請活動會寫入檔案裡的，人們會認為我們剛上大學就急著參加這樣的活動」。「天使」們這樣決定，最後送回了一個拒絕參加恩西納大廳晚上聚會的邀請。男生們為了挽回面子，在回信裡簡單地說，因為某種他們無法控制的因素，這場聚會活動取消了。

赫伯特‧胡佛在大廳裡閒逛的時候認真地觀察著這些事情，他還是像以往那樣顯得安靜與沉默，雙手插在口袋裡，肩膀微微有點下垂。在很多個吃晚飯前的下午，他都會前往「罪惡之地」—— 第二十號宿舍，那個宿舍整天發出一陣陣歡笑或是宿舍桌椅搬動的聲音，說明那個宿舍裡的學生正在打鬧。他安靜地走進這個宿舍，然後坐在一張舒適的椅子上，拿起奈特‧艾勒里的一些來自東部的報紙。不管宿舍裡的男生吵得多麼大聲，他似乎都能不受影響地看他的報紙。

「你這個大傢伙！快點過來吧！」布德‧弗蘭肯菲爾德柔和地打了他一下。「你也趕緊過來說說吧！」

# 第三章

「沒事，布德，你剛才說得不錯。」胡佛回答說，「但我覺得你從來都沒有體會過口渴的感覺。」胡佛咧嘴笑著說，其他男生則歡呼起來。接著，他愉悅地坐下來，繼續看著紐約與歐洲那邊的報紙，一邊聆聽著這些學生的爭論。

「嘿，我要跟你們說這是不對的，我們應該就此事去理論一番。看看那些蛋糕吧——在錫盤上似乎有十七層樓那麼高，底部則像是一頭豬用鼻子看著我們。還有那些像墓碑一樣的布丁，一週竟然出現了四次。這真的讓我感到噁心。」錫安在宿舍一角的桌子上比劃著手勢，充滿熱情地說，「我說，我們必須要解決這個問題！我們是交了錢的，難道不是嗎？」

奈特·艾勒里是一個身材苗條、反應迅速的人，他用激動的嗓音說：

「哦，錫安，快點給我閉嘴。你的感恩之心到哪裡了？你之前吃過煮了很多次的豆子嗎？嘿，那才是真正糟糕的食物。」宿舍裡又出現了一陣七嘴八舌的爭吵。接著，他們走出了宿舍，大聲地前往學餐。學餐裡的食物煮得很差，味道非常糟糕，這對胡佛來說關係不大，反正他吃的也不多。他在飯桌上很少說話，只是偶爾對飯桌上其他男生的機智回答發出低沉的笑聲。但是，當燈光突然熄滅了，烘烤的馬鈴薯突然變焦之後，他躲在一邊，沒有參與其他學生的憤怒聲討的行列。將精力浪費在亂扔食物上，這到底有什麼意義呢？

四方院子的走廊在朦朧的暮色下顯得格外美麗，伴隨著低沉的談話聲以及一些在那裡等待的學生發出的拖曳腳步聲，給人一種安靜的感覺。在面向「羅布」宿舍的方位，曼陀林發出了清脆的傷感音樂，有人用悲愴的聲音這樣唱道：「溫柔的瑪麗，我的心中有一個祕密。」冬天柔和的空氣、第一場大雨的記憶、青綠的草地以及桉樹發出的香味，朝著曠野那邊吹過

去。哦，在此時此刻能夠活著真的太好了，能夠在史丹佛這所大學就讀真得太好了！

新的一年帶來了好的消息，因為來自阿肯色州的地理學家布蘭納教授終於要過來了。布蘭納教授與喬丹校長、斯溫納教授一樣都是身材魁梧的人，他的面部表情讓胡佛想起老鷹的形象。布蘭納教授一起帶來了幾位年輕人，這些年輕人之前都是跟隨著他在阿肯色州調查局裡工作的。這些人將在史丹佛大學註冊學籍，並將在布蘭納教授的指導下完成學業。胡佛看到了幾個年輕人正在喬丹校長以及登記處隔壁的地理實驗室裡安裝著一些儀器。他來到布蘭納教授身邊，告訴他自己想要學習地理的想法。布蘭納教授的地理專業班一個星期有五堂課，新生都是可以報名的。胡佛立即報名參加，他為自己能夠投入到了解與學習地球的相關知識感到無比興奮。他希望了解地球的祕密，想要了解地球隱藏起來的時間，了解自然在過往漫長的歲月裡被浪費的時間，而正是這些看似被浪費的時間才創造出了這樣一個適合人類居住的環境。

當他手頭上有那麼多工作要做的時候，他卻感到精神不振與情緒低落，這的確讓他感到煩惱。他感覺到自己身邊的世界充滿了各種能量，這些能量透過青綠的小草、每棵樹與每個灌木叢的綠色葉子都展現出來。眼前的每個場景都充滿了希望，卻只有他在二月的陽光下感到情緒低落。他的皮膚出現了一種皮疹的症狀，他感到渾身不舒服。一天下午，他在想著到底發生了什麼事的時候，來到學校診所詢問醫生自己的一些情況。醫生微笑地回答說：

「看來，與格里斯教授一樣，你是一個熱愛自然的人。今天早上，大門上貼著一張紙，上面寫道『格里斯教授今天早上無法前來上課』。事實上，格里斯教授與你一樣，都是受到了一種疾病的困擾。」在看到胡佛一

## 第三章

臉茫然的表情時，醫生微笑著說：「這是毒葛引發的，你服用這些藥物，然後將這些藥粉塗抹在你感到癢的皮膚上就可以了。」

胡佛吃了藥，然後前往恩西納大廳。當他一路走去的時候，野雲雀似乎都在嘲笑著他。在三十八號宿舍裡，他按照醫生的囑咐認真地塗抹著藥粉。這場疾病讓他感到不安，他在沒有窗簾的宿舍裡上床睡覺。第二天早上，他無法起床。最後，醫生過來看他。皮疹布滿了他瘦長的身體。這一次，醫生的臉上沒有露出微笑，也沒有說很多廢話。

「是麻疹！」醫生最後驚呼。

十天後，胡佛在宿舍的床上醒來，睜開眼看到其他的舍友都已經在此期間離開了這個宿舍。此時，他感覺自己的身體好了許多，但他卻感覺雙眼非常不自在。在醫生的要求下，他前往市區配了一副眼鏡。眼科醫生安慰他說：「你可能不需要佩戴很長時間。」

這意味著胡佛要為這次「事故」損失一大筆錢。但他在恩西納大廳的紅星洗衣店裡做得不錯。首先，他必須要將洗衣袋收集起來，然後用紙包包裹衣服，但他現在能夠完成這個任務了，他的主要工作就是將帳本算到一分一厘。收集整理的工作對他來說不是太難。只是他的一些朋友來到這裡，而他身上又沒有錢 —— 雖然他在洗衣店裡工作計算的帳目很多，但這些費用帳戶都是屬於老闆的。

「胡佛，你要去看那場比賽嗎？」

「如果我有時間的話，肯定會去。」

這是史丹佛大學舉辦的第一次橄欖球比賽，這也是史丹佛大學新組建的球隊與加州柏克萊大學穿著藍黃色球衣的對手第一次比賽。雖然他不情願花那麼多錢去看，但卻不想錯過這場比賽。他要花費 1.25 美元支付火車票，花費 10 美分搭乘公車，還要購買門票到露天看臺觀賽，還要支付到

咖啡館裡吃午飯的費用。除此之外，他要花錢購買一條紅色的絲帶掛在扣眼上，晚餐以及之後戲院聚會的費用都要他花錢——這一天的費用大約要 5 美元左右，這足足是他一個星期的伙食費用了。他之前從沒有時間觀看球隊在春日黃昏時分的練球，但他所呼吸的空氣彷彿都能讓他感覺到比賽所帶來的興奮之感。這是第一場比賽！身為一個忠誠的史丹佛人，他能夠不去看嗎？

　　他必須要去看！他看到一列火車駛向了恩西納大廳對面的鐵軌之路，一些工作人員正忙著裝飾深紅色的旗布，胡佛看到此景也不禁歡呼起來。在三月的早晨，一大群學生在瓦倫西亞車站上車，前往熱鬧的舊金山地區。他走上了纜車的腳踏板，前往公園對面的奧林匹克俱樂部。在一大群擁擠的人群當中，他來到了比賽舉辦的門口，在看臺上找到了一個位置。

　　「萬歲！萬歲！萬歲！

　　萬歲！萬歲！萬歲！

　　萬歲！萬歲！

　　史丹佛大學！」

　　胡佛也加入了四百人的歡呼隊伍當中，他的耳朵同時還傳來了對柏克萊大學的嘲笑聲音「哈！哈！哈！」頭頂是一片蔚藍的天空，三月的陽光親切地照在每個年輕人的頭上。數以百計深紅色與藍黃色的旗布在飄揚著。人群都在不停地歡呼吶喊。史丹佛大學的運動員們已經準備好與平均體重比他們重十五磅的對手較量了。

　　「今天天氣很不錯呀！」

　　「是的。」

　　「我在想他們為什麼還不開球呢？」

　　運動員們在球場上商量著什麼。加州柏克萊大學橄欖球隊長福爾克與

## 第三章

史丹佛大學橄欖球隊長惠特莫爾站在那裡。現場突然安靜起來，人群中的不安情緒在慢慢傳開。很多前來觀戰的大學生又再次喊叫起來。但是，坐在前排的一些學生開始感到疑惑不解。

「是不是出了什麼問題呢？為什麼他們不開球呢？」

「是不是球賽還沒有到開球時間？」

「現在已經過了開球時間半個小時了。到底發生了什麼事呢？」

「胡佛，你說這是不是很奇怪呢？」

「是的，的確很奇怪。」

「你認為發生了什麼事？」

最後，這樣一個答案在看臺上的學生中傳播開來「原來雙方都沒有帶橄欖球過來！」「胡佛，你能想到這個答案嗎？」看臺上的人群發出了一陣哀嘆的聲音，他們不得不等待一個小時，因為從市場街那邊將橄欖球透過速度緩慢的纜車送過來要花上一段時間。

「我認為我們需要制定一套系統的辦法。」

「哦，胡佛，你知道他們可能想得太多了，以至於忘記了帶橄欖球過來。」

「是的，就是這個原因。」

但是，當球賽開始之後，即便是之前一直保持清醒理智的胡佛也失去了控制。大家都在發出陣陣喧嘩聲，不停地喊叫。比賽的激烈程度讓每個人都彷彿透不過氣來。大家都在不停地發出歡呼聲。

勝利！史丹佛大學勝利了！史丹佛大學的精神勝利了！史丹佛大學以十四比十的比分勝利了！史丹佛大學擊敗柏克萊大學了。史丹佛這座年輕的大學擊敗了有二十五年歷史的柏克萊大學！史丹佛大學！太厲害了！

大家都在聲嘶力竭地吼叫，每個人都沉浸在眾人的喧嘩聲當中，他與

其他同學一起下山，來到了市場街。他們感覺這座城鎮是屬於他們的，這個世界也是屬於他們的，史丹佛大學是屬於他們的。史丹佛大學橄欖球隊以十四比十的比分取得了勝利。

在餐廳的晚餐一片熱鬧。布希大街劇院上演著《蜘蛛與蒼蠅》的劇目。在半夜時分有一列火車將那些快樂的運動員送回學校。胡佛這一天將近花了 5 美元，這讓他感到有點心疼。但是，這 5 美元花的很值。他親眼見證了史丹佛大學的榮耀，這是值得的。

五天之後，史丹佛參議員與夫人從華盛頓過來這裡。當胡佛在早上沿著牧場繞圈行走的時候，載著史丹佛參議員的紅色雙輪輕馬車再次在陽光下出現。恩西納大廳那邊傳來了一個人的聲音：「大夥們，我跟你們說，讓我們今晚舉辦一個小夜曲的表演吧。」

曼陀林與吉他在彈奏者的手指下發出撥弦聲。在葡萄園與史丹佛大學之間四百英尺長的道路上，種植著一些黃色葉子的樹木。史丹佛大學的窗戶看上去變得越來越大與鋒利，窗戶裡面發出的微弱燈光照在寬闊的走廊上。

「噓，不要出聲！你們這樣彈奏是不行的。」一位負責指揮的人對著喧嘩的眾人這樣低聲說。「你們能夠先保持一下安靜嗎？現在開始準備。好了，現在開始。」

「我們將會帶著球，我們將會球往前衝，我們會用力踢球，我們會用力鏟球，我們會將球送到終點。」

與此同時，演奏者用力地演奏著曼陀林、斑鳩琴以及吉他等樂器，為高聲歌唱的人伴奏，這驚嚇到了植物園裡的兔子與鵪鶉。胡佛並沒有跟著歌唱，他從來都沒有想過要唱歌。但是，在漫天的星星的背景下，他也與其他人一起放聲歌唱，因為他現在是一位史丹佛人。

# 第三章

「我們要為史丹佛大學放聲歌唱。」

天花板上的燈光以及門道上的燈光突然照亮了黑暗的走廊，原來是頭髮灰白的史丹佛參議員過來了。史丹佛參議員顯得那麼的威嚴，他用稍微激動地聲音這樣說：

「先生們，謝謝你們。我要感謝你們。史丹佛夫人與我都想要 —— 我們都很高興你們能夠前來這裡。」

他們邁著矯健的步伐走過了大廳，然後進入了圖書館。大約有兩百多名學生進入了圖書館，將整個圖書館都擠滿了。胡佛靠在圖書館的牆壁上，萊斯特·欣斯代爾則靠在他的後背上。在一個中空的廣場上，有三個男生站在那裡，還有負責彈奏小提琴的人也圍著牆壁站著。來自加州的孩子則占據了裡面的空位置。史丹佛參議員似乎手足無措地站在他們面前，清了清嗓子。接著，穿著帶有紫色鑲嵌的深黑色長裙的史丹佛夫人看上去似乎都要激動的哭起來，接著伸出了手。

「哦，我親愛的年輕人！當我們剛剛從華盛頓那邊出發的時候，就聽到了球隊取勝的消息。我簡直無法用語言描述我們在得知疊球比賽獲勝後的喜悅心情！」此時，臺下的學生似乎都感到了一陣戰慄。臺下的兩百名學生都在內心默默地說「是橄欖球比賽」。

「你們哪一位是克萊門斯？」剛才短暫的沉默突然被熱情所笑容。二十多人將臉紅的後衛推上去。史丹佛參議員握著他的手，史丹佛夫人接著也與他握手。在這個興奮的時刻，她似乎想要去親吻他。接著，史丹佛參議員將一隻手放在克萊門斯的肩膀上，然後面向他所有的學生發表演說。

他用嚴肅認真的口吻發表演說，希望學生們都能夠踐行一系列美德，而這些美德正是胡佛從小就被灌輸的。

「你們要記住，」史丹佛參議員最後回答說，「你們要想在未來的人生取得成功，很大程度上取決於你們每個人自身的努力。我們所能為你們做的，就是為你們提供這樣的成功機會，但這樣的機會需要你們自己去把握。每一位美國公民都應該要接受大學教育，這樣的機會就擺在你們面前，是否好好地把握以及利用這些機會全看你們自己。記住，人生是要講求實用性的，你們前來這裡就讀深造，是為了日後能夠擁有屬於自己的一份事業，成為一個對社會有用的人。史丹佛夫人與我都希望你們知道，我們會像父母一樣關心著你們的成長。」

　　在胡佛看來，史丹佛參議員的這次演說要比他在開學典禮上的那次演說更加有水準，在安靜的圖書館這樣的環境下，似乎顯得更具感染力。但是，他的個人奮鬥歷史要比他的演說更加具有說服力。他以一個身材魁梧、具有權勢的人的形象站在那裡，一個透過自身奮鬥成為美國參議員的形象出現。他似乎就是他所宣揚的各種美德的化身。史丹佛參議員代表著一種誠實的成功，他所得到的財富都是透過自身的努力賺取的。在賺取了巨大財富之後，他也知道善用這些財富。

　　接下來的一個月傳來了史丹佛大學壘球隊獲得勝利的消息，一大群歡樂的學生在晚上舉辦睡衣遊行，穿過通往現在已經變成了一個城鎮的帕羅奧圖的街道。胡佛對這件事不是太感興趣。在他看來，目前真正值得他注意的就是與年齡比他大的紐森一起前往阿肯色州進行地理考察，因為這份工作將意味著他獲得相關的經驗以及一定的收入。很快就是開學週了，這對那些高年級的學生來說是相對感興趣的，因為他們將會從大學拿到畢業證，但對於一大群剛剛入學的學生來說，則不是很在意，因為他們都趕著要回家。胡佛的每門課都獲得了不錯的成績，但他的英語成績拖後腿了。不過，他想要前往阿肯色州進行地質考察的夢想就要實現了，他就要開始

地理方面的工作了，並且還能獲得一定的報酬。

　　半年之後的一個多雲的下午五點鐘，他手上拿著錘子，彎下腰將釘子釘在一塊木板上，然後伸了伸肩膀，接著嘆了一口氣。此時，偌大的地質研究室已經很黑了，只有他還在工作的桌子上還發出一點光亮。其他的學生都已經離開了。現在是時候吃晚飯與學習地理方面的教科書了。

　　胡佛將一大箱的大頭針、錘子以及一塊表面被鋼釘釘好的木板放好。明天，他就用泥土將裡面填滿了。他感覺到自己非常幸運，因為他能夠獲得前往阿肯色州描繪地勢圖的工作。看來，出生貧窮也有一定的優勢。就以金博爾為例子吧，金博爾在地理學方面的知識與他相當，但金博爾的父親非常有錢，因此金博爾沒有得到在夏天前往阿肯色州工作的機會。這次工作肯定會讓他收穫寶貴的經驗。這份工作不僅可以給他帶來豐富的實戰經驗，而且還能夠讓他獲得一筆薪水。

　　此時，天空下起了毛毛細雨，四方院子的柔和燈光變得昏暗起來，這讓一切事物看上去都似乎蒙上了迷濛的黃色。一道長長的銀色條紋光線照在拱門下閃亮的人行道下面。他低著頭迅速走過去。在他連續快速的腳步下，任何人都跟不上他往山上那邊走的速度。恩西納大廳那邊發出的燈光漸漸消失在他身後的黑暗世界裡。他接著往山下走前往帕羅奧圖。

　　在過去一年的時間裡，作為以鐵路運送小麥的中轉站，帕羅奧圖已經變成了一座小城鎮，一些分散的新房子都是用一條泥濘的道路以及狹窄的人行道來連接的。現在，他住在羅梅羅大廳的宿舍，這裡的宿舍經過裝潢之後可以供學生住，或是一部分出租。在這年秋天回到史丹佛大學之後，他發現恩西納這邊的學餐口味不僅沒有改善，價格反而提升到了每個月28.5美元。他沉默地在適應在羅梅羅這邊的宿舍生活。

　　此時，很多同學已經在學餐裡吃飯了。他將帽子掛在大廳的架子上，

然後用手捋了一下頭髮，接著回到了自己的座位上。

　　德羅斯‧麥基在耐心地觀看著一群舍友在爭論著橄欖球的事情。法蘭克‧德倫海勒，這位來自華盛頓州瓦拉瓦拉地區的魯莽之人用拳頭敲打在桌子上，而法蘭克‧納什與阿賈克斯‧布朗則同時開口說話，他們並不認真聽別人說了些什麼，而是急著要發表自己的觀點。法蘭克‧納什的父親非常富有，因此他想在競技體育方面獲得一些名聲。是的，看來貧窮也是有一定好處的。正如成為一個具有多種能力的人也是有好處的。奇怪的是，那個傢伙竟然無法輕易地打破這樣的局限，他的心智竟然無法快速地思考這些問題。只有當他在表達自己觀點的時候才會感到尷尬，似乎被某些無形中的東西牢牢限制住了。

　　胡佛原本就吃的不多，因此很快就吃完了，然後坐在飯桌後面的椅子上。

　　「胡佛，為什麼你不多吃點呢？」佛雷德‧威廉大聲地問，「你要吃胖點，讓你的骨頭上面多點肉。」

　　「佛雷德，我所吃的東西都用來長大腦了。」胡佛說完伸展了一下瘦削的身體，然後將一隻腳放在另一張椅子上，微微向後靠著，看著他們的爭論。他知道羅梅羅宿舍那邊的人的想法，因為那些人都有一個共同的目標，那就是在恩西納宿舍之外過上舒適的生活。沒有比在他們發生爭論，然後坐在一旁認真觀看更加有意思的事情了。「好了，你們這些支持水仙花派詩人的傢伙，你們是怎麼忍受的了軍旅詩歌的呢？」

　　那些人對此感到不滿。愛德華‧馬思林‧休姆，這位喜歡創作柔美詩歌的傢伙用憤怒的口氣這樣反駁說：

　　「你們這些只知道挖掘岩石的人，你們的靈魂在與地底下面的岩石打交道的時候都已經被煅燒過了。你們知道什麼才是詩歌嗎？吉卜林才是偉

大的詩人 —— 代表著英國最優秀的詩歌！」

切特·麥基微微向椅子後面靠了一下，接著說：「吉卜林本身就煨燒過自己的靈魂，他的那些詩歌充斥著英國的帝國主義情感。如果你想要談論英國詩歌的話，那就只能談論白朗寧的詩歌。」

查理·克拉姆此時插話進來了：「是的，還有雪萊。如果你能從白朗寧的詩歌中找到一行真正有情感的詩歌出來的話。」

胡佛將手插進口袋裡，後背緊緊地靠著椅子，沉浸在聆聽他們爭論所帶來的樂趣當中。

「只要從這些英國詩人的作品中選取一段都是不錯的。」支持水仙花派詩人的人大聲說。這句話得到了飯桌另一邊崇尚文學派的學生的掌聲，當然也有一些持反對意見的人發出噓聲。

「英國唯一的真正的詩人就是那位蘇格蘭人，因為他對土地非常了解。」佛雷德·威廉用嘲笑的口吻說。

「拜倫不好嗎？」法蘭克·納什表情豐富地說，「真正值得一看的英國詩歌就是《唐璜》（*Don Juan*）。」

「說值得一看是沒有錯的。」佛雷德·巴羅斯說。但就在此時，來自瓦拉瓦拉的魯莽之人又開始發話了：

「你們這些人真的讓我感到噁心。你們都是多愁善感的娘們。真正的男人要是讀了詩歌之後都會沾上一點娘氣。」兩個坐在椅子上的人向後靠著。支持水仙花派詩人的學生與湯姆·波默羅伊都因為這些調停而保持克制。在這樣的爭論當中，山姆·柯林斯看著胡佛，然後站了起來。

「嘿，你們為什麼不讀一下美國詩人所寫的真正詩歌呢？」他說，「惠特科姆·萊利、華特·惠特曼、傑奎因·米勒等詩人呢？美國人不需要去閱讀那些英國詩人的詩歌。我們在詩歌創作上完全可以擊敗英國人，就好

比我們在政府管理以及軍事作戰方面能夠擊敗英國人一樣。」

　　他接著滔滔不絕地說了一番，四位支持英國詩歌的學生紅著臉。在受到那些學生的反駁之後，他列舉了許多美國詩人的傑作來進行勇敢的反駁。打碎一個碗盤與一張椅子又有什麼關係呢？活著就是好！成為史丹佛大學的大二學生就是好。

　　他咧嘴看著他們，然後走開了。大家都喜歡他，因為他為人隨和。他擺正了一兩張椅子，戴上帽子走出了大廳。他聽到樓上有腳步聲、拍門聲以及流水聲。其中一位支持英國詩歌的學生正在穿著衣服，準備去參加舞會。胡佛也想去參加舞會，但他僵硬的身體肌肉卻讓他不敢去嘗試。柯林斯此時也經過大廳，拍了拍他的肩膀說：「今晚幫我處理一些帳單，怎樣？那些帳單簡直亂的一團糟，我都計算不出來他們想要的銷售總額，可能也無法及時地送去。還有兩個板條箱的復活節蛋要裝，我要趕在死前將這些工作完成。」

　　「好的，沒問題。」胡佛回答說，「我現在要去洗衣店裡看看了，但我很快就會過來的。」

　　此時，雨已經停了。在烏雲被驅散之後，天空出現了一些明亮的星星。威弗裡大街的街燈發出光亮，街道上有一塊雙板的人行道用來遮擋下面的泥土。雨蛙在田野裡發出尖刻的叫聲，似乎在唱男高音，而青蛙則在溝渠裡唱著「低音」。當他踩上木板的時候，木板發出嘎吱的聲響。在一棵橡樹下面陰影當中，他突然停下了腳步，保持警惕的心理。前面黑暗的地方傳來了一陣尖銳的聲音，這是一種絕望喘息的聲音，接著聽到有人在咒罵。接著，他聽到有人用嘲笑的口吻炫耀地說：「不，你做不到的。」胡佛隱約中看到四個人將第五個人抬走，就像音樂劇裡面的場景。他安靜地躲在一棵樹的樹幹後面。

# 第三章


　　一陣匆忙的腳步聲！他不知道到底發生了什麼事，但他知道肯定會發生一些事情。這些剛上大學的大一新生難道想要去嚇唬大二的學生？幸運的是，他當時穿著工作服，要是這些大一新生想要撲過來的話，他也能與他們打上一架。他將帽子放入外套的口袋裡，木板在他的體重壓力下沒有發出嘎吱的聲響。

　　他在陰影裡緩慢地前行，經過了路面上的泥濘，躡手躡腳地穿過了雜草叢生的野草地，他就像一位土生土長的印第安人那樣悄悄地跟在這群興奮的大一新生後面，他們想要去嚇唬大二的學生，可他們到頭來反而成為被嚇唬的對象。啊！前面有一堆木材與木屑堆，一棟還沒有完成的房子外面依然擺放著鷹架！那些大一新生消失在敞開門道的陰影當中。突然，他在一堵不厚的圍牆後面聽到了一陣奇怪的聲音，這聲音夾雜著喜悅、興奮的笑聲。四名大一學生走出來，在他們想要去嚇唬大二學生之前，安靜地跳著賽前舞蹈。

　　他悄悄地來到門檻處，摸黑沿著沒有扶手的樓梯往上走。樓上房間的地板上早就有幾個人在那裡守候著，在一個裝滿釘子的圓筒以及散落的工具上，全是一些鋸屑。「噓，是我，赫伯特·胡佛。」他低聲說道，即便是他的低聲話語在這麼安靜的環境下都像是一陣吼叫。他摸黑找到了繩索，然後用刀子將繩索切斷。二十多名大二學生都在摩拳擦掌，口中低聲咒罵著什麼，他們想用手上的圍巾來塞住那些大一新生的口。

　　「那些該死的大一新生，讓他們過來吧，讓我們好好地教訓他們一頓。」

　　「我們不能直接硬碰硬。我們不能將自身的優勢浪費掉。我們應該趴下來，然後在他們回來的時候給他們一個出其不意。」他低聲說。

　　「胡佛說的對。如果我們保持不動，等待他們的話……」他們都在散

發出松樹味的黑暗中低著身子，低聲談論著關於背叛以及復仇的話語。

　　「噓，他們要過來了！」草地上響起了腳步聲，木材堆上響起了腳步聲，樓梯上響起了腳步聲。胡佛出其不意地抓住一名大一新生的膝蓋，然後將他一個翻到，這名大一新生發出了驚恐的喊叫。接著，現場就變得十分混亂，不時傳出陣陣的喊叫聲，他們的打鬥震動了整個樓層。在黑暗中，有人將鞋底頂住胡佛的臉，雙手拉著他的頭髮。「快放手，我是95屆的，你這個蠢豬。」朋友與敵人都亂作一團。每當有人朝著某個地方揮出一拳的時候，總會聽到有人發出一陣疼痛的叫聲。在外面，一些大一新生發出尖刻的叫聲作為警報。樓梯靠著牆壁，而窗戶上則站著很多大一新生。哇塞！這場鬥毆真的太瘋狂了，真的太瘋狂了。

　　胡佛手上抓住一位大一新生，因為距離他實在太近了，因此他無法動手。他不得不緊繃著身體的肌肉，大聲喘著氣。他們抱在一起滾動，但胡佛始終牢牢地抱著他。接著，他突然放手，身體出於平衡的需要，差點滾到了樓梯角的位置。他的身上沾上了泥土與地面上的木屑。他大口喘著氣。此時，那位大一新生又跑過來抱著他的胸口，大聲叫囂著自己取得了勝利。胡佛大聲叫人幫忙，將繩子拿過來。沒過多久，大二學生就控制住了場面。胡佛用膝蓋頂著這位大一新生的胸口，然後用繩子拴住他的手腕。「大二的，快過來！照相機還在等著呢。你們可以拍張照。」「要是用繩子將你們掛在恩西納大廳上，不是很好嘛？」「哦，你這個該死的，快來幫我塞住這個傢伙的口。他說的話太難聽了，這會影響到閃光燈的。哦，你想要咬我是吧？你現在還小了一些。」「嘿，大夥們，現在將他們送到公車上。」

　　胡佛在黑暗中伸展了一下身體，突然一個轉身，用腳用力一踩，那位大一新生發出痛苦的咆哮聲，此時他獲得自由了。他沿著操場那邊跑過

# 第三章

去，以花園作為掩護，翻過了柵欄，沿著穀倉跑回去，然後安靜地笑著。接著，他沿著大街慢慢地走回到了羅梅羅宿舍。

「我的天呀！胡佛，你怎麼了？」山姆‧柯林斯看著桌子對面的胡佛一身都是垃圾。

胡佛急忙用手將外套上面的木屑弄去，然後坐在椅子上。「大一新生想要將所有的大二學生都綁起來。那真是一場激烈的打鬥！我當時剛好路過而已。」

柯林斯向後靠著椅子，認真地聆聽胡佛敘述剛才發生的事情。柯林斯比胡佛要年長幾歲，也是憑藉自己的努力才上大學的。他之前從事學校用品的銷售工作。因為他與胡佛的人生經歷都較相似，因此很自然就成為了親密的朋友。胡佛了解他的為人。柯林斯也不會去參加舞會或是與女生約會，他始終牢牢地控制著自己的人生方向。不過，柯林斯是一位十分隨和的人，並不像一些經歷了許多事情而變得冷漠的人。山姆‧柯林斯與教授們的關係也很好。

布蘭納則像胡佛的一位老朋友。新來的 J.P. 史密斯教授也過來史丹佛大學教授古生物學 —— 他在野外勘探的時候也是一位非常好相處的人。他們在這次旅程中過的很開心，並且學到了很多知識。他們去了佩斯卡德羅找尋化石殼體，另一次的考察準備前往考察古代海洋曾經出現的地方，這個考察計畫已經制定好了。這些教授以及像柯林斯、金博爾等學生都與他有著相似的興趣，他們的心智都能在同一個頻道上去運轉。當然，他因為沒有多方面的能力而錯過了一些東西，但是一個人應該從大學生活中盡可能地培養全面的能力。

「我們必須要參與競技體育，」柯林斯說，「現在，華特‧坎普準備去指導那支隊伍，讓他們在比賽中能有更好的表現。」

「是啊，在這段時間裡，史丹佛大學的很多學生都是比較忙碌的，相繼成立了棒球隊、橄欖球隊、辯論俱樂部、音樂協會等等。雖然，很多協會都還處於初期的發展，但是我們應該將學生會的事務都集結起來。」

「當兄弟會那幫人占據了所有的資源時，我們能怎麼辦呢？胡佛，我真的非常反感所謂兄弟會的組織。我認為這違背了史丹佛大學宣導的民主精神。那些低年級的學生才是史丹佛大學的真正支柱，現在高年級的學生還不夠五十人，但他們卻負責著所有的事務，就是因為他們成立了所謂的兄弟會組織。」

「不是的，主要原因並不是所謂的兄弟會，問題在於他們沒有真正去做事。每個人在做某些事情的時候總是有著自己的一副算盤，很多的活動都根本沒有任何協調性。我們應該創立一個統一的系統，並且要有人對這些活動負責。現在，我們的學生會組織掌管著數千美元的資金，但卻沒有站出來對這些錢的去向負責的人。一些人還想著從中漁利，誰也不知道一些錢到底去了哪裡，用在什麼地方了。還有很多值得鼓勵的活動卻根本拿不到活動經費。如果有一個專門的票據交換機構的話，那麼每一筆錢的開支都將是可以查到的。」

「胡佛，你說得對。」

這的確是是一個很大的問題。當時的學生會有數百名學生，分成了許多不同的組織，每個組織都會負責參與不同的活動。95 屆與 96 屆的學生現在分別是大二與大一階段了，這兩個年級的學生數量占據了整個學校的學生人數的絕大部分，他們都想要統合起某種強而有力的組織為他們服務。但是，高年級形成的組織卻始終不肯放權。不過，真正關心這些事情的人也不多，因為當時的史丹佛大學還沒有成立真正有組織的學生會機構。

# 第三章

「那我們今晚在羅梅羅宿舍裡討論這些問題，如何？」

胡佛的大三生涯是在悲傷的情緒中開始的。史丹佛參議員去世了。史丹佛參議員在這年夏天去世了，當時的胡佛正在阿肯色州進行地勢圖的描繪工作，這個消息讓他的整個暑期都蒙上了一層陰影。即便是當他知道自己在芝加哥舉辦的世界博覽會上獲得了獎賞，也沒有讓他開心多少。那個夏天也剛好碰上了 1893 年的經濟恐慌時期，奧勒岡州的十九家銀行在三天之內宣告破產。約翰·明索恩叔叔的生意也遭受了重大打擊。對胡佛來說，這並不是一個快樂的暑期，雖然他在奧勒岡的高山上找到了第三紀時期的化石樣本，並在大學的化石收藏裡驗證了阿斯托里亞時期的生物蹤跡。

這一年的開始，他在夏天的地理考察活動中就已經獲得了十五個小時的學分。那場經濟恐慌並沒有影響到他那不多的存款，因為勞里·塔特姆依然忠誠地守護著他的積蓄。現在，他只剩下幾百塊美元了。但是，阿肯色州為他的工作支付了一筆錢，布蘭納教授也承諾要幫他在實驗室裡安排一份工作。

全新的鋼鐵研究室成立了，這為胡佛了解金屬與工具提供了一個極好的平臺。「達德」·派特森還是一如既往的沉浸在自己的思緒當中，他舒展了一下濃密的眉毛，然後給出了一個警告：

「胡佛，每天在這裡工作九個小時沒有多大意義的，我最多也只能給你三個小時的學分。」

「達德，沒關係，我會給自己另外加上六個學分。」胡佛用愉悅的口吻回答說。在所有人都離開之後，這間實驗室就成了他一個人的了。他可以在有需要的時候利用價格昂貴的車床。在材料不足的時候，他可以自由地使用一些貴重金屬去做實驗。其他學生要耗費很多時間將這些金屬帶到

這裡，而他在這裡則可以省去這樣的時間浪費。他想要研究鋼鐵金屬裡的神祕屬性。

在當時的史丹佛大學，學校已經沒有多餘的經費去購買全新的設備了，剩下的錢也僅僅只是能夠維持學校日常的運轉。當時學校的地產正處於訴訟階段，因為史丹佛參議員去世之後，美國政府要求史丹佛參議員的鐵路公司償還政府的數百萬銀行貸款。如果政府贏得這場官司的話，那麼這所開了沒幾年的大學就要關門。即便大學最後沒有關門，學校也將面臨著巨額的債務，教授們的薪水必然要削減，學生們必須要與這所大學同舟共濟，共同度過目前的困境。

在這幾年，很多學生都開始關注學校管理方面的事情了。史丹佛大學的精神也開始漸漸形成了。很多學生突然表現出了反對兄弟會組織的情緒，認為兄弟會只是為他們這個小團體服務，而不是為整個史丹佛大學服務的。反對兄弟會的人也越來越多了。

「你的那個嘆息的單字寫錯了。」一天晚上，胡佛在山姆‧柯林斯的宿舍裡閒聊的時候這樣說，「應該寫成 S-I-G-H，而不是 Psi。」

「是嘛？為什麼要寫成那樣呢？」

「因為，像亞歷山大大帝那樣的偉人之所以嘆息，是因為他們覺得沒有什麼地方需要繼續去征服了。」

柯林斯查了一下字典，認同了胡佛的說法。關於兄弟會的問題在某段時間裡始終占據著他的心靈。他已經與一些教職員工談論過這個問題，還與他在這座城市裡遇到的哈佛大學以及耶魯大學的畢業生談論過這個問題。他想要知道那些歷史悠久的大學的學生會組織是如何運轉的。史丹佛大學現有的學生會組織相比起來難道不是非常荒唐嗎？

「胡佛，」柯林斯說，「你認為這件事該怎麼解決呢？你會不會因為

別人是一位兄弟會成員而反對他呢？」

胡佛將放在桌子上的腳收了回來，然後挺直身子。「不會的。」他嚴肅地說，「事情不該是那樣的。我並不反對任何人，無論是兄弟會成員還是反對兄弟會組織的人，他們都在這所學校有一定的支持者。我只支持那些能做實事的人，而不支持他們背後所依附的任何組織。我們需要認真地觀察目前的狀況。本質的問題並不是某人是否適合某個職位，也根本不是服務是否應該得到回報的問題，而只是我們應該看看兄弟會領導下都做了一些什麼實事。我們需要的是具有奉獻精神的人，能夠為所有學生服務的機構。我之所以反對兄弟會，只是因為他們掌控了整個機構，讓大部分學生都無法獲得一個公平參與的機會。」

「胡佛，我們加入這場抗爭吧。」

「嗯嗯，我會的。」

萊斯特·欣斯代爾此時剛好進來，熱情地加入了他之前就相當感興趣的話題當中。

「但是，我們需要的，」胡佛接著說，「是一個真正的學生會機構。要是沒有這點的話，我們是無法取得成功的，我們還需要……」

「一個體系。」柯林斯補充說，「你談論到學生會機構的想法是很好的，你應該像審核羅梅羅洗衣店的帳單那樣審核史丹佛大學學生會的支出明細。胡佛將會成為學生會機構的最佳出納員。欣斯代爾，你認為呢？」

當然，胡佛在那個時候並不是很受歡迎，這的確是他「政治生涯」的一個缺點。他要努力打破在奧勒岡州成長階段所形成的那種不善言辭的習慣，更好地接觸這個社會。每個週六，他都會與布蘭納一起進行非正式的晚餐，幫助布蘭納夫人將熱騰騰的巧克力倒出來，與他們相處得很好，努力打破沉默寡言的習慣。他還在恩西納大廳上與一些男生練習過舞步，當

旁邊的男生用戲謔的口吻說：「一個人還是要多才多藝才好啊！」的時候，他總會咧嘴笑著說：「是的，什麼都要會一點。」

　　春天到來了。還有一年，他就要從史丹佛大學畢業了。現在，他們要進行這場重要的競選，在他大四這一年競選學生會的職務。很多重要的競選項目都在緊張的籌備中，很多反對兄弟會的主要人物密集地開會，討論一些重要的計畫。現在，他是他們中的一員，開始參與史丹佛大學學生會的競選工作。他與錫安負責學生會守則的起草，他的建議受到了眾人的尊重，在經過一番討論之後被採納。他們認為，整個學校的學生會組織必須要重組，創立新的學生會行政機構，全面管理各種學生會活動的經費。

　　「這所大學的學生會管理方式糟糕了，實在是糟透了！很多體育協會舉辦的活動就是一場鬧劇。這些活動並不能創造出任何有價值的東西，根本與史丹佛大學的精神不相符，只是不斷地利用史丹佛大學的經費，最終不知流向了誰的口袋。這些協會舉辦的活動根本就是以將多餘的錢全部花掉為目的的。看看這些協會的管理方式吧。他們讓志願者團隊去統籌，然後讓史丹佛大學與其他大學的隊伍比賽，他們還要從門票收入中得到提成。這實在是毫無道理的。這個行政機構的出納員必須要管理所有的體育活動 —— 是的，所有的表演以及活動都必須要在史丹佛大學的名下進行的 —— 這位出納員要對這些活動負責。在出納員下面則是代理管理人。」

　　「胡佛，你說得對。你最適合擔任出納員。」

　　此時，胡佛的心不禁砰砰地跳動起來。這是一個很好的機會！成為一個將學生會各種機構都整合起來的人，負責舉辦各種學生會活動，讓每一個活動的經費都能有帳可查，在他離開史丹佛大學之後留下這樣的「遺產」，這個機會實在讓他動心。他有機會證明自己才是真正熱愛史丹佛大

學的人。但是，他還有很多事情要考慮。反對兄弟會的人必須要推舉一個
能夠當選的人，而他在當時學校的知名度並不是很高。一些男生是很信任
他的，他們都知道胡佛在洗衣店裡的工作可以讓他勝任記帳的工作。他是
班級的出納員，但這些履歷都根本不值一提。他能夠在選舉中取得勝利
嗎？當然，「坎普」那邊的人肯定會支持他的，大約有五十到六十人會支
持他，還有一些堅定反對兄弟會的人，他們都會支援他。這些堅定反對兄
弟會的人現在還住在工人們廢棄的臨時建築裡，每天自己煮飯來吃，自己
洗衣服，其中很多學生都是這所大學最有能力的人。他與這群人非常合得
來，因為這些人與他在很多方面都有相似之處。「胡佛能夠拿下坎普那邊
學生的選票。」欣斯代爾與柯林斯都對此表示贊同。但除此之外，還有羅
布宿舍、兄弟會那幫人、音樂系、文學系的學生以及許多體育協會的學
生。最後是否能夠取得成功，這要取決於他朋友的幫忙。如果柯林斯、欣
斯代爾、雷·威爾伯要求他競選，並且能夠給予支持的話，他就有足夠的
支援去面對這場競選所帶來的阻礙。他不需要在這個時候做出虛偽的謙虛
表態，他知道如果自己當選的話，必定能夠做好那份工作。他對從事這份
工作的每個細節都充滿了熱情。但是，他並不是整個大學裡唯一一位能夠
做好這份工作的人。他也絕對不會反對任何一位能夠將這份工作做好的
人。不過，就他個人而言，這是一次非常好的機會。他的統籌能力就是他
的一大優勢。

「胡佛，我們需要你，」大家都這樣催促他，「你絕對是這個職位的
完美人選。」

胡佛露出猶豫的神色，雙手在口袋裡玩弄著鑰匙，「我會認真考慮
的。」

那天晚上，在雷·威爾伯的宿舍裡，所有人都在場的時候，每個人都

敦促他答應參加競選，一些人甚至激動地用手敲打著桌子，表達對胡佛的強烈支持。

「好吧。如果我要競選的話，在新的學生會規定裡必須要加上一條，那就是這份工作直到第二年的時候才能拿到薪水，第一年是沒有任何薪水的。」

「但是，胡佛，你說的這些簡直是沒有道理的。你擔任那個職位是要付出很多努力的。這份工作要耗費你的許多時間。因此，你理應得到一份體面的薪水，這是光明正大的。」

「我不能拿這份薪水。我不能既參與制定這個規定，規定給出納員很多薪水，然後再去競選這個職位。我不能被別人說成是出於這樣的目的去競選這個職位的。我只想在這個職位上將事情做好。我不想自己在那個職位上被別人說閒話。」

「胡佛說的很有道理。」柯林斯深思熟慮之後這樣說。

「如果是這樣的話，你會競選嗎？」

「如果你們答應我的條件，」胡佛用手不斷地翻轉著口袋裡的鑰匙，然後用力抓住鑰匙，說：「我就參加競選。」

胡佛要以自身的全部能量與熱情參與其中。他接下來要準備一系列的競選演說，實驗室的工作可以暫緩一下。他已經積攢到了足夠的學分讓他可以順利地畢業，他在之後仍然有充裕的時間去提升英文的成績。他要為這個全新的機構付出屬於自己的一份努力。因此，他要在四方院子每個角落爭取過往的每一位學生的支持，努力在恩西納的宿舍樓裡與其他人聚會，希望贏得他們的支持。最後，有足夠多的人贊成他們制定的全新規則。

接下來就是為選舉所進行的一系列活動了，胡佛要參加許多在恩西納

## 第三章

宿舍樓以及羅布宿舍樓前面的聚會、遊行以及競選演說。欣斯代爾負責演說，他們經常在半夜時分聚集在柯林斯的宿舍進行商討。關於他們要競選學生會職位的消息就像野火一樣傳遍了整個校園，與此同時，他們努力消除其他許多對他們不利的消息。在四方院子的拱形下面以及沿著梅菲爾德的道路上，他們在四月溫暖的晚上進行了一系列的競選活動：

「萬歲！萬歲！萬歲！

欣斯代爾！胡佛！希克斯！

他們要戰勝兄弟會！

徹底改變學生會的面貌！」

其實，這並不是胡佛內心的真實想法，無論在哪裡，他都反對任何形式的團隊控制。但是，他現在所支持的團隊能夠帶來之前所沒有過的變革，因此他選擇了支持。在過去很長一段時間裡，學生們的真正聲音都沒有得到兄弟會所把持的學生會的聆聽。現在是他們起來發表自己聲音的時候了。胡佛要全身心地參與其中。讓他們大聲地吼叫吧。

在選舉日的下午五點鐘，投票的結果出來了。學生會主席：選舉人數符合規定。出納員：選舉人數符合規定。足球隊負責人：選舉人數符合規定。參加這一次選舉的人數超過了以往任何一次選舉的人數，也從未出現過像這一次選舉如此激烈的情況。

在胡佛位於恩西納的宿舍裡，他們在焦急地等待著晚飯的鑼鼓聲。他們正在嚴肅認真地商談，希望將所有能夠爭取過來的票數都爭取過來。「現在，我們要真正地參與到這場抗爭中來，讓我們真真正正地實現變革吧。」胡佛坐在桌子上，一手拿著一份文件，一手拿著鉛筆，認真地說，「對我們來說，每一票都是無比重要的，我們絕對不能將自身的能量毫無用處地浪費掉。威爾伯，你能聯聯絡那位年輕的新生史密斯嗎？」

「將他交給欣斯代爾吧，他是一位廣受女生歡迎的人，他將原本一位要投給特塔斯的女生投給了我們這邊。欣斯代爾在那邊比較有把握。誰將是下一個呢？」

胡佛非常認真細緻地看了一遍名單，然後與大家一起進行談論，做著筆記，寫下關於一些學生的備忘錄、個人歷史以及他們內心的一些想法。「在這所大學裡，還有十位學生是單純的書呆子，他們對心理學根本一點都不了解。」

接下來是忙碌的一週，胡佛每天睡得很少，吃得也很少。但是當他處於工作狀態的時候，從未需要多少食物或是休息的時間。他每天都與欣斯代爾與希克斯一起參加各種選舉活動。晚上的時候，他們會聚在一起舉行會議，將他們爭取到的學生名單寫下來，總結這一天的工作情況。在選舉前的最後一個星期一的凌晨兩點鐘，「現在看來，我們應該能夠贏得這次選舉的勝利。」胡佛信心滿滿地說。

四方院子裡來了很多前來投票的學生，一大群學生在投票站前面排起了隊伍。在宿舍樓外面、在宿舍的角落裡，很多學生都靠著砂石砌成的牆壁，努力地爭取那些還沒有下定決心投哪一方的學生的選票。很多學生都在幫忙爭取更多支持欣斯代爾、胡佛以及希克斯的選票。最後參與投票的人數創下了紀錄。每一位參加競選的候選人都各自有他們的支持者。在實驗室、走廊或是圖書館，各自的競選團隊都在努力爭取著那些對這次選舉不是很感興趣的學生的選票。很多負責傳遞資訊的學生則乘坐著腳踏車匆忙地趕回位於帕羅奧圖的宿舍樓，匯報相關的情況。

投票結束了，計票的工作也結束了。學生們都在焦急地等待著開票的結果。但是，胡佛在公布結果之前，就知道他們必然會獲得這次選舉的勝利。

第三章

　　欣斯代爾獲得了三百八十票。

　　胡佛獲得了三百七十票。

　　希克斯獲得了三百七十五票。

　　麥基獲得了兩百七十四票。

　　格羅斯獲得了兩百八十二票。

　　基辛格獲得了兩百八十五票。

　　欣斯代爾、胡佛以及希克斯獲得了這次選舉的勝利。那天晚上，他們在恩西納宿舍樓裡進行了隆重的慶祝。很多支援這三位獲勝者的學生都聚集起來，然後他們從窗戶附近的一個地方出現，發表演說。每個人手上都拿著一根雪茄。當選為出納員的胡佛發表了一場勝選演說。

　　「萬歲！萬歲！萬歲！

　　欣斯代爾！胡佛！希克斯！

　　他們要戰勝兄弟會，

　　徹底改變學生會的面貌！」

　　胡佛的演說非常簡短，他在演說的最後希望學生們與他一起大聲叫喊，雖然他沒有解釋說出這樣的要求的原因。最後，所有人一起大聲喊叫：

　　「萬歲！萬歲！萬歲！

　　欣斯代爾！胡佛！希克斯！

　　他們要戰勝兄弟會，

　　徹底改變學生會的面貌！」

　　這年秋天，胡佛很晚才返回學校，錯過了他在史丹佛最後一年的四週課程。胡佛不禁感嘆，人生這段金色的年華逝去的多麼迅速啊！現在，他只能在史丹佛大學待八個月了。他的腦海裡浮現出了一片茂密的松樹林以

及薩利納斯山脈那布滿岩石的峰頂，最後回想起了開學那一天的情景。不過，在這個夏天，他獲得了一個極佳的機會——在沃爾德瑪·林葛蘭這位優秀的專業人士的手下進行美國地理學調查。這份工作讓胡佛著迷，林葛蘭也是一位非常優秀的地理學家。他一直參與了這項工作，直到調查工作在這年初冬結束的時候。

此時，胡佛開始認真思考自己這幾年大學生涯留下來的遺產以及培養起來的能力，準備充分利用他還剩下的八個月的時間。勞里·塔特姆最後給他送來了 90 美元，這是他最後的資產了。他在夏天的工作中賺到了一些錢，因此他身上的錢足以支撐他應付到明年春天，暫時還不需要為錢的問題發愁。這一年夏天的工作讓他額外獲得了地理系的八個學分。

他選修的課程不多——地理系四個學分，化學兩個學分，基礎德語四個學分。接著，他就開始投入到真正的工作中去了。

他要處理很多事情的細節。一大堆的活動等待著他審批活動經費，一些活動是毫不相關的，一些活動則是相互衝突的。之前的這些活動都沒有保留下什麼收據或是收支的紀錄，也沒有這方面的確切規定。他們這一年級的學生已經在純粹的自由主義中度過了三年的時間，而 96 屆與 97 屆的學生正在後面緊緊跟隨，但是他們對史丹佛大學的忠誠並沒有轉變成為任何的實際行動。他開始著手將學生會變成一個更加緊密的整體。

「我現在要著手處理四十多件存在著衝突的事情。」胡佛一邊說，一邊用手捋一下頭髮，然後將雙手插入口袋。「我們學校的體育活動簡直是一團糟，糟糕的程度超過了我的想像。」

胡佛的一個舉措就是制定經費開支的付款憑單制度，這是他從美國地理調查院那裡學習到的。這是一個簡單而又緊密的制度。很多球隊的隊長、教練以及足球明星都對這項制度表示反對。整個棒球隊的隊員都衝

# 第三章

到他面前表示抗議：「這到底是為什麼呢？我們是運動員，又不是你的員工。我們原先的帳本沒有任何問題啊。我們的確是有很多開銷，也有很多收據啊。但是這些收據與開銷是相等的。難道不是嗎？」

「你說得沒錯，但是你們的盈餘呢？你們每次都是將活動的經費花得一分不剩，這絕對不是管理錢的方式。你們不要再多說，這只會浪費你們的時間。從今往後，所有的票據都要歸出納員管理。如果你們下次想要舉辦什麼活動，你們的活動預算經費就要經過出納員逐項的審查與批准。」

胡佛的這一舉措並沒有讓他變得受歡迎，但大家對他卻更加尊重了。他似乎手握著一支毫不留情的鉛筆，逐一審核每一項經費。任何人都不無法因為與他的交情或是個人影響來改變他認為是正確的事情。他來到了體育館內的訓練中心，認真詳細地檢查那裡的設備，核對經費的開銷，消除任何可能出現浪費經費的情況。

「不，你們不能穿著斜紋棉布的衣服參加訓練。我知道你們是這所學校的英雄，我與所有人一樣都為你們在賽場上的勇敢表現而歡呼。但是，你們不能穿斜紋棉布這麼好的衣服參加訓練。你們應該穿帆布做的運動褲。你們在與柏克萊的比賽中才可以穿斜紋棉布的運動衫。但是，你們在訓練的時候就應該穿便宜一些的運動衫。」

他經常往返於史丹佛與舊金山與球場經理協商，與許多前來史丹佛大學做客的運動隊會面。欣斯代爾也往往會跟隨他一起，即便他們是好朋友，欣斯代爾必須要為自己的出行掏錢。

「我是需要去的。對我來說，這是一趟公務。但你只是作為學生會主席參加社交活動，因此你應該自己掏錢，你必須要承擔身為學生會主席所應該承擔的義務。如果我有錢的話，我肯定也會自己掏錢的。我要讓學生會的財務狀況處於盈餘狀態。」

胡佛全身心地投入到這項工作當中。他唯一還充滿熱情去上的課程就是地理學了，他上這門課有另外一個原因。這一年，當他第一次來到實驗室裡的時候，就遇到了一位年輕的大一新生，這位女生顯得與眾不同，似乎對自己從事的工作充滿了熱情。他之前從來都不怎麼注意女生的。他從未在黃昏時分面對著羅布女生宿舍樓彈奏曼陀林的，他也沒有出現在月光籠罩下的四方院子的拱頂下面，身旁也從沒有一位穿著白色衣服的女生在他身旁。他與很多男生一樣，他對女生都存在著一種樸素的尊敬心理：這些女生現在是史丹佛大學的一員，就像是他年幼時在貴格會聚集的村莊那樣的鄰居。胡佛每當見到這些女生穿著寬袖子的衣服或是在腰部束帶的樣子，都會忍不住笑起來。他也會饒有興致地看著很多足球明星吸引女生的情景，他一直希望能夠像這些足球明星那樣能夠為史丹佛大學爭光，幫助史丹佛大學度過重重困難，取得最終的勝利。但是，他對女生其實一直都不是很關心。哦，當然，他可能會暗戀一兩個女生，但因為他生性羞澀，也不敢主動發起追求的攻勢。但是，他在實驗室裡看到的這位女生的確是與眾不同的。她是一位能夠專心致志做事情的女生，這種女生正是他想要去認識的女生類型。

　　「今天早上在實驗室的那個女生叫什麼名字呢？」他在調整顯微鏡的時候隨意地問道。站在他旁邊的那位學生起初是一臉茫然，接著咧嘴笑著說：

　　「哪一個？」

　　這也不能怪這位學生，因為實驗室裡有好幾名女生呢！「當然，就是今天新來的那位女生。我認識其他的女生。就是那位有著一雙大大的藍眼睛的、留著柔軟的頭髮，靠著窗戶前面的那位女生。」

　　「哦，她叫盧·亨利，來自蒙特利。我想他的父親是那裡的一位銀行

# 第三章

家。」

「哦！謝謝你。」

盧‧亨利走路的姿態非常隨和從容，她似乎根本沒有察覺到自身散發出來的優雅氣質。也許，她還會去參加一些體育活動。她身上展現出來的堅強以及勇敢的氣質讓她就像一個年輕的男生，但她卻從來不會展現出任何男性都會做出的粗魯行為。很難想像她兩腿叉開坐在腳踏車上，穿著燈籠褲的樣子。也很難想像留著一頭長髮的她像一個男生那樣與人辯論。既然她選擇了地理系，那麼她肯定是一位有想法的女生。她那雙白皙而柔軟的雙手肯定會有很強的握力。

「亨利小姐，很高興認識妳。」胡佛說。亨利回答的聲音非常悅耳，以非常友善的方式向他微笑，卻沒有與他的眼神交匯在一起。這並不是很多女生看他的時候那樣子。但是，她肯定不是那些類型的女生。

接下來的一個週六，身為大四的學生，他負責一次遠行的活動。他將一些參與到山上進行地理研究的學生都聚集起來。通常來說，女生都不會參加這樣的活動，因為這樣的遠足對女生來說太累了。很多女生都會以組團的方式來參加休閒娛樂的這類活動。但是盧‧亨利卻穿著運動鞋、一件短襯衫以及運動衫過來了。在她穿的女裝襯衫的白領下的系著紅色的蝴蝶結，頭上戴著一頂帽子。

盧‧亨利一開始還是顯得十分拘束的，女生都是這樣子的。不過，他們倆很快就熟絡了，可以輕鬆自在地交談。像威爾遜與米切爾這樣的男生往往會將心思全部放在岩石的研究上面。不過，胡佛必須要考慮到亨利的存在，必須要禮貌地對待她，幫她越過柵欄，在攀登陡峭的山岩時必須要拉她一把。當然，亨利也希望能夠得到一些男生的關注。事實上，當你去找尋岩石的時候，是很難期望別人會特別關注你的。不過，事實證明盧‧

亨利是一位非常友善的女生。

　　他們穿越了校園前面一大片尚未開墾的荒地，那裡有一些過去人民圍起來的小牧場，接著他們來到了柵欄前面。他要不要爬到柵欄上面拉她一把呢？還是首先爬過柵欄，然後在另一邊將她拉下來呢？這實在讓胡佛不知該怎麼辦，很多女生在翻越柵欄的時候都會遇到這樣的問題。不過，柵欄比較靠近地面，因此很難從下面的縫隙中爬過去。

　　「亨利小姐。」胡佛伸出一隻手，禮貌地說。但是，亨利並沒有看到。她將雙手放在柵欄上面，然後以輕盈的姿態越過了柵欄。她接著若無其事地向前走，絲毫沒有注意到她矯健的身姿讓後面的人感到驚訝。之前，還沒有人像她這樣子輕鬆地直接翻越柵欄。胡佛能這樣做嗎？他必須要做到的。他怎麼能在這方面輸給一個女生呢？絕對不行！但是，如果他嘗試之後失敗了，那將是多麼尷尬啊！

　　胡佛沒有思考很久。他將雙手放在柵欄上，深吸了一口氣，然後安全地翻越了。後面的隊員像綿羊那樣一個個地跟在後面。盧・亨利在前面環視著周圍的山丘，似乎對她身後發生的事情一無所知。她似乎總是習慣直接翻越柵欄，並且期望其他人也能這樣做。真是一個獨特的女生！

　　整個團隊在太陽落山之時返回學校的時候，很多人之前對亨利的敬畏感已經變成了一種友善的朋友關係。她是那麼的自然與友善，在很多方面的做法都不像一個女生，有時也會展現出男子的一些氣概。當然，她沒有展現出任何一種粗魯的行為。誰也沒有因為她是女生而特別關照她，大家都處於一種相互尊重與幫助的關係。她真是一位非常好的女生，任何人都可以選擇信任這樣的女生。

　　「盧・亨利這個女生非常不錯。」很多男生回到恩西納的宿舍之後這樣說。胡佛沒有說什麼，但關於亨利的想法一直在他的腦海裡盤旋，這樣的

# 第三章

想法與工作方面的事情處於一種平行的狀態。他現在是學生會的出納員，負責史丹佛大學體育活動方面的工作。每天，他都要處理很多與此相關的各種活動細節。他要負責上百個活動的經費審批。他每天都要忙著計算經費、製作帳本、簽署收據與支票，很多想要獲得好處的人都紛紛過來找他。晚上，他經常會聽到一些人的抱怨、請求或是一些怨言，很多人都想用一些不當的手段來獲得不正當利益。不過，胡佛卻從來沒有缺過一堂地理課，布蘭納教授也對他願意在週六下午帶著新生去考察山丘的做法感到滿意。

盧‧亨利是萬里挑一的女生。每個男人都想要追求像她這樣的女生。他可能要經過好幾年的奮鬥才有資格去迎娶像亨利這樣的女生。即便他有這樣的想法，現在也沒有這樣的現實條件。結婚這件事是非常嚴肅的。很多男人就是因為婚姻而失去了事業。當一個男人結婚之後就必然要放棄一部分自由，承擔起結婚之後的家庭責任，這必然會讓他做出許多犧牲。從另一個角度來看，賢妻也往往能夠造就一個男人。毋庸置疑，盧‧亨利就是這樣賢慧的女人。但這又有什麼用呢？現在的他身無分文，連自己都養不活，而盧‧亨利又有那麼多比自己強很多的追求者，他覺得自己根本沒有任何機會。

「胡佛，棒球隊剛剛擅自前往聖羅莎比賽了，沒有將經費上報。」

「有這事？詳細跟我說說。」

這顯然又是一件違背規定的事情。另一樁可能會影響史丹佛大學聲譽的體育醜聞。他穿上褲子，在無領的衣服上扣上扣子，然後匆匆趕到史丹佛大學體育部門主管安格爾的家裡。

安格爾的房間窗格上擺放著一塊水晶透鏡，他問道：「誰啊？」

「我，胡佛。」

「快進來吧。」

胡佛坐在床邊一角，跟他說了這件事。「將給他們那群人的信件讓我看看。我不想這件事傳出去，你也知道的。告訴他們這只是謠言，而且你也不相信這個謠言。因為如果他們真的做了這件事的話，那麼他們就再也不能以專業球員的身分為史丹佛大學參加比賽了。當然，他們肯定已經知道這樣的後果了。但是，這封信還是會讓一些不知內情的人相信那個謠言。」

在清晨四點的時候，胡佛依然忙著這件事，最後避免了出現災難性的結果。即便他的德語語法課本掩埋在滿桌面的信件以及憑單下面，這又有什麼關係呢？他正在努力維護史丹佛大學的名聲。

在這個學期末的時候，胡佛的化學成績剛好及格，德語成績不及格。英語成績還是像以往那樣拖著他的後腿。他還有十九個學分要完成，還要面對春季各種活動所帶來的工作壓力。

日子就像火車上方的電報線那樣迅速掠過。他有太多的工作要做，但留給他的時間卻太少了。他希望利用自己在史丹佛大學剩下的時光裡留下一筆有用的「遺產」。他身上最後的一筆錢都用完了，但他現在不能浪費時間去賺錢，以後他還有許多時間可以慢慢賺錢。現在，他希望能夠從史丹佛大學獲取最多的東西——與布蘭納教授進行友善的交流，與他所關心的學生進行交流，每天與盧‧亨利在山丘上漫步，晚上參加在那座舊教堂裡舉辦的音樂會。

冬雨過後，史丹佛大學附近的山丘出現了一片青綠，牧場上也長滿了罌粟花與羽扇豆。野雲雀開始在長滿青草的田野上歡歌，紅眼雀也在一大叢的鐵線蓮與丁香花上築巢。胡佛與盧‧亨利經常在此漫步，找尋石灰岩岩層，不知不覺在這裡形成了一條路。盧‧亨利因為攀登山丘，臉頰變得

# 第三章

非常紅潤，她那緊促的呼吸吹在白色衣領上面的紅色領結上，但她從來都不會請求胡佛幫忙。當樹葉在她的臉頰上劃出了一道紅色的痕跡的時候，她一聲都沒有吭。她是真心對地理學充滿了興趣。

他們會用錘子將突出的岩石削去，然後坐在灑滿陽光的岩架上研究這些岩石，胡佛會認真地跟她講解這些岩石所包含的意義。一塊岩石裡包含著太多的資訊了。岩石的結構說明在人類尚未踏足這個地球之前，地球所經歷的洪水以及各種災難，當時的世界是蕨類植物以及有翼的蜥蜴在天空飛翔的世界。岩石能夠展現出歲月的腐蝕力量，展現出地球在漫長的歲月中始終在不斷地發生著改變，最終形成了看似堅固且不可改變的岩石。岩石能讓我們產生更多的聯想，生命。岩石讓我們思考生命的意義與價值，思考自身存在的價值、夢想以及理想的意義。

盧·亨利選擇學習地理，並不是為了打發時間。她想要利用自己學到的知識去做一些有意義的事情。她並不知道地理知識所具有的現實價值，因為她當時還只是一名大一新生，但她想要運用自己所學到的知識。這也是我們學習知識的唯一理由吧。她希望自己的人生能夠有所作為。對女生來說，浪費自己的寶貴時間實在是太容易了，有太多懶散或是無聊的事情消耗著她們的時間。她當然也想每天過得開心。不過，要是生命中的每一天都是那麼開心的話，這肯定會讓她感到無比厭煩的。當然，如果一個女生結婚了，那麼情況就會有所不同。但她現在還沒有要結婚的念頭——在接下來很長的一段時間之內都不會考慮結婚。她首先要完成大學學業，接著運用自己所學到的知識去做一些有用的工作。她也經常談論自己的人生目標。胡佛到底該怎麼辦呢？

與盧·亨利這樣的女生可以如此輕鬆地交流，這是胡佛事先沒有想到的。亨利在很多方面並不像一個女生，但她卻是非常有女性氣質的女生。

胡佛還沒有為自己制定許多人生的計畫以及目標，當然即便他有自己的人生目標，也不會輕易地跟別人說，不過他覺得自己可以跟盧·亨利訴說。他想要做一些有益的事情，能為這個世界提供一些積極的東西。他希望能夠成為像史丹佛參議員那樣的人。他覺得那才是真正的成功。這並不是因為史丹佛參議員擁有金錢，而是因為他使用金錢的方式。當然，奮鬥的初期將是無比艱苦的。林葛蘭一直以非常友善的態度對待他，讚揚他的為人以及工作。他的很多朋友也給他不少幫助。他並沒有為自己的前途感到憂慮，他知道自己最後必然能夠取得成功的。當然，這可能需要數年的時間，但誰也無法知道。

還有最後一週，胡佛這一屆的學生就要畢業了。果然，在最後的時刻，英語成績帶給胡佛所的壓力終於可以卸下來了。史密斯教授突然想出了一個主意：「胡佛，你不需要為你的英語成績苦惱了。你可以將上個月交給我的論文拿回去，然後將論文裡面的錯誤拼寫改正過來，將精力集中在語法的表達上面。如果你的英語論文能夠證明你可以用書面的英文去寫作的話，那麼他們就會給你及格的，因為那正是評審老師們所看重的。」

現在，一直纏繞著他的英文問題已經解決了。五月這段最後的時光裡，胡佛仍然覺得自己的人生布滿了烏雲。在四方院子的舊拱門下面，很多畢業生在這裡愉悅地度過最後這段大學時光，很多人都在歡愉的背後落下了不舍的淚水。這些學生都感到了雙重的憂鬱感，一種是為他們即將要離開這所大學而感到不舍，另一種則是為他們這所心愛的大學的未來感到憂心。政府將史丹佛參議員死後的財產問題上訴到了最高法院，而最高法院的判決將會決定這所大學的命運。因此，他們身為從史丹佛大學畢業的第一批大學生，也有可能是史丹佛大學最後一批畢業生。

胡佛已經將自己最好的東西獻給了這所大學，作為對這所大學給他一

# 第三章

切的回報。學生會的事務現在都已經按照章程有條不紊地展開了，學生會的許多活動有條不紊地進行起來了，體育運動隊不斷在校級的比賽中取得勝利，為學校贏得了光榮。學生會的帳戶上也留下了一大筆錢。他曾經積極參與了其中的許多事務，可以說他也為這所大學的創建貢獻了自己的力量。他希望這所大學以後能夠有更加輝煌的未來。現在，胡佛的工作已經完成了，準備要將自己的工作職位交給下一級的學生，以後的學生可能會將他徹底忘記，但他至少已經盡自己的全力了。

「一個人應該下定決心去適應別人的遺忘，不要被別人一時的評價而左右了自己的行為。我們在做一些事情的時候要有比單純獲得別人認同的想法更高的動機，要超越名聲，要堅持自己所肩負起來的責任。這樣的人始終都能夠以飽滿的精神安靜地投入到工作中去，他們只求默默地完成工作，讓之後的人去評論自己。」胡佛在朗費羅的一篇文章裡找到這段話，他非常喜歡這段話所傳遞出來的內涵。在西布蘭奇與紐伯格所感悟到的精神現在就在他的人生中不斷迴盪。這樣的話語正是當年外婆明索恩與約翰叔叔經常說的。即便高山在漫長的世紀裡崩塌，人類的世代像大海的潮汐一樣潮起潮落，這樣的道理都是適用的。

當然，能夠得到喬丹校長與布蘭納、林葛蘭等教授的認同以及收穫金博爾、柯林斯、威爾伯以及威爾遜等朋友，這是非常棒的一件事。他在大學裡有著不錯的表現，當他與盧·亨利在一起的時候，自己的一點表現還是讓他感到自豪的。他因為沒有參加過體育運動隊取得比賽的勝利，因此無法借給她一件大學運動隊的運動衫，但他卻是負責幫助運動隊取得比賽勝利的人。盧·亨利與史丹佛大學都在他的內心深處占據著重要的位置，他正是在這所大學裡認識與了解她的。他對史丹佛大學的未來也讓他感到不安。他希望當他畢業之後，盧·亨利可以依然在史丹佛大學裡就讀。

很快就要離開史丹佛大學了。現在，他終於實現了多年來一直想要達成的接受大學教育的夢想了。他終於可以將父親多年來對他那雙期望的手放下來了，父親如果知道他現在念完了大學，並且以不錯的成績畢業，肯定也會含笑九泉的。現在，他只能憑藉自己的能力在這個世界上立足了。他的口袋空空如也，他的手上唯一拿著的是那張地理學學士學位證書以及林葛蘭教授提供的那一份臨時工作。當然，他對自己的未來並不感到擔心與恐懼，他相信自己必然能夠取得成功的。他絕對不會為了錢而出賣自己在史丹佛大學最後一年的工作。當然，他想要去參加畢業生舞會。他可以向別人借些錢去參加這個舞會。

　　在史丹佛夫人舉辦的招待會上，胡佛將身上最後一點錢都用於支付前往舊金山的車費了。他絕對不能錯過在加州大街那間大房子裡舉辦的招待會，因為就在四年前，已經去世的史丹佛參議員正是在四方院子裡第一次歡迎他們前來史丹佛大學就讀的。這代表著一種儀式，這是對最初進入史丹佛大學的學生的一種致敬，也許他們這一屆的學生也是史丹佛大學最後一屆畢業生了。他走過寬敞的房間，聽到柔和的音樂以及人群發出的低沉聲音，聆聽著史丹佛夫人與其他男女學生的談話。史丹佛參議員的大理石半身雕像則放置在大廳的中央位置。

　　接著，他匆忙來到了一位可以借給他一些錢的朋友身旁。他來得剛剛好，因為他想要借錢的那位朋友的口袋裡只有 15 美元了。

　　「可以借我 7.5 美元嗎？我想要去參加畢業生舞會。」

　　「好的，胡佛，沒有問題！給你。」那位同學將 7.5 美元放到胡佛的手掌上。這雖然不是很多錢，但足以讓他支付參加這次晚會的費用。林葛蘭教授到時候會提前支付一筆錢前往薩利納斯山脈考察。

　　他沒有戴帽子，置身於恩西納宿舍樓與羅布宿舍樓的老樹下，一塊銅

# 第三章

碑則正式豎立起來了，用來紀念九五屆這一屆畢業生。銅碑位於茂密的樹葉下面，沐浴在月光下。他認為，這就是他以後想念史丹佛大學的一個原因。接著，他微笑著地閱讀著九五屆畢業生的最後願望以及心聲。最後，他們一起唱起了他們讀大一的時候都記得的一首歌曲：

> 「我親愛的朋友，你們還記得
> 剛上大學的那會，
> 那個金黃秋天的愉悅時光嗎？
> 我們是如何快樂地度過每一天？
> 我們經歷了困境，也收穫了勝利的果實！
> 懷念 1891 年的那個時候啊！
>
> 親愛的 1895 屆學生，當這四年
> 的時光都交織起來之後，
> 我們回想起大一時候做的各種愚蠢事情
> 但我們的一切愚蠢都是有回報的。
> 在那段激情燃燒的歲月裡，
> 我們都在找尋著真理。
> 懷念 1891 年的那個時候啊！」

接下來就是畢業生舞會！他已經買了一雙新鞋參加這個舞會。他認真仔細地穿上他最好的服裝，將領帶打好，在鏡子面前不時地打量著領帶的效果。之後，他穿上一件外套，長時間對著鏡子審視這件外套是否好看。他的內心感到緊張與不安。盧・亨利肯定會穿上一件輕盈柔和的無領長外衣，她的身邊肯定會有很多舞伴，況且她的舞跳得那麼好。不過，他怎麼說也是學生會的出納員，在學生會這個機構裡還是有一定的地位。

小提琴在演奏者的彈奏下發出優美的樂聲，在恩西納體育館的燈光

下，第一批人群開始逐漸聚集起來了。一個交響樂團剛剛從舊金山趕過來助陣表演。一些女生與男生整天都忙著在體育館的牆壁上布置樹枝以及竹葉。這個非常寬敞的大廳到處可以見到青綠的葉子以及鮮紅色的漿果。這些打破常規的裝飾方式以及燈光照明方式，再加上地板上都打過蠟，讓這次畢業晚宴顯得較為正式。當然，胡佛一開始對這樣的場面還是感覺有點尷尬，不過一些學生都穿著舞會的服裝昂首挺胸地過來了，因為一場舞會就要開始了。

接著，音樂響起來了，舞會開始了。盧‧亨利愉悅地挽著他的手臂，他們的身邊都是成對跳舞的人，頭頂上的燈光散發出各種顏色。他們跳的是華爾茲舞 —— 一，二，跳躍！一，二，跳躍！胡佛必須要非常小心，不要讓自己僵硬的手肘碰到其他人。亨利笑盈盈地看著他，用自信的目光向他肯定一點，他跳得很不錯。亨利非常好地遵循了他的引導，在某些時候，亨利似乎是在引導著他的步伐。盧‧亨利在跳五步的波爾卡舞時是多麼地輕盈，多麼地具有魅力啊！很多人的目光都停留在她身上，彷彿全世界的目光都聚集在他們身上，並在一旁發出驚嘆聲。什麼，盧‧亨利跟赫伯特‧胡佛在一起？一曲終了之後，亨利與其他舞伴接著跳舞，胡佛只能獨自靠著牆，雙手插在口袋裡。哦，當然了，他必須要履行自己的義務，與其他女生一起跳舞。但他們的眼神還是會不時地交流，在像一個圓盤的迷宮裡，他很快就等待了與盧‧亨利繼續跳舞的機會。

這真是快樂而美好的時光啊！輕盈美妙的時光在愉悅的腳步中慢慢地消逝。在裝飾著漿果的下垂樹枝下面，有音樂、五顏六色的燈光以及笑聲。這是1895屆學生的畢業舞會，這是送別史丹佛大學第一屆學生的時刻。這也代表著胡佛即將結束在史丹佛大學裡的傑出工作，因為他是創辦了史丹佛學生會的人。他也是能夠從盧‧亨利那雙灰色眼睛中看到理解與

# 第三章

信念的人。

第二天晚上，他們再次在四方院子裡聚集起來，這是他們這幫 1895 屆的學生最後一次聚會了。四方院子的周圍都裝飾著亮眼的燈籠，上面是深藍色的天空，一些彩色氣球掛在棕櫚樹上迎風飄搖。明天早上，在寬敞的體育館裡，在那些已經枯萎的樹枝下，他將從喬丹校長手中接過地理學的學士學位證書。明天，他將要到外面的世界去闖蕩了。今晚，就是他與史丹佛大學說再見的時候了。

他認識的所有朋友都在那裡，大家都圍了起來，雙腳踩在柏油路上。東邊的大樓上有一個屏風，一盞神奇的燈籠發出帶有顏色的光。在布滿星星的夜空下，樂隊奏出了帶有感傷的音樂，訴說著他們無盡的遺憾以及盼望之情。

舊時光啊，老朋友！

那舊日時光，

我們舉杯同飲共徜徉，

那往日的時光！

盧‧亨利當時還在上大一，穿著一身白色的連衣裙，走過了掛著燈籠的拱門，聆聽著這一首對她來說還沒有什麼共鳴的歌曲。對她來說，在史丹佛大學的生活才剛剛開始而已。她還要在這裡讀三年，而胡佛則要畢業離開學校到外面的世界闖蕩了 —— 誰知道他在這未來的三年時間裡能有什麼樣的發展呢？

大學的建築樓出現在屏風之上，音樂的情感基調發生了變化，清澈的號角聲伴奏著「你還會記得我嗎」？

胡佛有點哽咽地對亨利說出這句話：「妳還會記得我嗎？」

亨利的眼睛是那麼的清澈與坦誠，看著胡佛的眼睛說：「當然，我會

記得你。」當然，這是胡佛所能問的，而這也是亨利所能回答的。他們兩
人的未來還將面對更多風雨的考驗。

# 第四章

# 第四章

在那次印象深刻的畢業舞會結束三個月的一個仲夏晚上，晒得皮膚黝黑、滿身灰塵的赫伯特‧胡佛催趕著一匹疲憊的小馬，沿著薩利納斯彎曲的斜坡向前走。他的身邊是一片綠色松樹形成的綠色海洋，這片松樹林在山谷裡留下了紫色的陰影。隨著太陽漸漸西斜，山谷裡已經變得越來越黑了。夜幕降臨時的寒冷已經漸漸將白天的溫暖趕走了。此時，這匹小馬似乎聞到了空氣中散發出來的氣味，感受到了前方某個地方有可以讓牠睡覺與吃草喝水的地方，因為牠豎起耳朵，急忙地向前趕路。當胡佛經過了道路的轉彎口，看到了一間飽經風霜的木屋，木屋後面則是用油漆粉刷過的農場房子，那間房子長方形的窗戶散發出黃色的燈光。

這匹小馬停在路邊，鼻子飢渴地嗅著空氣中的味道，用渴望的眼神望著胡佛。胡佛拖著僵硬的身體往前走，敲了一下這間房子的大門。房子裡面傳來了一個人的聲音，接著就是碗盤碰撞發出的聲音以及搖搖椅與地面摩擦時發出的聲音。腳步聲漸漸靠近了大門，那個人似乎很不情願地開了門。胡佛透過門孔看到了一個身體強壯、一臉滄桑的農婦，這位農婦打量了一下胡佛，說：「你想幹嘛？」

此時的胡佛感到非常疲憊，他也聽出了農婦說話的口氣很不友好。他簡單地表示自己想要過來一點晚飯，找個地方過夜，讓他的……

「我們這裡不收留流浪漢的。」農婦還沒有等胡佛說完，就立即打斷他，接著想要關門結束這場對話。不過，胡佛知道往下的一間農舍要在五里之外，而飢餓以及食物散發出來的香味促使他用腳卡住了大門，讓他不得不拋開個人的羞澀情感，努力地爭取一番。

「女士，」胡佛急忙說，「請給我一點時間來解釋。我肯定我能……」

「我不想買任何東西。」她用果決的聲音說。但是，胡佛的腳已經踏入了門檻，他用腳趾抵住了農婦想要關門的舉動。他接著說：

「我不是流浪漢，我也不是書籍經銷商，更不是縫紉機推銷員。我沒有任何東西要推銷。我只是想要一點吃的以及一個可以睡覺的地方，我願意為此付錢。我今天已經騎馬沿著高山行進了二十五里路了，我的這匹小馬現在已經很疲乏了。我向你保證，我是一個正人君子，我是為美國地理調查局工作的地理學家。你肯定能為我以及我的小馬提供過夜的地方，我也很高興為此付錢。」胡佛語氣懇切地說。

「即便是這樣，我們這裡也不留人住宿的。」她用冷漠的口氣說道，接著用非常不情願的口吻說，「既然這樣，我想我可以到廚房給你一點吃的東西，你可以在穀倉裡睡覺。」

「非常感謝妳。」胡佛邊說邊匆忙地將小馬趕到穀倉。年輕的胡佛有足夠的樂觀精神去面對這樣的處境，喜悅地將這匹小馬牽到穀倉裡，解開馬鞍，讓這匹馬在穀倉的水槽裡喝水，吃草堆上面的草。胡佛仔細看了一眼這個穀倉，知道裡面有一袋米糠以及一捆尚未脫粒的燕麥。他讓這匹小馬心滿意足地咀嚼著乾草，用泵浦抽出一些水來洗臉與雙手，接著沿路回到了後陽臺的地方。這位有點肥胖的農婦穿著一條稍微破爛的圍裙，將廚房裡一盤食物端上來。接著，她繼續在燒木材的柴火爐裡炸著土豆。他將一塊麵包、一疊奶油以及一瓶牛奶放在紅色的油布上，桌子上則擺放著一盞煤油燈。

「我想你今天肯定走了很遠的路。」農婦看著胡佛說。

「是的，我走了一整天了。妳的房子可真寬敞啊，這是我在這邊山裡見過的最大房子。」胡佛回答說。胡佛的微笑讓農婦的態度溫和了許多。她開始說話，而胡佛則小心翼翼地鼓勵著農婦繼續說話。她再次切了一個土豆放在煎盤上，從食品儲藏室裡拿出了幾個雞蛋。當胡佛將餐桌上的食物都吃乾淨之後，她又拿出了果醬與夾心蛋糕。與此同時，她與胡佛說了

# 第四章

自己的許多祕密、八卦或是個人的看法。農婦說,這間房子是新建的,面積也比較大,但還有很多的裝潢工作要做,特別是因為她的女兒都從學校回來了,將許多古怪的觀念都帶回來了。他們以前就像山裡的其他人那樣過著普通的生活,但自從以前的人將用水權賣掉之後,就搬到這裡居住了,因此你會認為這片土地也許並不大適合他們居住。現在,很多人都並不看重絲綢的衣服了,正如現在鋼鐵也並不昂貴了!以前的女人只在週一的時候才會洗衣服,現在的女人都享用沖洗水的方式去洗衣服,都不想弄髒自己的雙手。因為農婦的女兒已經回家了,因此她隨時都可能會去找女兒聊天。她的女兒前往了納什女士在卡森地區開辦的高級中學。「很多人都說這所學校是納什卡森河西岸與太浩湖東部之間最好的中學了,她們在那裡都接受了良好的教育。」農婦用解釋的口吻說。

胡佛再次倒了一杯牛奶,吃了一點果醬,只是偶爾接話,讓這位農婦繼續心情愉悅地說下去。吃飽之後,胡佛可以抓住這個機會好好地思考剛才的說話技巧所帶來的幫助。此時,他一臉專注聆聽著農婦的話語,內心在暗暗地發笑。胡佛知道,他並不是這間房子裡唯一這樣認為的人,因為當他在吃東西的時候,廚房的大門被一雙手輕輕地打開了一些,在客廳另一邊的地方傳來演奏小風琴發出來的聲音「家,溫馨的家」的歌聲,唱歌的人具有一定的歌唱技巧。顯然,這是一場專門為他準備的「音樂會」。歌聲最後以兩個拉長的和絃調子結束。沒過多久,唱歌的人走出來了,她用訓練過的優雅姿勢走到客廳。

她是一位非常美麗的女生,要是她之前沒有接受過要特別注重個人社交形象等教育的話,那麼她會顯得更加自然與美麗。她站在廚房的大門,用傲慢的眼神看著一身髒兮兮的胡佛,然後轉身用低沉的聲音對母親說話。接著,她用友善的聲音對胡佛說話,但說話的口氣卻始終讓他們保持

著一定的社交距離。

「我母親煮的東西還好吃嗎？」

「非常好吃。謝謝你們。」胡佛站起身回答說。

「你是從哪裡過來的呢？」

「我是從薩利納斯山谷那邊過來的。」胡佛謙卑地回答說。她的眼神就像那些名媛閨秀那樣始終保持著高貴。

「你想要參觀一下我們的房子嗎？」

「哦，我非常樂意。」

於是，她引著胡佛穿過了客廳，讓他將目光集中在餐具櫃上的雕花玻璃。她向他展示了用紅色牆壁以及地毯裝飾的圖書館，圖書館的書架上擺滿了圖書，其中很多圖書都是用半皮革作為封面的，這些都是書籍經銷商所能銷售的最昂貴的書籍。接著，她將胡佛帶到了客廳，讓他看看一張關於她朋友所描繪的畫，這是一幅油畫。胡佛手上拿著帽子，認真地聆聽著她的講解。胡佛感覺到，要是她的父親當年沒有將用水權賣掉的話，那麼她可能會是那些舞會上非常糟糕的舞伴。雖然胡佛當時所穿的衣服跟乞丐沒有什麼區別，但她也開始以對待正常人那樣對待胡佛。胡佛站在一幅手工畫前面認真地凝視著，他感覺有必要說出自己的想法。

「我從這幅畫上看到，妳的房子之前是棕色的嗎？」

「我的房子？棕色？」

「難道我在這幅畫上看到妳的房子不是棕色的嗎？」

胡佛說完這句話之後，立即感覺到自己無法收回了。她用冷漠的眼神看了一下胡佛，接著說：「這描繪的是太浩湖岩壁的景色。」胡佛答不上來。在他看來，他的確是在帆布上看到了一座房子、一座穀倉以及幾棵樹。來到前門的時候，她用冷漠的口氣表示希望他回到穀倉睡覺。於是，

# 第四章

胡佛回到了穀倉，將馬鞍座毯拿下來，然後在乾草堆上入睡了。他在入睡前看到的景象就是月光從乾草房的木門上照射進來，這讓他回想起了史丹佛大學的美好時光，接著他就昏昏睡過去了。

第二天早上，他感覺到臉頰上有一陣溫暖的氣息，並且聽到了喘氣聲，他驚醒過來了。原來是一條家狗正在舔他的臉頰。他坐起來，一把抓住這條小狗的身軀，用較為友善的方式搖了一下這條小狗，小狗則發出愉悅的吠聲。「你這條小狗，你以為你在幹嘛呢？你想要憐憫我呢？還是你想將我紅紅的臉頰當成一塊牛排呢？你這條小狗，快跑吧。難道你沒有看到我正要騎馬嗎？」胡佛脫下鞋子，將鞋子裡面的乾草種子都抖落出來，然後用手捋了一下頭髮，戴上帽子。突然之間，一個念頭閃過他的腦海。他立即到乾草堆裡查看一番，看看是否有母雞生下來的蛋。他一共找到了六個雞蛋，他生吃了這些雞蛋作為早餐。接著，他騎著這匹小馬繼續往山下走。最後，他撫摸了一下這條小狗，一個跨步就上了馬，慢悠悠地離開了這間仍處於沉睡狀態的房子。

「看來，這就是地理學家要過的生活啊！」他一邊吹著口哨一邊說。在彌漫著松樹味道的寒冷空氣裡，他呼出來的氣息都變成了霧。高山山頂顯得黑漆漆的，映襯著藍色的天空。西面高空上隱約傳來一些燈光，東邊森林上空還有幾顆寥落的晨星在發光。總而言之，能在此時此刻活著，真是一件非常美好的事情。

這天，他從斯萊德山往下走，這座山的海拔大約為一千一百英尺。當他站在斯萊德山的山頂上，可以看到四十里之外的其他山峰的峰頂，這些高山都在太浩湖之上，而太浩湖就像一面鏡子倒映著這些荒涼的山峰。這些山峰像一堵圍牆將太浩湖牢牢包圍住。很多峽谷在清晨的中都會形成紫色的陰影，它們花崗岩的峰頂則消失在盤繞的薄霧當中。西邊的天空正在

積聚著一場風暴。站在陽光下的他看到了一陣陣閃電的烏雲正在慢慢地靠近。他看到了白色的閃電在烏雲上不斷地出現，而在上層的空氣中則吹著東風，將烏雲吹得四分五裂，最後紛紛逃竄起來。最後，這些雲層在位置較低的山谷處匯聚起來了，這個位置的山谷依然覆蓋著雪。這些烏雲始終在不停地移動，時而掩蓋了山谷的一些樹木，時而將一些懸崖遮蓋的無影無蹤，而很多松樹則被淹沒在茫茫的雲層當中。閃電、雷鳴以及狂風同時出現，不斷吹襲著太浩湖上面的雲層。在這場「戰役」結束之後，所有的烏雲都漸漸消失了。花崗岩的峰頂以及從沙漠那邊吹來的風占據了上風。烏雲不斷地後退，薄霧漸漸地消散了，積雪又漸漸出現在眼前，而高山則似乎帶著這場「戰役」勝利的戰利品以及勝利的旌旗出現了。在灑滿陽光的天空下，每一個巨大的峰頂都會出現長達一裡的積雪，就像桅杆頂端的旗幟在飄揚。

這就是他所熟悉與深愛著的國家，這片龐大的花崗岩高山將難以想像的力量釋放出來，而下面則是數百英尺高的松樹。這些充滿狂野生命力的樹木以及高山讓內心缺乏詩意的胡佛都感到了一點詩意的存在。他坐在一堆篝火旁邊，將馬鞍包拿下來寫信。他在信件裡用精確的資料描述高山、森林以及雲層的高度以及大小，他對大自然所具有的這種力量感到震驚。他從來都不會在對話中使用一些優美的語句，但是他內心壓制的情感可以透過書面文字的方式去表達出來。這樣的情感就像花崗岩火山下面的熔漿那樣瞬間迸發出來。

兩週之後的內華達市，胡佛躺在一間廉價飯店的簡陋房間裡，思考著冬天的工作計畫。他打開了一扇窗戶，聞到了幾里之外的森林在被雨水打溼之後散發出來的氣味，聽到了礦工在泥濘的大街上走路時沉重的靴子發出的聲音。酒吧的大門關了又開，開了又關。酒吧裡面的歌聲與笑聲有時

## 第四章

會傳出來。在拴馬柱子上，一匹疲憊的小馬正在泥濘的土地上翻找著什麼，接著不安地嘶叫起來。這簡直就是過去加州開採煤礦的狀態，他現在只記得山腳沿途一些小鎮的名字。一些鎮可能叫做丹姆、紅狗或是阿爾法。冬天就要到來了，美國地理考察方面的工作就要過一段落了，他必須要努力找尋一份穩定的工作。

對胡佛來說，這個夏天的工作是非常有收穫的。他在高山上進行了許多有趣的調查工作，探訪了一些礦場，研究了盆地的各種結構的熔漿，追蹤了砂岩的分布情況，根據當時現實的情況，採用視距法精確地測量一些存在爭議的點。他為史丹佛大學收集了薩利納斯火成岩的標本，林葛蘭會對他的工作感到滿意的，並且同意幫他加薪。在考察工作結束之後，林葛蘭肯定會想盡一切辦法幫助他在礦場裡獲得一份不錯的工作。在當時的情況下，他要麼能夠在礦場得到一個不錯的職位，要麼就沒有他的職位，因為當時還有很多普通的礦工等待著這樣的工作。一般來說，礦場的主管都是畢業的大學生，這樣的職位也旨在幫助大學生能夠更好地成長起來。不過，當時的史丹佛大學還沒有成立多久，與加州柏克萊大學相比還是沒有什麼優勢的。史丹佛大學在地質礦產方面的名聲還需要像他這樣的人去建立。要是他與金博爾都能在礦場裡得到一份工作的話，這肯定是最好的。酒吧裡突然爆發出了一陣吵鬧聲，將正準備入睡的他吵醒，他在黑暗的房間裡咧嘴笑著。

「現在，我肯定是有一個很好的機會去觀察威士忌酒所帶來的不良影響。」他想，「我從來沒有進行過這方面的研究，不過別人的一些研究結果可以為我所用。」

這次考察活動在十月十五號結束了。胡佛想要獲得一份比單純拉動礦石車的工作希望卻突然死去了，這讓他感覺到無比沮喪，但他只能強顏歡

笑。林葛蘭一直想幫他爭取一個在礦場裡工作機會的努力失敗了，他不得不面對礦場已經招滿人的局面。很多礦場的主管都對他說抱歉，說現在不招人了。他只能將大學生的自尊心放下來，試著去像一位苦力那樣去工作。在滿目瘡痍的山腳下，他與一群失業的人站在一起，前往一座小棚裡接受領班的面試，這裡就是所謂的礦場辦公室。「這裡不需要招人。」領班說，「我們這裡的工作職位都已經招滿人了。」

　　他身上沒錢了，父親留給他的遺產以及他大學四年裡賺到的錢都已經全部用於大學的學費了。不管怎樣，他都必須要盡快找到一份工作，他必須要努力在這個世界上立足。在史丹佛大學裡，一個女生還在期望著他能在外面的世界闖出一番天地呢。

　　「兄弟，不要氣餒！」金博爾發現胡佛要比之前顯得更加沉默的時候，這樣鼓勵他說，「你肯定能找到可以發揮自身潛力的工作。」

　　「是的，我肯定可以的。」胡佛用愉悅的口吻說，「我認為，」胡佛接著用諷刺的口氣說道，「四年的大學學習肯定是無價的，只是我現在必須要到康瓦爾郡的礦場裡當礦工而已。」

　　但在三天之後，他用喜悅的口吻對金博爾說：

　　「一個礦場今天突然招人，我成功找到工作了！「我每天要推一輛礦石車兩百五十次。這份工作還不算很糟糕，因為現在還有兩百人處於失業狀態，很多人都對大學生存在著偏見。」

　　就在工作後的第一天晚上，胡佛感到身體的肌肉非常痠痛，再加上神經痛所帶來的痛楚，讓他徹夜難眠。在凌晨四點四十五分的時候，鬧鐘突然在黑暗中發出尖銳的聲響，他從簡陋的床上起來，點燃了油燈。其他房間的窗戶也陸續發出油燈的光亮。外面的街道還處在一片黑暗的陰影當中。當他來到彌漫著大霧的清晨街道時，街道依然處在一片濃密的黑暗當

## 第四章

中。當陽光在起伏的山頂上升起來的時候，他已經進入了豎井的垂直通道裡了。

黑暗的地道還在滴著水，胡佛只能靠著手中的蠟燭來照亮前面的路。此時，在高山下面幾百尺深的地道裡，湯米・內尼斯正在用鑽孔機來鑽煤礦，接著用鏟子挖起來。內尼斯身強體壯，不過他的衣服顯得髒兮兮的。他對那些接受過大學教育的人有著一種天生的輕蔑感。他認為，這些大學生如果有足夠的能力為他們推動礦石車就是他們的幸運了。內尼斯認為，這些大學生想要在這裡真正學到什麼之前，就已經打退堂鼓了。在潮溼的空氣裡，周圍都是又黑又溼的岩壁，湯米・內尼斯的膝蓋陷入了泥濘當中，但他依然用力地挖掘煤礦，接著將用鏟子將煤礦鏟到礦車上，而胡佛則要沿著長長的地道將礦車運送上去。在地道的另一端是點著微弱燈光的罐籠井。在另一端則閃爍著像螢火蟲一樣的燈光，那是湯米・內尼斯那邊點的蠟燭發出的光。在這兩端路程之間，是一片黑暗與寒冷，因為這裡根本見不到太陽，因此無比潮溼。在這裡，胡佛每天的工作都是完全一樣的，就像一條蚯蚓那樣每天在黑暗的世界裡打滾，沒有取得任何有意義的成就，也沒有學到任何真正實用的知識，有的只是不斷將煤礦從地道裡運送出來。

兩個月後的一天晚上，胡佛對金博爾說：「我已經辭去了內尼斯助手的工作，我準備接受你昨天跟我談到的那一份工作。我知道那份工作的薪水要比現在的這份工作少 1 美元，但是你說的那份工作還有成長的機會。」

胡佛向後傾斜著椅子，靠著牆壁說：「我昨晚寫信給布蘭納教授了。」他接著說，「我跟他說，我在礦場裡實地工作了兩個月，礦場與地理學方面的差異就像過去那些獵熊人與現在的城市人之間的區別。當獵熊人看到

了熊的蹤跡之後，就會變得興奮起來，開始在灌木叢中尋找熊的蹤影。但是城市人則會大口喘著氣說：『你在幹什麼？讓我們回到熊之前的路線上來，看看熊到底從哪裡來！』當你發現了熊之後，有一些必須要遵守的規定，我到現在都沒有完全了解。我依然認為，知道熊的老巢要比單純追蹤一隻熊要更有成就感。」

「你這樣說會讓布蘭納教授感到欣慰，」金博爾說，「他不願意看到我們這些充滿前途的未來地理學家墮落成為只顧著賺錢的礦工，失去了自己的理想。」

金博爾與胡佛把衣服洗乾淨，換上了一套新衣服，在下午就離開了礦場，前往弗萊明女士的家休息。他們在這裡大街對面的巴克女士那裡吃了一頓美食。在傍晚的時候，他們前往內華達市的飯店，希望能夠在這裡遇到從城市那邊過來的工程師或是一些著名的礦場主。這些人都是因為公務前來這裡出差的，要在這裡過夜，都對無限期的等待感到厭煩，因此很願意與他們這些年輕的大學生聊天。在溫暖的酒吧間裡，關上門之後的酒吧將薩利納斯山區寒冷的夜晚都趕在外面了。他們在圍欄上休閒地聊天，偶爾也要上一杯啤酒來喝。

「我只想抽根雪茄，謝謝。」胡佛說。他站在旁邊一邊抽著菸，一邊聆聽著一些工程師以及礦場主談論著非洲、澳洲、俄羅斯、衣索比亞等地的礦場情況。那是一片廣闊的天地，這一切都激發著他的想像力，讓他萌生了要掙脫目前局面的雄心。

「如果大學教育無法讓我獲得一份比推礦石車更好的工作來謀生的話，那麼我最好還是放棄礦場這個行業了。」一天晚上，他暗暗下定決心，對自己這樣說。礦場工程師喬治·霍夫曼看著他，若有所思。

「為什麼你不到路易士·賈寧那裡找一份工作呢？他習慣提拔年輕

人，並且他手下的年輕人都做得非常好。你可以去他那裡嘗試一下。」

「你說的沒錯。」胡佛考慮了一下這樣說。那天晚上，他就將自己的衣服打包好，將一些礦石標本寄回史丹佛大學。第二天早上，他就乘坐前往舊金山的火車了。

路易士・賈寧的辦公室在松樹與桑瑟姆大街的盎格魯加州銀行對面。強大的決心讓年輕的胡佛努力不讓自己表現出緊張的情緒。他走上樓梯，打開了一個寫著「賈寧」名稱的辦公室。這是一間不大的辦公室，此時沒有人。在辦公室裡面還有一間辦公室，那裡坐著一位上了年紀的法國人，只見他臉色紅潤，面容友善，正專注於處理案頭上的一些文件。

「賈寧先生？」

這位著名的礦場專家抬起頭，微笑地說：「早上好，我能為你做點什麼嗎？」

「你可以給我一份工作。」

路易士・賈寧身子微微向前，雙手交叉在背心上，然後打量了一下胡佛，眨了眨眼。

「也許吧。坐下吧，我們好好談談。」

胡佛用盡可能真誠的口吻說話。他在史丹佛大學接受過地質學與礦產學的專業培訓，為美國地質考察專案在薩利納斯山脈工作了兩個夏天，有三個月實地礦場的工作經驗。他想要從事任何能夠給他帶來未來機會的工作。他之所以來找到賈寧，就是因為賈寧在這一行業的名聲以及經驗。但他能夠在礦場行業內站住腳嗎？

「嗯 —— 在薩利納斯山脈工作了兩個夏天？與林葛蘭教授一起？你帶來了什麼證明資料嗎？」

「賈寧先生，我現在沒有帶來，如有需要，我可以帶來。」

「那麼，請你盡快帶來。你知道我所能給你提供的職位取決於我對你所說的話的信任程度，因為我現在對你還不是很了解。請你盡快將相關的信件帶來這裡吧。在這段時間，你可以在這個辦公室裡工作，我會找些工作讓你忙的。這些工作肯定能夠為你帶來機會的。」

當他走下樓梯的時候，終於可以釋放內心的興奮之情了。他終於在賈寧先生手下工作了。他感覺自己要將頭上的帽子扔到空中，然後大聲地喊叫。他將雙手插在口袋裡，然後迅速走過街道，朝著一輛渡輪汽車走去。希歐多爾與妹妹梅此時正住在奧克蘭，他要立即趕過去告訴他們這個消息，並且立即寫信給在史丹佛大學的布蘭納教授，希望他寫一封推薦信，請他交給賈寧。

他現在做的這份工作月薪只有 30 美元，這要比他之前跟湯米·內尼斯一起做的時候更少，但在這裡工作所獲得的機會要比金錢更加重要。當布蘭納教授將胡佛在大學四年的優異表現都列舉出來的信件遞到了賈寧手上，胡佛獲得了一份能夠讓他發揮個人才華的工作。當初他立即決定前往舊金山找到賈寧先生尋求工作的機會的時候，該辦公室的一位礦場專家正在解決薩利納斯山脈地質方面的問題，而胡佛因為前段時間剛剛勘探過這裡的山脈地層，因此他對這座山脈的情況非常熟悉，知道其中的每個細節。他這方面知識正是賈寧現在所需要的。胡佛立即全身心投入到了這項工作當中，負責撰寫報告、繪製地圖、準備地理演示的幻燈片。這是一份不錯的工作。正是在他的幫助下，該辦公室贏得了北極星的項目。胡佛之後受邀為《礦石與科學期刊》撰寫了一篇相關的文章。六週之後，他被派到了新墨西哥州，此時他的薪水已經升到了週薪 30 美元，外加各種出差補貼。

一望無際的沙地上，北美灌木叢的葉子在熱浪炙烤下在不停地跳動。

# 第四章

這裡可以看到墨西哥人的小木屋、赤身裸體棕色皮膚的嬰兒，還有冒著水汽水壺掛在陰影處。氣喘吁吁的小馬每走幾里路就要停下來休息一下。這裡到處都可以看到礦場的營地，很多賭徒、探勘者、墨西哥人、酒吧營業者以及一些看似誠實的推銷者都來到這裡。每個人都帶著對黃金的渴望來到這裡，擁擠狹窄的大街兩旁是木材建築，很多人在酒吧裡喝酒，一些人喝醉之後還會在人行道上打架。胡佛要認真地考察六十三個礦場，必須要視察每個礦場的實際情況，進行礦物取樣，最後做出報告。很多資本家以及他自己的未來都取決於他在這裡實地考察之後得出來的結論。

　　他的手上拿著一把可發射六發子彈的手槍，後背上掛著一把步槍，因為他所從事的工作需要他前往萊斯·克里斯金礦那裡進行地質描繪，而之前已經到過那裡的探勘者表示，如果他再次出現在那裡，就要將他殺死。之前在克里斯金礦進行考察的人就已經被他手下的墨西哥人殺死了。這座城鎮此時顯得一片興旺，這裡有舞廳、酒吧與賭場，這裡所謂的法律都是由一群患有震顫性譫妄症（Delirium tremens）的人執行的，而一個昏暗的地道據說就是那些清醒的民眾將囚犯關起來的地方。

　　胡佛帶上一位名叫康納的牧羊男孩，他們一起騎馬前往馬霍羅恩高山。想要到達那裡，必須要穿越九十里酷熱難耐的沙漠。胡佛此行的目的就是要調查與核實之前關於那裡的礦場的實際情況。晚上，他在星空下睡覺，將馬鞍座氈捲成一個枕頭，然後將套鎖環繞在營地周圍，以防止附近的響尾蛇過來這裡。白天，他就在烈日下騎馬前進，地上泛起的塵灰黏在他的嘴唇以及鼻孔裡。他看到遠處的高山似乎變得很近很近了，但卻要花費很長很長的時間才能到達。當旅行者最後到達那裡的時候，卻發現繞了一大段路，看到了十幾個皮膚黝黑、神情絕望的人腰上掛著子彈帶，臀部掛著手槍皮套，聚集在一個營帳的篝火前。

「這些探勘者，」康納看了一眼這個營地以及驢子在灌木叢裡吃草的情景時說，「你的槍裝子彈了沒？有時，你必須要告訴他們你只是路過而已。」

　　他們緩慢地向前走，這群人中的其中一個站起來，碰上了他們。此人留著鬍子，一臉憔悴，他那一張布滿皺紋的臉以及粗糙的手因為常年在沙漠裡被太陽炙烤而變得黝黑。他的眼神裡露出了無數次希望破滅後所形成的神色。不過，此時他的眼神突然裡泛起了光芒，用急切的口吻說：「你們身上有沒有攜帶什麼藥物呢？我們中一個人現在病得很重，我們現在又沒有任何可以醫治他的藥物。」

　　胡佛與康納從馬背上下來。那個病重的人躺在一張毛毯上，上面用帆布覆蓋著，以遮擋陽光。他身邊的朋友都給他喝一些威士忌酒，打了奎寧，但都沒有任何效果。現在，他們也只能束手無策了。更為糟糕的是，距離他們最近的醫生也是在一百里之外的地方，而他現在已經是奄奄一息了。他們兩人也沒有帶來任何能夠醫治他的藥物。赫伯特·胡佛只能將包裹他的毯子弄直一些，用涼水擦拭他的臉龐與雙手，讓他感到舒適一些。他的朋友們都陷入了無聲的絕望當中，一些人站起來將一捆木材放在正在燒咖啡壺的下面。在日落時分，這位病人吃力地睜開眼，在一段時間裡用認真的眼神看著赫伯特·胡佛。接著，他用低沉的聲音懇求胡佛靠近一些。

　　「你會寫字嗎？」

　　「會。」

　　「有一個女生 —— 她在肯塔基州。你幫我寫信給她，就說……」

　　胡佛在毯子前面蜷縮著身子，將筆記本放在膝蓋上，接著將那位在肯塔基州居住的女生的名字與地址寫下來了，然後聆聽著這位病人想要給那

# 第四章

位女生說的話。當這位病人去世的時候，他就坐在包裹他的毯子旁邊。

第二天早上，康納一臉尷尬地走到胡佛身邊說：「那些人希望你能夠說些話。」康納說，「你知道的，就是在葬禮上所說的那些話。」

「不會吧，康納。我之前從來沒有做過這樣的事情，我也不知道該說些什麼。」

「要是在埋葬那個人之前不說點什麼話，這似乎不是很體面的。在這些人當中，你是唯一一個有文化的人，你最能充當牧師那樣的角色。你也知道的，那位死去的人與他們都一起生活了很久，可以說是他們的兄弟。他們希望在他死後能夠給他一個相對體面的葬禮。他們之前已經談論過這件事了，他們選擇了你。」

他們用毛毯將那位死者的屍體包裹起來，然後用繩子拴好。那些探勘者紛紛用鏟子在沙地上挖出了一個墳墓。他們所做的這些行動都是符合一般的下葬儀式的。此時，他們都無助地站立著，等待著。胡佛的雙眼突然泛起了淚花。他用果斷的聲音說：「我想現在輪到我了。」

他站在墳墓前面，身邊圍著與死者一起生活多年的探勘者。胡佛在發表悼詞的時候付出了很多努力，故意在每句話中間停頓。他談到了上帝會寬恕死者犯下的所有罪惡，會安撫所有人的悲傷，因為所有人的命運都掌握在上帝的手中，因此一切都會好起來的。很多探勘者都跟著胡佛鞠躬，一起向主祈禱，接著他們就安靜地用鏟子將泥土鏟到墳墓裡面，最後用鏟子將上面的泥土撫平，並且還用棍子做了一個突出的墓碑。每一位探勘者都前來與胡佛握手。之後，胡佛與康納騎馬離開了。

胡佛手上緊握著寬沿帽，騎在馬背上。但是，對於那位死者的記憶卻始終縈繞在他的腦海。那位死者就這樣被毛毯包裹起來，埋在這片荒涼的沙地裡。這段記憶在很長的時間裡都在他的腦海裡縈繞著。他用最為柔和

的筆調給那位在肯塔基州的女生寫信，努力將這段記憶趕走。但是，這段記憶卻一直在他的腦海裡揮之不去。此時的胡佛才只有二十二歲，每一天，他都要面臨著死亡的威脅。在那個時候，他就已經知道如何睜大雙眼地面對死亡。每一次的考驗都讓他的青春遭受了考驗，讓他漸漸找到了一個男人所應該具有的男人氣概。

在面對危險的時候，他絕對不會沉浸在過分興奮的狀態。他的天性是平衡且節制的，絕對不會選擇用酒精來麻醉自己。他之所以熱愛生命，並不單純是為了陽光、食物以及活動等自由，更在於他內心深處的一種美國宗教所激發出來的道德責任感。在他看來，生命的價值並不在於享受，而在於有所成就。這樣的成就並不是情感或是精神層面上的價值，而是完成了實實在在的工作。他不願意去面對死亡，但卻可以勇敢地死亡，因為面對死亡是他每一天工作的內容，而工作本身就代表著生命。

「你們最好要小心響尾蛇的出沒。」一天晚上，胡佛在晚飯桌上對一群匆忙吃著墨西哥食品的美國礦工說，「我今天就在豎井裡踩到了一條響尾蛇。」

這群礦工立即表示希望胡佛能夠講述事情的經過。「這是今天在我沿著樓梯往下走準備去檢查那個古老的豎井時發生的事。你們都知道，那些搖搖晃晃的樓梯會將你們帶到一片漆黑的世界。當時，我正要往下走，首先感覺雙腳踩在了結實的階梯上，突然之間，我在黑暗中踩到了一個柔軟的東西。這是一條蜷縮在階梯上很大的響尾蛇。那個煤礦最近都沒有開工，估計裡面有很多響尾蛇。」

「那你當時怎麼做呢？」

「那你還能認為我怎麼做呢？我就像長了四十二雙翅膀的特技演員那樣爬出了豎井，當我出來的時候，臉色蒼白的要比磨粉機磨出來的麵粉還

151

要白。在我爬上樓梯的過程中，這條響尾蛇咬了我三次，但幸運的是，我穿著厚厚的燈芯絨衣服，因此這條蛇的毒牙沒有割破我的皮膚。」

「就這樣嗎？」

「就這樣。下次，在我下去豎井之前，首先要點燃一根蠟燭放下去。那條響尾蛇應該還在那裡的。因此，我準備帶上左輪手槍，以防萬一。」

「帶著手槍下到豎井下面嗎？」

「肯定的，到時候那條響尾蛇肯定已經死了。」

「你這個傻瓜！難道你不知道那條響尾蛇的同伴也會在那裡出沒，正等著你嗎？」

「我的天啊，我還從沒有想到這點呢。」胡佛之所以沒有這樣說，是因為他覺得自己下次下到豎井裡也會安全出來的。畢竟，他的工作要求他堅持下去這些煤礦了解情況。

他的工作就要對他實地考察過的煤礦做出報告。他之前曾在林葛蘭教授手下擔任助手，他所做的報告要接受那些經驗更加豐富的專家的檢驗。此時，他只能一個人承擔所有的責任，他的報告會牽涉到許多財富以及所有圍繞著金錢而展開的人事鬥爭。這不僅牽涉到他的個人專業素養問題，而且他是否具有良好判斷力以及誠實的品格都要受到考驗。胡佛身上所承擔的壓力不僅僅局限在他事無鉅細地完成了那些報告，他必須還要面對許多反對者提出的反對聲音，而很多的反對者都是比他經驗豐富的專家。在他完成了關於綠山礦場的土地已經鹽化之後的報告之後，他每一天都感到焦慮不安。很多資深的專家不同意他報告裡的觀點。就連胡佛也開始對自己報告裡的觀點感到懷疑了。他知道自己現在還年輕，他知道那些經驗更加豐富的專家有時也是會犯錯的。但在綠山礦場的問題上，他知道自己在報告裡得出來的結論是正確的，因此他必須要堅持這樣的結論。即便當舊

金山的盎格魯加州銀行特地派專家過來考察礦場，獨立做出報告的時候，他依然堅持自己的觀點。但是，他對自我的懷疑依然像夢魘那樣纏繞著他。在炎熱的夏日，這讓他徹夜難眠。當新來的專家在考察之後發表的觀點證實了他的想法之後，他心頭上的大石終於放下來了，之前一直束縛著他的繩索似乎也被掙開了。他的能力得到了拓展，感覺自己是一個比之前更加老成與更有能力的人了。他用驚訝地發現，自己要比幾個月前更加成熟了。他與當初那個在地道裡與湯米·內尼斯拉動礦石車的那個自己已經漸行漸遠了。他為自己取得的成績感到驚訝，發覺自己實現了長足的個人進步。

　　一天晚上，他躺在沒有窗簾沒有地板的房間裡無法入睡，樓下的酒吧不時傳來人群爆發出來的叫喊聲。此時已經是深夜時分了，但他依然無法入睡。他必須要做出一個決定。這天，他收到了林葛蘭教授寄來的一封信，告知他現在可以前往美國地理研究院工作。與此同時，賈寧已經委派他前往新墨西哥州擔任那裡的常駐工程師，其實就是名義上的助理主管。他站在了人生的十字路口上，不得不為自己的未來做出選擇。是選擇地理還是礦產呢？

　　他在心底裡希望成為一名地理學家。布蘭納教授的教導以及他的科學思維都讓他傾向於將科學研究當成自己的事業。科學──代表著一種對知識無私的熱情與追求，這是人類與其他低等動物區別開來的重要原因。科學研究能夠慢慢地為人類累積寶貴的知識財富。他可以在科學領域內做出一定的貢獻，這點他是知道的。另一方面，礦產行業──則需要將現有的科學知識運用到實際的工作當中，從地底將金屬與煤礦挖掘出來，為人類的文明發展奠定基礎：鋼鐵能夠建造出高樓大廈，建造鐵路，讓世人享受到機械所帶來的便利。煤礦更是影響到一個國家是繁榮還是衰落。黃

## 第四章

金則是國際商業貿易的生命線。

這是一個物質的時代，也是一個務實的時代。他是父親那一輩先驅者
們的後代，因此他們希望追求那些能夠獲得即時回報的事業與工作。當
然，這裡還涉及到一個現實的問題：如果他真的當了地理學家，他能夠養
活自己嗎？他能夠賺到足夠的錢來養活自己的妻子與家庭，讓他們免於貧
窮或是半貧窮所帶來的恐懼嗎？這個世界並沒有給予科學家太多的獎賞，
很多科學家甚至都無法養活自己。但是，他卻想要成為一名科學家。

如果他現在放棄礦業這個行業，前往薩利納斯山脈進行研究工作，那
麼他必須要面對日後有一天不得不重新回到礦業行業，以便更好的生活。
到那個時候，他肯定是一個年紀已經不小的人了。當其他人都在不斷前進
的時候，他卻只能原地踏步。那些人肯定知道他曾經身為年輕的礦業工程
師有著美好的未來，但後來卻選擇了放棄。他在賈寧的手下工作，重新激
發了他對自身能力的懷疑態度。他並不是非常確信自己能夠圓滿地完成這
些工作。要是現在選擇離開的話，就意味著他在沒有真正接受一場戰役之
前就選擇打退堂鼓。他將永遠都不知道自己是否真的能夠贏得這場戰役的
勝利。而關於這個問題的答案，他很難跟其他從事相同行業的人溝通，他
也不是那麼容易就可以回答的。

在內心深處，他將這兩個衝突的問題的利弊都列舉出來了。在每個
表格的下面，他都加上了這樣的數字：到美國地理研究院工作的年薪是
1,200 美元，而在賈寧這裡工作，一年的薪水是 2,000 美元。不過，在他看
來，這點薪水的差別是微不足道的。這一切都要歸結為一個核心的問題，
他選擇礦產行業能夠取得更大的成功，還是身為地理學家能夠取得更大的
成功呢？

這個決定實在太重要了，他決定尋求建議。他坐在窗戶下面，背對不

去看一片漆黑的平原上空的繁星。他點燃了蠟燭，坐下來寫信給布蘭納教授。布蘭納教授是他在史丹佛大學認識的好友，始終都關心著他的事業發展。

兩週之後，他收到了回信。他騎馬來到鎮上，站在擁擠的郵局前面收到了信。他在人行道的一邊拆開了信封，然後迅速閱讀了布蘭納教授寫來的三頁信件。布蘭納教授在信件裡與他就這個問題進行了詳細的分析。他在打字機列印的信紙上看到了自己在礦產行業所能取得的輝煌成功，而至於身為地理學家，他日後可能只是在一個較小的圈子裡贏得一定的榮譽。布蘭納教授與喬丹校長都認真地閱讀了他的信件，並且表示希望他能夠繼續從事礦產行業。他們對這個世界的了解更加深刻，也知道他的品格與能力。這封信最後回答了他的問題。

他將信件折疊起來，放入口袋裡。「就留在你現在的職位上。」這就是他的好朋友布蘭納教授給他的建議。布蘭納教授一輩子都將精力專注在科學的研究之上，他熱愛科學，知道身為科學家會過著怎樣的人生。「要是你日後還要養家糊口的話，做一名科學家是要冒著相當大的風險。」

「更大的利益……就像一臺大型機器那樣運轉。推廣……需要僱傭一些專業的經濟人士，這可能會讓他在礦產工程方面獲得一個不錯的職位。」這意味著成功、權力、財富。有時，這意味著他能夠擁有一個安穩的未來，可以騰出更多的時間去做自己感興趣的事情。當然，前提是要在這個行業裡取得成功。

房東在大街的兩邊敲響了吃晚飯的鈴聲。一些身材瘦削、手指腫脹的賭徒、脖子上纏著圍巾的牛仔、一兩個滿臉灰塵的工程師走過了炎熱的街道，來到了一樓餐廳的腰門，進去吃飯了。一位衣衫襤褸的墨西哥礦工在郵局外棉蜷縮著身體，接著就前去最近的一間酒吧，他的雙腳揚起了一陣

白色的灰塵。在這條不長的街道的盡頭是一大片不毛之地，那裡的土地每天都忍受著太陽的炙烤，無法種植任何農作物，有的只是埋藏在下面的煤礦。不，他所從事的工作不僅僅是如此的。礦產行業不僅是推動現代文明進步的基礎，其本身也是這臺大型機器的一部分。很多礦場都與巴特的阿納康達、加州的奧奈達、金伯利鑽石礦、非洲的蘭特與皇冠礁礦場以及其他著名的大型礦場連繫起來。這些礦場生產出金、銅、煤炭等產品，讓這臺機器所產生出來的產品覆蓋整個世界。

他也是這臺機器的一部分，也是人類生命以及物質財富這一龐大組織的一部分。成千上萬的墨西哥人、非洲人、亞洲人、礦工、工程師、推廣者、銀行家、實驗室、煉鋼廠、鐵路、船隻以及從地底下挖出來的未經冶煉的黃金，以及國際貿易的信用、股票市場、法律、歐洲各國的經濟博弈的根本原因，都與這臺機器的運轉分不開的。身為一個剛滿二十二歲的年輕人，當他滿身灰塵地站在新墨西哥州一座礦場小鎮的狹窄街道上，他已經知道自己參與到了這場遊戲當中。他才是剛入門的人，在這個龐大的行業裡沒有人注意到他的存在。但是，投入到這場遊戲當中是有回報的，他必須要取得這場遊戲的勝利！

「那些為老闆利益著想的員工才有機會迅速獲得提拔，而那些只顧著自己的員工則很難有所作為。」胡佛的心智再也不會因為是要從事地理學或是礦產方面的工作而出現分心的情況了。他現在已經決定要從事礦產行業了。從事礦產管理、礦產生產、礦產統合、挖掘出金礦、鐵礦以及製造鋼鐵，這些都是他工作的一部分。終有一天，他會成為這臺龐大機器的核心零件。

他下意識地將雙手插入口袋裡，緊繃的身體微微向前傾。此時，他放鬆了身體，咧嘴笑著，還想起金博爾當時半開玩笑時說的一句話：「真正

阻礙我們這些年輕人前進的並不是什麼困難，而是我們沒有足夠長的鬍子。」

　　這年冬天，胡佛回到了舊金山。此時的他晒得一臉黝黑，但他臉上的笑容卻是那麼的自信，因為他在這一年的夏天已經取得了不俗的成績。路易士‧賈寧在接見他的時候給予了他高度的讚揚。在倫敦的比威克與莫林這間大公司要求賈寧推薦一位年輕的美國礦產工程師派去澳洲，年薪是960英鎊，大約為一年5,000美元的薪水。胡佛想要這份工作嗎？

　　他的自信心在心底慢慢地消融，感覺只是憑藉堅定的決心在支撐著自己。對他來說，這份工作實在是太艱巨了，他對此是有自知之明的。他知道，以自己現在的知識儲備、能力以及經驗來說，是很難將一份年薪5,000美元的工作做好的。但是，他又十分渴望這次機會，因為這份工作的薪水對他來說簡直就是一筆巨大的財富。

　　「賈寧先生，你認為我可以勝任這個工作嗎？」

　　「只有當你嘗試了之後，才能知道自己是否可以勝任。我願意推薦你去做這份工作。比威克與莫林公司想要找的這個人是他們目前所無法找到的，因為他們要求此人不能超過三十歲，而且還要求此人擁有一個七十五歲的老年人所具有的經驗。因為一個超過三十歲的人是無法忍受澳洲那邊的氣候以及生活狀況的。與此同時，要想解決那邊存在的諸多問題，又需要此人擁有像一個七十五歲的老人那樣的豐富經驗。」賈寧咯咯地笑著說，「你好好考慮一下吧，考慮完了之後告訴我一聲。」

　　胡佛對此進行了認真的思考。在那個時候，澳洲的礦產業正在走下坡。之前在澳洲投資的許多英國公司都希望派一些美國人過去幫助他們度過目前的困境，解決好礦場重組以及管理等方面的問題，以求重新恢復往日的效益。對胡佛來說，如果他能夠在那邊做好的話，這將是一次非常好

# 第四章

的機會。要知道，這份工作的年薪是 5,000 美元。對他來說，這份工作實在是太繁重了。但是，如果賈寧先生願意推薦他去的話，而他在沒有嘗試之前就選擇退縮的話，那麼他又會感覺自己是一個懦夫。至少，他要嘗試一番。

賈寧推薦他的信件送到了倫敦。在等待期間，胡佛每天都能感覺到心靈忍受著煎熬。他前往懷俄明州與內華達州找到賈寧，完成一些瑣碎的工作。他與一些史丹佛大學的畢業生會面，其中包括 G.B. 威爾遜、金博爾、米切爾、福爾森、萊斯特·欣斯代爾以及山姆·柯林斯等人，與他們交流工作會面的經驗。他們在柏克萊一間小房子裡度過了一個愉快的耶誕節，他的表弟哈利埃特以及妹妹梅此時正在這裡幫他打理這個家以及照顧希歐多爾。房子裡擺放著一棵裝飾之後的聖誕樹，他們一起吃了一頓豐盛的晚餐，在壁爐旁邊聊天。他與山姆·柯林斯吃了一些爆米花，然後說了一些在礦場那裡的見聞，引得表弟與妹妹們哈哈大笑。即便他表現的非常開心，但內心還是感到不安，關於澳洲這次工作能否得到肯定的念頭始終讓他既感到興奮，又感到不安。

突然，倫敦那邊發來了電報，談論這項工作的要求以及出發日期。在那個星期裡，胡佛每天都待在賈寧的辦公室裡，等待著電話聲的響起。最後，這件事終於成功了。倫敦那邊提前支付 500 美元給他作為開銷，比威克與莫林公司之後每個月將 400 美元存到他在盎格魯加州銀行的指定帳戶裡。他要借道倫敦，然後前往澳洲。

對胡佛來說，這簡直就像童話故事那樣難以置信。紐約！倫敦！義大利！地中海！蘇伊士運河！錫蘭（今斯里蘭卡）！澳洲！年薪 5,000 美元！他平常沉穩的心態此時都變得激動。他衝進了在柏克萊的小房子裡，大聲喊叫著，揮動著倫敦那邊發過來的確認電報。「塔德！女孩們！這件

事定了！我要出發環遊世界了！」大家都尖叫著圍在他身邊，有些人眼睛含著淚水，有些人大笑起來。他們在客廳的桌子旁邊跳動著。那天晚上，他們煮了一頓最豐盛的晚餐，房子的每一盞燈都點亮了，桌子上擺放著鮮花，每個人都在打斷著其他人的話語。

「你必須要去買幾套新衣服。」

「你還要買一個旅行袋，幾雙鞋子。聽說有一個地方正在大減價。」

「想像一下當你看到威斯特敏特大教堂的情景吧！哦，胡佛，你想過……」

「你還可以看到阿爾卑斯山脈，還有地中海！」

「你將有機會與許多大人物見面……」

一想到這份工作的艱巨性，就讓胡佛在他們興奮的談話間隙中感到壓力。「你們要知道，我並不一定能把這份工作做好的。」

「你肯定能做好的！你當然能夠將這份做好的。」

第二天以及第三天，胡佛認真地與希歐多爾、G.B. 威爾遜以及萊斯特·欣斯代爾商量。他應該買什麼衣服？胡佛到了倫敦之後應該穿什麼樣的衣服？

「你必須要買一件雙排扣長禮服以及一頂大禮帽。」他們最後說，「你還要買一套商務套裝，也許你需要兩件這樣的套裝。」

「你還需要買一件花呢服裝，就是有圓角上衣的那種，那肯定很適合你。」萊斯特·欣斯代爾建議說，「老同學，你必須要請一位裁縫幫你訂製這樣的衣服。這樣的衣服肯定會貴些的。但是，你給那些人留下的第一印象要更為重要的。」

他們與胡佛一起去了裁縫店，幫助他選擇布料。胡佛訂製的套裝每一套要花費 55 美元，這不是一筆小錢，但這應該視為一種商業投資。「胡

# 第四章

佛，還有一件重要的事情：你應該從現在開始蓄鬍子，也許還要開始蓄絡腮鬍了，這會讓你顯得更老與更有氣勢一些。」

「我已經想到這點了，就決定這樣做。」胡佛回答說。

胡佛將萊斯特·欣斯代爾拉到一邊，然後與他談起他在工作上面的問題。胡佛表示，他在銀行的帳戶裡每個月都會得到 400 美元的收入，他之前已經承諾要幫助三個人讀完大學。當然，肯定會有一些家境條件不是很好的學生需要這樣的說明。欣斯代爾當時在斯坦頓大學讀大四，是學生會的出納員，因此能夠與史丹佛大學的一些男女學生有所接觸，必然能夠很好地幫助那些學生。欣斯代爾是否願意幫助他好好地使用這筆錢呢？

「我只想幫助那些有上進心的男女，這點你是知道的。我是不會幫助那些認為世界欠他們一個美好生活的人的。不過，還有很多年輕人現在沒有足夠的金錢，因此無法跨越他們面臨的困難局面。事實上，只要給他們一筆貸款，等他們以後有足夠的經濟能力之後，自然可以還清。我每個月將會給你一筆錢用於幫助這些學生。要是你能幫我這個忙的話，我將非常感謝。」

「胡佛，我很願意幫忙。」

於是，胡佛將欣斯代爾指定為自己帳戶的使用者。沒過多久，胡佛訂製的套裝送來了，他穿在身上，一些女生都用讚許的目光看著他。最後，胡佛將這些衣服都打包起來。在臨行前，他與賈寧進行了最後一次談話，最後去了一趟史丹佛大學。在四月的一個晚上，當燈光在彌漫著大霧的海岸線上亮起來的時候，他最後一次穿過了舊金山灣，在第十六街的奧克蘭火車站與塔德、妹妹以及欣斯代爾等人道別，開始了一段漫長的旅程。

一千里，一千里，又一千里的路程，火車飛快地駛過美國這片廣袤的土地。他再次看到了雄偉的洛磯山脈，穿越了科羅拉多州與達科他州的茫

茫荒漠，經過了密西西比河流域的肥沃平原，喚起了他童年時候的記憶。他看到匹茲堡這座城市的煙囪在不停地冒煙，看到了許多鋼鐵廠與工廠，經過了許多條顏色渾濁的河流以及滿目瘡痍的礦山。四月分的亞利加尼山脈滿眼綠色，雪山上的山茱萸依然在綻放。火車就是在不斷的轟鳴聲中來到了紐約！

　　紐約！這座由石頭與鋼筋建立起來的城市！這一座看似冰冷與充滿活力的城市，這裡的車流與人流每天都川流不息。這是美國的全新心臟，許多人的能量與精力在兜兜轉轉之後都在這座城市裡匯聚起來，共同創造一個屬於美國的商業世界。這裡有華爾街、JP摩根大通，許多摩天大廈都在這座城市拔地而起。這座城市的空氣裡彌漫著某種讓人熱血沸騰的東西，激發起了當時只有二十三歲的胡佛內心的熱情與夢想。

　　此時，代表著過去世界中心的歐洲已經開始向美國這座年輕的國家尋求幫助了。英國雖然有著輝煌的歷史以及長達數世紀的驕傲，有著著名的常春藤大學，但卻無法培養出來足夠多有能力的人才，讓這個國家在漫長的商業鬥爭中無法持續保持競爭力。現在，世界需要的是美國人的幹勁、美國人的想像力、主觀能動性與美國人的統籌能力。英國需要他前去澳洲說明他們解決那裡的礦場問題。這就是比威克與莫林公司會找到他這位年輕人給予幫助的原因。英國，你放心吧，年輕的美國人就要到來了！年輕的美國人必將會站在這個商業世界的頂峰之上！終有一天，世界的礦場行業、世界的商業中心都將會被紐約這座城市所主宰。世界的中心將會向大西洋西岸這邊轉移。

　　胡佛感覺到自己參與了這場偉大的遊戲，只不過他還不是這個遊戲重要的玩家。他彷彿從建造起紐約這座城市的那些安靜的石牆、沉重的石柱以及著名銀行大廈的鋼門上聽到了商業競爭所發出來的聲音。此時的他在

## 第四章

紐約還是默默無聞的人，根本不會有人將他當成是什麼重要的人物。他只是組成這臺龐大機器成千上萬個齒輪中的一個而已，而且他依然帶著懷疑以及恐懼的心理去面對這份對他來說有點太大的工作。他暗暗地激勵自己要去勇敢地面對，心想既然自己穿著由裁縫訂製的 55 美元的衣服，慢慢地蓄著鬍子與絡腮鬍子，那麼他就一定能將這份工作做好的。

巨型的定期客輪駛出了紐約港口，經過了自由女神。胡佛看到自由女神高舉著火炬，在海岸線上顯得越來越小。客輪在灰色的大海上前進，沿著廣袤的大西洋前進。胡佛在搖晃的客艙裡度過了七天七夜的暈船症狀。最後，他終於可以看到仍然籠罩在霧氣當中的利物浦港口。下船之後，他上了一列很小的火車，火車上的座位分為一等座、二等座與三等座，出發前往倫敦。

倫敦是一座古老的城市，整座城市的天空灰濛濛的，這也是一座讓胡佛感到困惑不解的城市，整座城市很大，卻又顯得非常雜亂無章。在那些冷漠的富人的腳步聲下，是一大群過著貧苦生活的人在街角裡簇擁。這裡的人說話的口音十分奇怪，他們的風俗也讓他胡佛感到不解。在辦公室裡工作的人都顯得非常休閒，都非常喜歡懷舊。這裡的人喜歡喝下午茶，而裝飾典雅的俱樂部會所一般都是用木板作為嵌板裝飾的。胡佛沉默不語，安靜地觀察地觀察這一切。這裡陌生的環境讓他感到惱怒，產生了自我懷疑的心理。他給莫林先生留下了不錯的第一印象，因此他要過的第一關已經結束了。他感覺自己穿的那一套全新的西裝沒有產生多大的作用，因此他之後再也沒有穿那件有圓角上衣的外套。不過，他蓄的鬍子顯然是幫了他一些忙。蓄了鬍子的他看上去大約有二十八九歲左右。在這裡的人看來，年齡是很重要的一個考量因素。在胡佛看來，過去就像一個鎖鏈一樣束縛著英國人前進的腳步。只有年輕人才具有征服世界的精神。只有那些

勇於闖蕩以及無所畏懼的年輕人才能引領未來的道路。美國人必然要引領世界前進的腳步。

他懷著輕鬆的心情開始了這趟旅程的最後一段航程，這段航程將近覆蓋了地球四分之三的地方。在豪華的 P&O 客輪上，乘務員對他說，在下午六點之後，只有在他穿著晚宴服才能夠進入到酒吧裡用餐。胡佛並沒有什麼晚宴服，他向乘務員解釋說自己是一位美國人，可以想穿什麼衣服就穿什麼，可以在他感到餓的時候就去吃東西。最後，這位乘務員妥協了。胡佛就穿著藍色的嗶嘰衣服很不自在地吃飯。但他已經下定決心一有機會就購買一套這樣的衣服。他已經來到了一個全新的世界了。

他離家鄉已經越來越遠了。他經過了直布羅陀海峽、布林迪西、義大利的海角，經過了地中海，看到這裡的海水與舊金山海灣的海水一樣清澈。他經過了埃及的塞得港與蘇伊士運河，他之前在太平洋學院裡學習地理的時候就在地圖上知道這兩個地方的位置。他經過了錫蘭（即現在的斯里蘭卡）的可倫坡，來到了世界的盡頭。在繞過了「世界的盡頭」之後，客輪繼續向前航行了數千海里。最後，他看到了澳洲這片最古老大陸的海岸線。這片大陸的歷史實在是太悠久了，歲月已經將高山變成了河流。

鄰近港口的時候，一座懸橋架起來了，胡佛走下懸橋來到了一座白色的小鎮阿爾巴尼。當時的鐵路還沒有修到庫爾加迪。火車最多只能將他帶到南十字星車站，他會在那裡與一個團隊會合。阿爾巴尼周圍的農場在他身後漸漸消失。透過車窗，他看到了沙漠上揚起的一大片灰塵。這是一片被世人拋棄的荒涼之地，在六月的冬天有時還會結冰。但是，人類為了找尋黃金，前來這裡忍受著各種痛苦與死亡。

一輛英國式馬車在南十字星車站等著他們，還有一個名為「獨角獸」的團隊 —— 兩匹馬並排走著，而第三匹馬則走在最前面。道路上留下了

# 第四章

三個深深的車轍，地面就像鋼鐵那麼硬。只有中間的那條路還平順一些，在駱駝的駝峰上放著軟墊。道路的一旁則有六英尺高的澳洲圍籬樹叢，很多黑色的灌木叢都在在冰冷的狂風中簇擁起來。這裡距離庫爾加迪有二十裡路，這裡吹的冷風就像極地一樣寒冷。他乘坐馬車來到了一座擁有波狀鋼鐵做成的棚屋以及一間用錫鐵銀麻布袋做成房子的小城。

在美國的話，重要的商業機構都是用大理石砌成的，但在這裡，他們只是用從普吉特海灣運送過來的名貴木材建造這樣的房子。比威克與莫林公司在倫敦的辦公室以及在西澳洲公司的辦公室都是用木材做成的，位於主幹道附近。在一個冒出火光的爐子裡，他靜靜地聆聽著經理的話。回到房子裡之後，他感到一陣放鬆，瀏覽了一下桌面上的報告，隱約感覺到他面對的是一個爛攤子。接著，他們駕駛著馬車將他送到他所居住的房子。

這是一間低矮的大平房，有一個寬敞的陽臺面向一望無際的沙漠。這間倫敦公司當年利用年輕的英國人想要過來這邊殖民的願望，準備在漢普頓實施殖民計畫。這塊土地在荒廢之後就變成了沙漠，只剩下這幾間房子。這也算是比威克與莫林公司為常駐經理提供的一個額外補貼。廚師與男僕也一起過來，一些華麗的傢俱以及地毯透過輪船從倫敦那邊運過來。

他就在這裡住下來了。在接下來的幾週時間裡，他每天都要處理這份全新工作帶來的許多瑣碎事務，每天早上還要為那位英國男僕前來問候而感到尷尬。顯然，當胡佛到了伯斯之後就要購買一套大禮服。他必須要想盡辦法來保持自己的氣勢。他可以很方便地清洗自己的衣服，擦亮自己的皮鞋，或是洗澡，將他的專注力從工作上的問題轉移出來。但是，那位男僕臉上的表情卻讓他感到不安。這位男僕似乎認為這位剛剛過來的美國經理非常年輕。

每天心想著要隱藏自己的真實年齡，這件事讓他非常煩惱。相比於他

每天要處理的許多重要事情相比，這些細小的事情雖然不是很重要，但就像鞋子裡的砂礫一樣讓他感到非常不自在。作為倫敦派過來的常駐經理，他是兩位美國礦產專家的上司，這兩個人都是哥倫比亞大學的畢業生，胡佛很希望與他們成為朋友。但是，他又不能與這兩人談論大學的生活，因為這樣做很容易暴露他的年齡。他只能謹慎地與他們交談，小心翼翼地不說出自己就是史丹佛大學第一年的畢業生，並且他只比這兩人早兩年獲得地理學的學士學位證書。在礦場考察人員、金屬分析專家或是員工面前，他必須要一種高傲的姿態，小心地守護著他只有二十三歲這個祕密。每一天，他都為自己的鬍子越來越長而心存感激，因為這能夠將他嘴角露出來的稚嫩氣息掩蓋起來。在這樣一個到處都有年齡比他大的礦業工程師的地方，他必須要努力保持自己的權威，不然的話很多之前失業的工程師都有足夠的能力搶走他的飯碗。有超過一百名礦業工程師對他現在的這個職位虎視眈眈。在某個時刻，當他遇到了難以解決的困難時，也未免會感到無比沮喪，想過要放棄。但是，不能讓自己成為失敗者的念頭一次次地激勵著他前進。

他必須要處理一大堆複雜的事務。這裡的礦業在經過繁榮之後陷入了萎縮，而很多倫敦公司都急忙過來購買這些礦場，很多礦場都是之前沒有開採過的或是礦場的設備非常落後。英國的公司在西澳洲的礦業計畫裡已經投入了超過一億兩千萬美元。在這筆鉅款當中，有 500 萬美元落入了推廣者的口袋。剩下的 500 萬美元原本要作為運營資金，卻在這樣一個合法採礦幾乎被禁止的國家裡被揮霍掉了。現在，比威克與莫林公司正在接收這裡的礦場，作為實際的開發者。庫爾加迪辦公室的常駐經理需要讓他管理下的礦場開採出更多真正的礦石。

礦場需要的木材成本是每縱長英尺木材為 1.75 美元。冶煉加工所需要

的水源在西澳洲的沙漠是無法找到的。很多時候，即便你挖一個深達六百英尺的井，下面都是乾的。而即便是用金剛石鑽孔來挖掘一千英尺深的井，也會發現泵浦無法抽上來更多的水。在這裡，每一千加侖的鹽水的售價為 6.25 美元，而淨化鹽水的成本則要升到每一千加侖 10 美元。即便是用沒有淨化前的鹽水冶煉，每噸礦石的成本也至少要增加 2 美元。而在此時，英國那邊的則不斷要求盡快獲得投資的回報。

胡佛每天都想盡辦法，希望能夠透過增加礦場的生產量，從而解決過多投資以及巨額運營費用所帶來的壓力。作為初來乍到的經理，他發現了另一個讓他的美國式個人主義感到無比震驚的事實。澳洲政府掌控著這個國家所有鐵路與礦產所有權。因此，在這個國家裡，要想確保礦產這樣的不動產能夠得到永久的開採，這是不可能的。因為澳洲政府只給予了開採的公司二十年的租期來開採，一旦租期到了，那麼這些礦場就要收歸國有。因為從事礦業生產的礦工在澳洲的總人口占得比例較小，因此政府更多會傾向於支持那些在沿海地帶進行農業生產的農民，自然而然就會對礦場增收更多的稅收。礦工與農民在政府的事務裡形成了兩個對立的派系。礦工組成的派系希望能夠修建一條通向金礦的鐵路，將挖掘出來的金礦運送到港口的提議卻遭到伯斯那一帶的農民的反對，最終專案流產，因為這些農民不想形成一個與他們出現競爭的沿海城鎮。比威克與莫林企業在向賈寧表示，希望能夠找到一個具有七十五年經驗的人過來西澳洲來處理這些業務，這是完全正確的。

但是，只有像胡佛這樣二十三歲身強體健的年輕人才能忍受澳洲七八月寒冷的冬天。在這段時間，猛烈的風暴似乎從天空直接降下來，吹襲著平坦的沙漠地帶，而冰冷的雨水一旦降落之後就會結冰，與鹼性的土地結合起來形成一些鹽水湖。他們所在的木製辦公室在暴風雨的吹襲下都在顫

動，而庫爾加迪那邊的鐵製屋頂也會發出陣陣轟鳴。此時，從戈壁沙漠那邊運送過來的駱駝因為剛剛從炎熱的地帶來到這裡，也會因為突然遭遇這麼寒冷的天氣而感到身上的皮毛不足。赫伯特‧胡佛在第一次外出巡視的時候，看到了馬夫正在駱駝的後背蓋上許多毛毯。

在這趟考察旅程，胡佛巡視了十四個礦場，否決了其中的十個礦場。英國那邊的公司以及歐洲大陸的財富就取決於他現在所做出的決定。之前，英國的公司已經投入了數百萬美元。但是，胡佛在經過認真的計算之後，得出了一個殘酷的結論：這些礦場的開採成本實在太高了，而這些礦場開挖的煤礦無法支付這麼高昂的成本。

「我奉命過來是要解決存在的嚴重問題。」他說，「現在唯一的方法就是立即放棄所有缺乏競爭力的煤礦。」倫敦那邊總公司透過電報同意了他的決定。

他回到了庫爾加迪，透過電報發送報告。接著，他開始徹底重組辦公室行政管理以及礦場，從各個方面削減運營成本，廢除一些無關緊要的項目，解僱一些隻拿薪水不出力的礦工，招募了一些勤苦耐勞的礦工。每當他能夠騰出時間的時候，就會立即發電報給史丹佛大學，希望那邊可以派一些合適的人過來幫忙。當然，胡佛在重組過程中得罪了不少人，但他必須要將這樣的情況視為自身每天工作的一部分。他必須要這樣做，而且要努力將這份工作做好。一旦他完成這樣的工作，他就能迅速扭轉這些礦場的經營狀況，才有可能為自己日後的發展創造更好的條件。與此同時，他每天都埋頭於工作，經常要工作到深夜，制定各種管理計畫，撰寫各種評估計畫，寫信給家裡或是史丹佛大學的相關人員。

九月的澳洲迎來了春天。沙漠突然之間變得青綠起來。上千種叫不出名字的花朵綻放出來了，一些花朵是紅色的，一些是金黃色的，一些是藍

色的，一些是紫色的，這些花朵都在澳洲圍籬樹中間突然綻放，就像它們一開始突然消失了一樣迅速。沒過多久，夏天就要到來了，到時候整個沙漠都將看到不到一朵花或是一點青綠色。在這裡，夏天的每一寸陽光都像經過取火鏡聚焦之後才灑下來的。這一片平坦的黑色土地經常會刮起沙塵暴，出現一些比如湖水就在遠處的海市蜃樓幻覺。

　　一天深夜，胡佛獨自一個人坐在客廳裡，寫信給自己的朋友。他用簡單卻充滿事實根據的話語來寫，字裡行間表達了他對這片奇怪而不友好的土地的看法。夏天，這裡的溫度可以高達華氏一百一十度，不過這裡因為十分乾燥，因此這裡的熱浪並不如想像中那麼厲害。這裡隨時都可能出現一場猛烈的沙塵暴。飲用水的價格將會再次攀升。當然，沙漠裡沒有一點綠色植物，每個雞蛋的價格飆漲到了 12 美分。這片平坦的土地根本沒有任何排水系統，因此這裡的飲用水是不衛生的。在庫爾加迪的醫院裡，有四百多人因為傷寒而住院。不過，胡佛的身體倒是沒有出現什麼問題。現在，他的辦公室擺設的井井有條。他已經成為了初級合夥人，負責西澳洲所有礦場的管理業務，他的薪水也得到了大幅度的提升。

　　他將最後一封寫好的信件封好，然後靠在椅子上，雙手插在口袋裡，然後看著這棟平房乾淨的客廳。發亮的硬木地板反射著從窗簾投射進來的光芒。這裡有地毯、沉重而舒適的傢俱，鋼琴擺放在一側，這裡所有的一切就像家一樣。他將窗簾拉上，將平坦的黑色沙漠南邊上空的星星都擋在外面。在安靜的大地上，有時可以聽到澳洲野狗在晚上的咆哮，而他也可以在夢鄉中回到那個上帝所主宰的國家。

　　他站起身，低著頭，在屋內走來走去，認真地思考著。他思考著這裡的辦公情況，這裡的人，每個人的個性以及自我利益之間的相互衝突。他想到了當前礦場配備的設備實在太落後了，而這裡的供水系統也存在著嚴

重的問題。他的思緒不斷發散，漸漸讓他感覺到自己在這個國家所感受到的孤獨。他用堅定的意志抵禦著這種孤獨。此時，沉默安靜的房間裡只能聽到他來回踱步發出來的聲響，這種聲音提醒著此時此刻的他是多麼的孤獨。他走到那臺鋼琴旁邊，按下了一個鍵，接著又按下了一個鍵，但鋼琴沒有發出聲響。這些鋼琴的按鍵只是發出了微弱的軋軋聲，就像象牙落在天鵝絨的時候無聲無息。他將鋼琴光滑的紅木箱子的蓋子打開，發現裡面是空的，只剩下表面的木質結構支撐著這臺鋼琴。

「先生，你叫我嗎？」男僕站在門外面問道。

「這臺鋼琴是怎麼回事？你知道嗎？」

「先生，都是那些白蟻搞的鬼。」

「白蟻會將鋼琴吃掉？」

「是的，先生。白蟻會吃掉任何東西。」

胡佛的目光跟隨著男僕的指引，看著牆壁較低的邊角，原來那裡有一堆木屑的痕跡。胡佛用手指輕微地觸碰了一下護壁板，看似結構堅硬的木板似乎就要承受不住了。原來，護壁板就像這臺鋼琴已經被白蟻所吃空了。窗框與大門的內部同樣被白蟻吃空了。

「那有沒有什麼辦法消滅這些白蟻？」

「先生，現在還沒有什麼辦法。這些白蟻都躲在木頭裡面的。我們只能看到牠們吃剩之後留下的碎屑。」

「這真是一個太糟糕的國家了。」

「是的，先生，我之前已經這樣說過了。」

胡佛將雙手插在口袋裡，然後靜靜地站著看著眼前這位男僕。現在，他還不能與這位男僕形成友好的關係。上帝呀，能不能讓我與一個真正的美國人對話呢。

# 第四章

「好了，我要睡覺了，你早點休息吧。哦，對了，我明天要出發去考察。告訴廚師我要出去幾週時間。」

「好的，先生。晚安，先生。」

第二天早上，馬夫就將英國式馬車開到了胡佛的大門外。露營的裝備也準備好了，水桶裡都裝滿了水，腳踏車則掛在馬車後面。之前，就有人警告過他，在沙漠裡出行一定要帶腳踏車，這樣做是防止萬一出現了什麼意外，他就可以不用步行去找尋水源，因為這很可能會讓他在找到水之前就渴死。

他們沿著就像火爐那麼炎熱的沙漠出發前往庫爾加迪。這條路之前很多人都走過。他們一路上看到了滿臉灰塵的煤礦探勘者、騎腳踏車送信的人、還有一大堆驅趕著駱駝行進的商旅隊伍，這些人都在慢慢地穿過炎熱的沙漠，想要回到後方。一些頭戴方巾的伊斯蘭教徒可能是從阿富汗將這些駱駝帶過來的。但在巡視了庫爾加迪的礦場之後，他穿過了一片灌木叢，發現裡面被一片茫茫無際的沙漠所淹沒。

這是一片看似沒有邊際的土地，炎熱的太陽炙烤著大地，在紅色土壤裡生長著黑色的澳洲圍籬樹叢，但是這些樹叢卻沒有留下一點樹蔭。讓人難以忍受的熱浪在炙烤的地面以及晴空萬里的天空中間升騰起來。炎熱的沙塵刺痛著皮膚與咽喉。讓人感到痛苦的是，即便在這樣的情況下，他們都必須要省著點喝水，因為他們還有數百里路要走。在走了數百里的沙漠之後，還有數百里的沙漠要穿越，直到他完全走出西澳洲。這就是一個人必須要為成功所付出的代價。

在中午時分，他們停下來吃東西，喝了點水，潤澤一下乾燥的喉嚨，接著躺在馬車的陰涼處休息。澳洲圍籬樹叢那些還有生命力的葉子都是呈扭曲形狀的，而且顯得非常黑。要是你用手去捏一下的話，這些葉子就像

170

乾燥的茶渣那樣碎掉。一條大約五英尺長的巨型蜥蜴慵懶地在道路上爬行著。對那些前來勘探煤礦的人來說，這種蜥蜴是不能殺的，因為這種蜥蜴會吃掉毒蛇。這裡的蟻丘高的就像塔樓一樣，足足有八英尺高，從一些相互纏繞的樹木中突兀出來。這些蟻丘都是螞蟻用一些細嫩的泥土堆積而成的。

「對此唯一的解釋，就是那些螞蟻吃掉了那些沙子。」胡佛微笑地看著那蟻丘上形成的粗篩孔口足以阻擋那些細小的黑色蒼蠅進入的時候幽默地說，「好吧，讓我們進去蟻丘裡面看看吧。」

他們前進的速度很快。每當他們經過一個中轉站，就要換一匹馬，每天行進七十五里路，比駱駝快三十里。若是他想要前往更遠的地方，就必須要使用駱駝，因為駱駝可以在不喝水、只吃澳洲圍籬樹就可以生存下來。他坐在高高的駝背上，駱駝每次前傾著身體前進，再加上陽光猛烈地炙烤著韁繩，都會讓他遭受一次折磨。在中午的休息營地裡，他知道不要與那些纏著頭巾的阿富汗普什圖人接觸。如果他的陰影落在了這些人的食物上，那麼按照阿富汗人的宗教傳統，他們就不能吃這些食物了。他還知道不要在駱駝的商旅隊裡攜帶諸如培根、火腿或是豬油等食物。要是那些阿富汗吃了一點這些食物，就意味著這些人失去了死後通向天堂的希望，這相當於扼殺掉了他們全部的希望。

在那遙遠的偏遠地區，還有一群人在盯著他們。那些隱藏在樹叢裡面個子矮小的黑人一路上偷偷地跟隨著他們，這些人可以穿越這裡的樹叢，而白人是絕對做不到的。晚上，在營地附近，胡佛從筆記本上抬起頭，驚訝地看到一個瘦小的黑影從五英尺高的樹叢裡跳出來，然後立即消失了，就像額頭前的一縷頭髮忽然不見了。那人擁有一雙明亮的眼睛，鼻子上套著一個骨製的鼻圈。這些所謂的野人用好奇的心態看著他們。他們手上拿

# 第四章

著迴旋鏢以及標槍，能夠殺死八十碼之外的敵人。但是，這些野人似乎顯得非常害羞，在做出決定的時候十分猶豫。要是商旅車隊能夠繼續前行的話，那麼他們就不會遭遇什麼危險。這些野人會跟著他們前進，可能考慮過要對他們發動進攻，但卻始終無法下定決心。因此，要是他們的車隊每天晚上在不同的地點紮營，那麼他們就不會有什麼危險。

謝天謝地，他終於結束了騎在駱駝背上的痛苦，回到馬車上之後他依然感覺身體的肌肉非常痠痛。穿越了一大片的鹼性土地，他回到了庫爾加迪，在那裡洗了一個澡——這塊土地在地圖上標注的是「湖水」，但是這裡累積的雪白鹽分就像一面鏡子那樣倒影出馬匹與旋轉的車軸。在行進的路上，他那雙沾滿了灰塵的眼睛看到棕櫚樹下一片陰涼的綠色地帶。那是一片靠近熾熱沙漠的海灘。最後，他發現了這只是炎熱空氣中產生的海市蜃樓幻覺。

「今晚，我們在尼亞加拉停留。我希望那裡有足夠的水讓我們洗乾淨身上的灰塵。」

「會有的。」馬夫回答說。「胡佛先生，那裡有一個不錯的酒館。比迪·馬龍的名聲在那一帶都要有名氣。」

這天晚上，他們來到了尼亞加拉——確切地說，這是比迪·馬龍用粗麻布做牆壁裝飾的酒館。他可以在這裡用乾淨的水清洗一下臉部，吃上一頓美味的愛爾蘭飯菜。他並沒有對這裡的床單感到不滿，因為在這個地方，要想經常洗床單幾乎是不可能的事情。吃完晚飯之後，他站在陽臺上，看著炎熱的夜晚就像一張毛毯籠罩在一望無際的平坦沙漠上。此情此景讓他回想起史丹佛大學那個清涼而美麗的四方院子，而他心愛的亨利當年就曾與他在青綠的山丘上散步，道路兩旁的百合花都在肆意地綻放。哦，十月分的加州真的太美了。一場大雨會像磨砂玻璃那樣籠罩在通向梅

菲爾德以及美麗多彩的山丘道路。聖塔克拉拉山谷的草地會因為每一場大雨而變得更加青綠。現在，亨利已經讀大三了，再過一年，她也將要從史丹佛大學畢業了。

他完成了這次考察，以極短的時間回到了庫爾加迪，就立即投入到之前積壓的工作中去了。迪恩・米切爾已經從加州趕過來幫他的忙了，他說胡佛要比他的真實年齡老上十歲。在胡佛看來，他終於可以不再為年齡的問題煩惱了。他已經向倫敦的公司證明了自己的價值，他已經不會再為別人不同的反對意見而感到煩惱了。他發現自己要解決的問題遠遠不止單純的礦場管理問題。他對礦場所持的專業意見讓一些人想著要去收買他，讓他去做一些虛假的報告。很多人用憤世嫉俗的口氣說，每個人都可以被金錢收買：「這只是一個價格的問題而已。」胡佛拒絕了 8,000 美元的賄賂，因為他不願意寫一份虛假的報告，這讓他樹立了更多的敵人。但是，迪恩・米切爾來到他身邊給予幫助，還是讓他鬆了一口氣與感到歡樂。雖然他們兩人經常都要加班加點，但是他們都為自身所取得的成績以及倫敦那邊給予的褒獎感到高興。

此時，胡佛引入美國式的礦業作業方法已經增加了礦場的產量，不過這也引起了越來越多礦工的不滿。胡佛發現，很多礦工早已經習慣了使用雙塞孔工具，就是一個人在使用鑽孔機的時候，另一個人則要用大錘敲打礦石。這種作業方法五十年前在美國就已經被淘汰了，因為更多的礦場選擇更加高效的單塞孔工具。胡佛從美國那邊預訂了一批單塞孔工具，投入到礦場當中，結果引來了許多礦工的反對。這些礦工拒絕使用這種全新的工具，將單塞孔投到了搗磨機當中，仍然沿用之前老式的工作方法。很多礦場經理都向胡佛反映礦工的不滿情緒。

「在你們向他們解釋如何操作以及給了他們嘗試的機會之後，如果他

第四章

們還不聽從命令的話，就直接解僱他們。」單塞孔是一種高效的作業工具，這是美國礦工普遍使用的工具。澳洲這邊的礦工要麼努力學會使用這種工具，要麼就滾蛋。很多礦業工程師以及領班同樣覺得，這種全新的工具能夠帶來更高的效率，帶動十幾個礦場的全面改革。那些礦工要麼發揮自身的智慧，努力掌握這種工具，要麼就要被那些掌握了這種工具的人所取代。他將之前的員工換了一遍，並且多次更換多個職位的人員。在此期間，胡佛學習到了人性這種難以解釋卻又非常神奇的因素在所有現代商業中的重要意義。管理好員工能夠讓機械發揮出更大的功效，從而實現我們稱之為進步的變革。當然，他犯過一些錯誤，但迅速就會加以改正，他進行過多次管理實驗，嘗試過不同的管理架構。在他的管理下，形成了一個管理有序的架構，每一位員工都能夠為一個共同的目標而奮鬥，將員工的積極性都調動起來。胡佛用驕傲與自豪的心情審視著這一切。當他聽到自己在西澳洲擁有了嚴格與不近人情的名聲之後，他對此並沒有否認。對他來說，這樣的名聲與他童年時接受的艱苦教育是一致的。人生本身就不會一帆風順的，現實則是殘酷的。如果說他對別人是這麼嚴格的話，那麼他對自己的要求則是更加嚴格。

比威克與莫林公司認可了胡佛的能力，一開始使用信件以及電報的形式對胡佛所取得的成績表示了讚許，之後又迅速提拔他。此時，在倫敦那邊的總公司也出現了人員調動的情況。他之前的上司霍普離開了西澳洲，公司的合夥人之一威廉則從南非過來接手。長期駐紮在庫爾加迪的胡佛則獲得了當地公司初級合夥人的地位。現在，所有西澳洲的業務都有他管理。這種地位的提升又讓他的薪水得到了大幅度的增加。

對一個仍然不敢剃鬍子，生怕別人知道他只有二十四歲的年輕人來說，這種火箭式的提拔真的讓他感到非常自豪。胡佛始終知道自己獲得提

拔的根本原因，因此他依然保持著腳踏實地的工作方式，保持著清醒的頭腦。但是，他的行為方式與說話的聲音顯得更加自信與權威了。他發現，當他直接得出結論的時候，不需要再向別人解釋其中的原因。威廉對胡佛這麼快得到提拔感到有點不滿。雖然他們有時都無法理解對方，但他們卻彼此尊重著對方。威廉是英國人，接受過歐洲式的教育與傳統，而年輕的胡佛則似乎天生就喜歡做出果斷的行動。他們之前的確存在著某些不同的意見，但這更多的只是一種表面舉止的不和諧而已，而不是對彼此品格的否定。他們都知道，眼下還有很多工作要做，絕對不能讓彼此間的不和而導致無法完成工作。

住在庫爾加迪辦公室的胡佛現在管理著在其他地方的八個辦公室。他幾乎每個晚上都要工作到凌晨兩三點。他以嚴格管理的名聲得到了進一步的加強，因為他管理下的每一個礦區都要實行相同的管理方式。但是，在西澳洲的一些礦區，他的管理方式卻導致了一些問題的出現。在庫埃的辦公室裡，他發現那裡的帳本非常混亂。這讓他感到非常憤怒，因為他覺得正是因為某些人的失職阻止了他不斷前進。於是，他立即叫人將會計找來。

一位老人過來了，老人的眼神想要極力隱藏內心的恐懼。他的頭髮已經全白了，雙肩有點下垂，身上那件陳舊的羊駝呢大衣打了許多補丁，那雙長滿老繭的雙手在不受控制地顫抖。老人說自己的人生是失敗的，他無法更好地養活自己與家人，浪費了以前的美好時光。胡佛看了他一眼，將雙手插在口袋裡，然後注視著桌面上的一堆文件。顯然，這位老人必須要被解僱。龐大的商業機器絕對不能保留那些毫無用處的齒輪。胡佛的曾祖父艾利在西布蘭奇的時候就曾開過泵浦廠，他可能從來都不會想過自己年老之後還要為食物與住所犯愁。要是胡佛能夠自己做選擇的話，他肯定也

# 第四章

不願意看到這位老人這樣被解僱，但這個龐大的非人性化的商業機器是從大洋那一端的總部來控制的，因此必須要以追求高效為原則來管理。

「你今年多大了？」胡佛問道。

「七十二了。」老人仍能用鎮定的口吻回答。

「嗯，難道你不覺得在辦公室重組之後，你所做的這份工作對你來說太沉重了？」胡佛說話的口氣透露出強烈的自大以及年輕人的那種狂妄，因為他必須要這樣做，解僱這位老人也是他無奈的選擇。他必須要讓自己熬過這樣的階段。「你可以去做一些更加輕鬆的工作啊，但我這裡需要一位年輕人來……」

老人的啜泣聲讓他停止了說話。畢竟，胡佛也想不出更好的方式來陳述這個事實，因為老人僅存的一絲驕傲都已經失去了。老人擦拭著眼淚，滿是皺紋的臉就像一個孩子那樣將自己的所有痛苦都表現了出來。在短促的哽咽聲中，他希望胡佛能夠憐憫他，他這樣做不是為了自己，而是為了自己在伯斯的妻子。他的妻子也很老了，她唯一能夠依靠的人就只有他了。要是他失去工作，沒有收入來源的話，那麼妻子將會餓死的。他每個月將自己的全部薪水都寄給妻子，他總是希望憑藉自己的辛勤工作能讓妻子不會挨餓。現在沒有哪個公司會需要像他這樣的人了，因為他太老了，要是他被解僱了，可能以後都再也找不到工作了。在他們過往的一生裡，即便在他們挨餓的時候，也從未想過要向別人乞討什麼。雖然他在這裡做的薪水不是很多，但他願意以後更加努力地工作作為回報。他將自己所有的薪水都寄給妻子了，他甚至要自己洗衣服與煮飯來吃，從而讓妻子能夠過得更好一些。他絕對無法告訴妻子已經失業的事實……

赫伯特・胡佛的嚴格管理與冷酷的作風從伯斯傳到了西澳洲最偏遠的地區，但他此時卻花了一個小時用圓滑的方法去安慰這位老人。胡佛的話

簡短，卻充滿了力量，努力讓這位老人的情緒平復下來，希望他能夠堅強起來，將自己過往悲傷的記憶隱藏起來。最後，老人神情平靜地走出了辦公室。胡佛在重新開始工作之前，用一句憤怒的話表達了內心的憤懣：「工作中的這一部分讓我感到痛苦。」

那天晚上，他向兩名來自美國的員工講了這件事，他們三人一起湊了300美元，然後胡佛將這筆錢交給那位老人，作為公司送給老人的告別禮物。接著，他為老人在伯斯找了一份相對輕鬆的工作，讓他能在那裡更好地照顧自己的妻子。與此同時，另一位年輕人則取代了老人在庫埃辦公室的會計工作。

年輕的胡佛身為新的初級合夥人，根本沒有什麼時間為自己的事情而感傷。繁忙的工作是他抵禦內心不斷成長的孤獨感的最好盾牌。不過，當他一回到辦公室的時候，第一句問的卻是「有沒有信件？」一天晚上，在那個偏僻的辦公室以及那間小平房的客廳裡，那些來自史丹佛大學的員工通常都會過來這裡的，但他們今晚卻沒來。他在桌子前面寫了許多封信，想要透過信件將他與數千里之外的加州那邊的人連繫起來。在沉默的夜晚裡，只有他揮筆在信件上寫字的沙沙聲，而外面的沙漠則傳來了野狗的嚎叫。

他已經足足一年沒有見過盧・亨利了。她在學校裡總是那麼受歡迎。也許，她現在正在老舊的四方院子的陰涼處散步，也可能在砂石做成的拱頂或是紅磚做成的屋頂下走路，欣賞著加州湛藍的天空景色。盧・亨利會穿著她最喜歡的燈芯絨襯衫以及棕色的運動衫，在搭上一條色彩豔麗的領帶，紅潤的臉頰加上她那雙明亮愉悅的眼睛，構成了一幅極為美好的圖畫。在加州綠色的山丘下，草叢裡生長的罌粟花旁邊，盧・亨利正在伸出一雙看似瘦小的手，跨越了柵欄，活像小鳥那樣輕盈！肯定有超過三百多

# 第四章

名男生也想要跟她走在同一條道路上，想要邀請她跳一支舞，希望能夠與她交流，希望能夠贏得她的芳心。

好吧，一個男人必須要有男人的樣子，忍受這樣的寂寞。如果他值得擁有像盧‧亨利這樣的女人，首先就要讓自己變得更加優秀。

「大夥們，明天早上，我要出發前往瓜利亞家族有限公司。」胡佛說。

瓜利亞家族有限公司是一間新開的礦業公司，當時還沒有什麼名氣，那間公司在灌木叢兩百里之外的地方。胡佛那雙專業的眼睛發現那裡的礦場儲量足以成為另一個庫爾加迪。這座城市的很多的大人物都開始忙碌起來了。與此同時，要是現在貿然勘探那裡的礦場，必然會暴露這個祕密。當時，已經有三家辛迪加企業想要打探到底在哪裡又發現了全新的煤礦。當胡佛坐上馬車之後，他注意到了一個騎著腳踏車的人在他身後默默地跟著。在炎熱的灌木叢當中行進了八十里路之後，那個人還是騎著腳踏車在紅色的灰塵當中跟著。當胡佛的馬車來到了下一個車站的時候，又有另一個騎著腳踏車的人跟著，緊密地注視著胡佛到底要去哪裡。

這是一場貓捉老鼠的遊戲。在炎熱的沙漠裡要兜兜轉轉一千多里路。他們不時看到蕩起漣漪的河流以及棕櫚樹的海市蜃樓現象，嘲笑著他們起水泡的步伐以及乾燥的喉嚨，天空就像解開了一個黃銅蓋子，將熱量全部都傾斜到了地面。巨型蜥蜴悄無聲息地爬進了灌木叢，那些看似飢餓的野人在隱祕的地方悄悄地用驚訝的眼神看著他。在世界的另一端，在清涼的俱樂部會所裡那些用古老橡木裝飾的辦公室裡，另一場遊戲也正在進行著。粗金只能從礦石裡找到，而金幣則只能存放在保管庫裡。在澳洲的礦場裡，有一半的礦工都是赤裸著上身在工作的，而在倫敦操控股市的那些精明商人也想要摻和進來 —— 這真是一場龐大的遊戲！胡佛的馬車將那位氣喘吁吁的騎腳踏車的人引向了歧途之後，在瑪格麗特山上丟掉了他

們，立即找機會發回電報。此時，他已經成為這場龐大遊戲的真正參與者
了，再也不是之前小嘍囉的角色了。現在，他已經接近這個遊戲中心人物
的角色了。

　　他非常出色地完成了自己的工作，在倫敦總部的二十多人都看到了他
的能幹。瓜利亞家族有限公司被倫敦所收購，而西澳洲的資源勘探公司則
以 20 萬美元的價格同樣賣給了比威克與莫林公司。這項收購最後獲利 30
萬美元，讓公司獲得了 20 萬美元的收益。最後，這個祕密被所有人知道
了。倫敦股票市場上的股價不斷攀升，一開始是翻了兩倍，接著是三倍。
最後，胡佛為倫敦的總公司在賺到了超過 150 萬美元，他們並沒有忘記正
是在澳洲工作的年輕胡佛為他們創造了這一切。

　　瓜利亞家族有限公司依然擁有控制權，他們將控制權交給了胡佛來進
行開發與管理，而胡佛之前小心翼翼拿下的附近兩百畝的沙漠則作為補
償，租賃給他們管理。

　　此時，胡佛的辦公室設立在利奧諾拉山上的一個帳篷裡，這裡的海拔
為七十五英尺，可以俯瞰兩百多里沙漠地帶的灌木叢。在瓜利亞家族有限
公司的總部附近，很多礦場營地就像雨後春筍一夜之間冒出來了。所有的
路線都必須要經過這裡，道路每天都會揚起一陣陣灰塵 —— 礦工、工程
師、賭徒以及開舞廳的人都想要到這裡找生計。每天早上，胡佛從辦公室
往山下走的時候，他看到了一輛沾滿灰塵的馬車，車上的帳篷打開之後，
他看到了十幾個陌生的臉孔，這些肥胖的人抽著鍍金的雪茄，目光銳利，
而那些女生則顯得十分疲憊，一臉紅潤。

　　「你們想要這裡幹什麼？開舞廳嗎？你們不能在我的地盤上開這些場
所！快點給我滾！」

　　「不行，我絕對不能給你們開舞廳的地方。這附近兩百多畝地，你們

# 第四章

都不能在這裡停留，不要在跟我嘮叨什麼了，我現在很忙。」

「快點將那些傢伙給我趕走。」胡佛不滿地對手下的經理說，「我們這裡的礦場將是世界上最乾淨的礦場，我們的員工不是來這裡狂歡作樂的，他們是過來挖礦石的。」

他們挖出了礦石，他們還挖出了其他東西。胡佛每天依然要寫許多份報告，率領著他的「獨角獸」團隊 —— 這是西澳洲地區行進速度最快的運輸團隊 —— 來到了一個要比太平洋上任何島國都更大的地方。他們與落後的機器抗爭，透過駱駝在戈壁沙漠上運輸，降低交通成本，還要與許多不滿礦工的代表會面 —— 一天早上，胡佛在壓碎機後面的倉庫上發現了一些全新的東西。他用手撿起來，認真審視了一遍，然後大聲說：「這不是泥土嗎？他們可以做一個磚窯，這樣的話我們就能在這片沙漠上建起了清涼的房子了。」

胡佛下令製造耐火磚，找來機器來製造冰塊。他委派一些人去執行這項任務，負責制定計畫，派一位經理去監管這項工作。他們建造起了六間磚製房子，這些房子都是雙磚與雙屋頂的，每個房子上還有一個寬敞的陽臺，紅磚與白磚相互交錯著，因為礦場裡只能挖出這兩種顏色的泥土。其中一棟房子是俱樂部會所，那裡的風扇可以製冷，而且還供應冷水，會所內還有舒適的椅子、長長的桌子以及書架。G.B. 威爾遜、迪恩・米切爾以及其他在礦工裡工作的人都驅車五十里將雜誌以及書籍帶來。「你們要鼓勵礦工多過來這裡看這些書。」胡佛對手下的經理說，「這個會所就是為他們建立的。我希望他們能夠對自己的工作感興趣，這些都是礦工方面的專業期刊。或者，如果他們不看的話，也可以坐在這個陰涼的地方玩玩牌，前提是不能讓他們將這裡變成一個賭場。」

胡佛購買了一個新發現的礦場五分之一的股份，他信任的兩個人強烈

建議他這樣做的，因此胡佛就聽信了他們的說法。這個新礦場挖出來的礦石樣本看上去不錯，他沒有時間親自去那裡考察一遍。他當時正在為公司建造氰化廠，採購五十臺全新的搗磨機來取代之前落後的十臺機器。胡佛還要炒掉一些員工，換上一批能幹的員工，與那些想在他的礦區內開設酒館的狡猾之人鬥爭。他買下了一個礦，派一個人去那裡管理。如果這個礦場能夠有所收穫的話，那麼他所賺的錢足以讓他離開澳洲，重新回到上帝所青睞的國度，回到加州，回到他心愛的女人身邊。

但是，他所購買股份的那個礦場並不如樣本顯示的那麼好。那個礦場在作業之後，並沒有挖出許多高品質的礦石。接著，那麼礦場就出現了虧損。胡佛派威爾遜前往庫爾加迪，要求他查看那裡的情況，因為他知道肯定是出現了一些問題。

一天晚上，他坐在辦公桌前的椅子上，計算著運營成本占據總成本的比例。此時，一陣腳步聲從敞開的大門傳進來，原來是威爾遜回來了。威爾遜滿臉風塵，站在門檻上。

「胡佛！」

「你好，很高興你回來了。你知道水放在那裡，自己倒吧。如果你想要毛巾的話，記得叫男僕。」

胡佛計算的結果顯示，他已經將運營成本降到最低了。瓜利亞家族有限公司現在每個月的純利潤為 2 萬美元，再加上一個全新的加工廠的話，純利潤將會增加到 12 萬美元。胡佛抬頭看著威爾遜在走來走去。

「威爾遜，你還好嗎？」

「我很好。我的天呀，老家那邊的人根本不知道洗澡是一件多麼奢侈的事情。扔給我一根雪茄吧。謝謝你！」威爾遜在一張椅子上舒適地坐下去之後，點上了一根火柴。「這邊的情況怎樣啊？」

# 第四章

「一切都很順利。」胡佛也點燃了雪茄，身子微微後傾。「你在那邊有沒有什麼消息呢？」

「我去看了我們的煤礦了。」

「是嗎？」

「那裡的地鹽分太高了。」

胡佛向著天花板吹了一個菸圈。這筆財富，這筆能讓他重新回到加州的財富以及其他與之相關的希望都隨之破滅了。

「那幫該死的傢伙！我還相信那些人呢！威爾遜，你說，他們都是我的朋友，他們怎麼會騙我呢？」

威爾遜將礦場的兩個樣本拿出來。「這是從那裡的搗磨機拿出來的，你看到上面的矽孔雀石了嘛？這就是他們給我們看的那個樣本。我已經詳細考察過那個礦場了，取樣了每個地方的礦石，根本沒有看到所謂的矽孔雀石。第二個樣本則是從牽牛花那裡得到的，這就是從你也入股的那個煤礦得到的。我過去那裡，詢問之前是否有船將這些礦石運出去，那裡的經理跟我說，只有一個托運的貨物船出去過，而且還是發生在那兩個騙子騙我們之前完成的。那位經理並不知道那艘船的東西要運往哪裡，但你可以得出結論。」

「這個世界肯定是有一些混蛋的。我想這些混蛋現在是找到我們身上了。」

接著，他們閒聊了一陣子，主要還是談論數字以及運營成本等方面的事情。他們還談論礦場上發生的事情以及伯斯股票市場的情況。在炎熱的屋內空氣裡，他們依然在抽著菸。窗外炎熱的黑色沙漠似乎在一聲嘆息。從灌木叢冒出來的一個野人像一個陰影那般經過了門廊，其瘦小的四肢幾乎沒有比猴子大多少，他有一雙明亮的眼睛，濃密的頭髮，鼻孔上套著一

個白色的骨頭，一瞬間又突然消失了。

「現在的乞丐都變得溫順了一些。」

「是的。很多乞丐在外面晃悠。他們想用迴旋鏢襲擊那些在尾礦倉庫裡工作的人。」

「你還有火柴嗎？」

又是一陣沉默，煙霧慢慢升騰起來了。難得有片刻的休息時間。他對自己入股的那個礦以及他之前所信任的兩個人都有一種厭惡的情緒。

「胡佛，你知道聯合公司嗎？就是在庫爾加迪下面的那間公司，他們最近挖出了許多高品質的礦石。每天都在加足馬力地工作。我在想……」

胡佛的雙腿突然從椅子上站起來，他警覺地向前傾。

「聯合公司？就是那間位於阿約拉地區兩個街區中間的公司。他們的礦場是在哪裡的呢？」

「聽說他們的礦場是從北面或是南面運出去的。」

胡佛感覺自己再次投入到了這場遊戲當中，這是一場偉大的遊戲！他們需要進行智慧的比拼，觀察對手的舉動，看誰的舉動比較快，抓住一些沒有防備的入口，然後前往最偏僻的邊遠地區，接著朝著城市的中心出發，那裡有數千家典當鋪。「如果他們真的發現了一個真正大礦場，就意味著阿約拉在這個祕密公開之後將會興旺起來。威爾遜，你盡快跟蹤這件事，了解他們的動向，即刻向我匯報。」

六週之後，胡佛再次以諮詢工程師的身分在沙漠地帶考察。這天晚上，他來到了庫爾加迪的辦公室，疲憊地看著郵箱。這個被廢棄的郵箱雖然只有箱子那麼大，但卻熱的像個火爐一樣。他第二次坐下來閱讀他想要得到的信件。此時，威爾遜滿臉興奮地走進來。

「他們跟我說，可以在這裡找到你。胡佛，我找到了。我之前在聯合

## 第四章

公司擔任了一陣子的值班班長，他們正沿著一條三英尺寬的水路徑直前往阿約拉港口。我每天晚上都在那裡認真地觀察著，他們的礦區距離阿約拉航線還不到二十五英尺。」

「電碼本在哪裡？快找來給我。」

他立即用鉛筆開始將電碼寫好，威爾遜在一旁將碳粉放在兩張白紙上，按照胡佛所說的內容來打字。這份發給倫敦總公司的電報的內容寫道，倫敦的總公司應該盡快控制阿約拉港口。在胡佛準備關上辦公室大門之前，他們收到了倫敦那邊回覆的電報，此時在倫敦那邊已經是拂曉時分。四個小時之後，倫敦那座大城市的重要人物將會在倫敦的股票市場上重點關注阿約拉港口的情況，準備從升值的股票中大賺一筆。

「你做得很不錯。」胡佛說。

胡佛很快就得到了回報。胡佛得到了一個選擇，他可以選擇負責西澳洲地區所有礦區的管理，也可以選擇前往亞洲。

他並沒有等待從加州那邊傳來的電報，於是他再次發去了電報。胡佛認為，白人女性在東亞能夠過上更加舒適的生活，因為那裡有現代化的飯店，還有樹蔭以及清潔的水源。那裡的商店、劇院以及友人的陪伴都能讓盧・亨利更好地打發時間。要是胡佛孤身一人的話，他覺得去哪裡工作都是相差無幾的。他必須要為自己的女人著想。在經過過去一段時間的努力，他已經有足夠的經濟能力去養活自己心愛的女人了。現在，他可以帶著盧・亨利前往亞洲，讓亨利在那裡跟隨著他過上舒適的生活。當然，亨利必須也要做出與他相同的選擇才行，畢竟這也不是一件小事情來的。因為身為礦業工程師的妻子之後，亨利就要前往離家數千里之外的國家，遠離自己的親人與朋友。不過，亨利是一個具有堅定毅力與決心的女生！

這份電報會在蒙特利當地的早上十點送到亨利的手中。在那個時候，

她可能出去打了網球，也許她會穿上一件短袖的白色襯衫或是白色的水手領罩衫，在綠色的棕櫚樹以及辣椒樹下來回地奔跑。他已經足足有兩年沒有見到她了。在過去的二十四個月裡，他們之間進行了許多愉悅的通信。要是亨利在收到電報之後立即回信的話，那麼他在當天的晚上就能夠收到。也許，她需要一段時間來考慮這件事。蒙特利那邊的電報辦公室在下午六點鐘就關門了，如果她在六點之後才收到的話……

　　但是，胡佛在這天晚上收到了亨利的電報。

　　倫敦總公司在西澳洲分公司的管理情況已經被胡佛打理的井井有條。再過十天，胡佛就能完成公司管理層的交接，等待著新任的經理過來這裡接手。雖然胡佛還有很多個人的事務要處理，但他在這段時間裡根本沒有時間去理會個人的事務，因為他實在是太忙了。他有很多飯店的帳單、侍從的費用、洗衣費用、他借給別人的一些錢，這些瑣碎的費用都是他需要慢慢處理的。伯斯的經紀人已經幫助他執行了收購以及賣出的命令，他擁有了這裡的礦場一小部分股票。他在十幾間銀行都有小額的存款，雖然他不知道這些存款加起來的具體數額。不過，他能夠估算出自己在舊金山那間銀行裡的存款數目。萊斯特·欣斯代爾依然擁有支配他那個銀行帳戶的權力。在他的幫助下，七名男女現在可以得到他的幫助，在史丹佛大學繼續他們的學業，已經有一些學生開始申請學生貸款了。在工作繁忙的胡佛看來，這些根本還沒有處理的事情就像一團泥潭，讓他感到煩心。

　　不過，沒關係。他現在也根本沒有時間去處理這些事情。威爾遜可以慢慢幫他處理好這些事情。備忘錄的冊子、支票存根、借據以及經紀人的聲明 —— 所有這些檔案都已經整理好了。「你幫我將這些檔案整理好。再見了，我們到時候見」。

　　胡佛出發前往倫敦，再次開始了環遊世界的旅程。在胡佛看來，這個

# 第四章

世界畢竟是一個很小的地方 —— 只是一個更大版本的史丹佛大學而已。
他看到龐大的商業公司其實就是他當年工作過的奧勒岡土地公司的巨型版
本而已。這裡存在著相同的利益衝突，有著相同模式的建築，每個人都有
著相同的貪念，都有著相同的商業原則。一個人所具有的能量以其所具有
的視野是成正比的。一個人之所以沒有足夠的能量，就是因為他的視野局
限在他自以為是那麼大的世界裡。現在，胡佛知道，只有這個世界的大小
才能局限他思維的大小。

　　他再次經過了錫蘭、塞得港、義大利的海灣、馬賽，最後到達倫敦。
他充滿自信地走進倫敦公司的辦公室，再次感到了震驚。他過去幾年的表
現非常優異，他即將要做的那份重要的工作也必將能夠做的更好。他將成
為駐滿清帝國的首席工程師兼總經理。這個頭銜讓胡佛這位年輕的美國礦
業工程師不禁咧嘴笑著。不過，這份工作也讓他開始思考日後將會面臨的
重重困難。在那裡的工作將不僅僅是專業方面的礦業問題，還有很多風俗
習慣等問題的考量。胡佛知道，滿清帝國正在慢慢的甦醒，黃皮膚的種族
正在慢慢地騷動，西方列強在受到商業利益的驅動，正在慢慢地喚醒沉睡
的亞洲人，必然會將亞洲人所具有的那種難以估量的力量激發出來。滿清
帝國的皇帝從小就接受過西方傳教士的思想。光緒皇帝是一位激進的改革
派皇帝，想要徹底改變東方過去傳統的舊制度，用西方那一套全新的政治
制度去改變。不過，慈禧太后則對他的變革表示了強烈的反對。慈禧太后
將帝國的礦業權力交給了她的親信張言卯，而張言卯想要引進西方先進的
礦場作業方法。張言卯向比威克與莫林公司請求幫助，比威克與莫林公司
同意派去兩位年輕的礦業工程師前往協助。最後，胡佛成為代表比威克與
莫林公司駐中國的最高管理人員，與張言卯一起合作。

　　胡佛在倫敦待了兩個星期，了解這份全新工作的情況以及其他工作人

員。接著，他再次踏上了回家的漫長旅程，這次他要回到加州，回到他心愛的女人身邊。輪船經過了三千里，又過了三千里，終於再次來到了加州，此時的加州是草木盛開的春天時節！這裡的棕櫚樹、似乎在沉睡的古老西班牙建築，彎曲的白色沙灘以及蒙特利藍色的海灣 —— 還有他最最心愛的女人盧·亨利。

　　盧·亨利在蒙特利的家裡向家人驕傲地介紹了胡佛，她顯得那麼的高興與自豪。盧·亨利的父親是一位正直的銀行家，母親則是一位臉上掛著微笑、性情安靜的女人。他們都在靜靜地打量著胡佛，因為胡佛想要在這裡停留一段短暫的時間，就要帶著他們的女兒前往世界另一端的國度。胡佛在陰涼的走廊上與亨利的父親安靜地交談，與亨利的母親進行了溫馨而充滿情感的談話。亨利的父母都非常喜歡胡佛，但胡佛的目光都始終停留在盧·亨利身上。

　　胡佛在加州停留了十天的時間，對胡佛來說，這是一段充滿夢幻記憶的十天。在古老的瓦屋頂上，白色的月光靜靜地灑下來。午後的陽光照在安靜的大街上。這裡讓胡佛感到了一陣內心平靜與祥和的感覺，讓他能夠感覺慢慢流逝的時間正在走向一種永恆。他只能在這裡停留十天時間！他需要盡快趕過去。他已經預訂好了船票，發電報要求威爾遜將錢匯過來。盧·亨利，你不再需要等待我太長的時間了！

　　十天畢竟是非常短暫的，但這足以讓亨利選擇離開她這個已經非常熟悉的地方。她的那些老朋友將看著她離開美國，前往一片陌生的大陸。在他們的婚禮上，必須要有玫瑰與音樂，還有年長的教堂牧師為他們作證，雖然胡佛與亨利並不是信仰基督教的相同教派，但這並沒有阻礙他們的結合。就在短暫的十天時間內完成這一切，年輕氣盛的胡佛決定在蒙特利與亨利完婚。夢幻般的婚禮讓他們都覺得彷彿度過了一個月的美好時光。

# 第四章

　　但是，這一切來得並不容易，他為這一天已經足足努力奮鬥了三年時間。在這一天裡，有陽光，有笑聲，也有淚水。柔和的音樂在慢慢地演奏，年長的牧師穿著長袍，盧·亨利穿著白色的婚紗，頭上紮著橙色的花朵。胡佛終於將戒指套在了亨利的手上，亨利臉上的笑容正如他母親當年的笑容。願上帝作證，他必將像自己的父親對待自己的母親那樣去好好照顧亨利。為了自己心愛的女人，他一定會好好工作，勇敢地面對生活中發生的一切事情。

　　三年的夢想終於實現了，而最後的現實彷彿變成了一場夢。他在短短的三年時間內竟然獲得了如此之多的東西，這實在讓他感到難以置信。笑聲、美妙的演說，美麗的婚紗、草地上的陽光都似乎縈繞在他身邊，這一切都像做夢一樣。胡椒樹與古老的城牆，蜿蜒的海灘前方藍色的大海，棕櫚樹、玫瑰話以及藍色的山丘。啊，這的確是真實的，而不是在做夢。他還看到了一列火車在前進。火車引擎發出熟悉的轟轟聲響，火車在前進的過程中發出持續的顫動。蒙特利就像一個夢那樣成為了他人生中的一個重要轉捩點。他要前往舊金山灣，那裡有一艘灰色的輪船正在碼頭上等待著他，帶著他們前往中國工作。現在，他再也不會感到孤單了，因為盧·亨利就在他的身邊。從此時此刻開始，他們將一直在一起，直到永遠。

# 第五章

## 第五章

　　一個下午，在外國人居住區的賽馬路上高高磚牆下是一條兩邊種滿高聳的榆樹的街道，黃皮膚的人拉著黃包車在路上慢慢地跑著，載著英國的女士們前往阿斯特大樓喝下午茶。洗乾淨的馬匹在路上慢慢地前進，馬夫則穿著紅綠相間的夾克駕馭著馬匹，朝著賽馬路前進。在這樣一片安靜祥和的氣氛當中，這些外國人能夠感受到這個東方國度特有的氣息。在這片廣袤的土地上，這個專門讓外國人居住的小島似乎用傲慢的目光審視著這一切。

　　赫伯特・胡佛觀察著這一切。此時的他才只有二十四歲，負責比威克與莫林公司在中國的礦場業務。他準備出發前往張言卯的府邸，與他進行第一次會面。張言卯當時是滿清礦業與鐵路的負責人。胡佛坐在馬車上感覺不是很舒服，雙手撫摸著藍色嗶嘰呢的衣服。這輛北京式的馬車車廂上鋪著紅色的地毯，由一匹驢子拉著。在他的頭上是金黃色的天花板，車窗則是用純正的絲質紗布做成的，讓外面的人只能模糊地看到他，但胡佛卻能夠從裡面清楚地看到外面。驢子的身上掛著一個鈴鐺，鑲嵌著絲織品的拱頂為他遮陰擋雨。在他的身旁有十名士兵護衛。

　　馬車在一個街角裡轉彎，接著他們來到了一棟紅色磚牆做成的建築，高高的城牆包裹著這位滿清官吏的府邸。在一座略為彎曲的雄偉大門前面，馬車停下來了，等待著報信人將張言卯的口信傳過來。

　　「這些人對商業的看法實在是太古怪了。」他對坐在身旁繡著龍圖案裝飾墊子上的威爾遜這樣說。「這肯定是這個古老民族流傳下來的傳統。在長達幾個世紀裡，他們都沒有忘記這樣的傳統。你是否發現一點，只有那些古老的民族才會太在乎這些習俗與形式的東西？我們必須要克服這些人對我們的成見，這個過程必然會帶來很多延誤！我們這次的拜訪絕對不能談論關於工作上的任何事情，否則就會破壞他們所說的……什麼來

著？」

「規矩。」威爾遜努力地發出那個比較難發音的母音字母。「這個詞在英文中到底是什麼意思？」

「規矩，」翻譯重複了一遍，接著說：「規矩的意思就是 —— 該怎麼說呢？就是指禮儀。在英文當中也有對應的詞語，那就是規與矩。」

「規與矩？這與禮儀有什麼關係嗎？」

「這是一個非常古老的詞語。」翻譯邊說邊聳聳肩。

「這裡的石工行業還是非常古老的，事實肯定就是這樣的。否則該怎麼對此解釋。這些巨大的石塊都是從北方運過來的，他們肯定擁有像所羅門國王當年建造宮殿的那幫工匠。為什麼這些工藝不會向外流傳呢？如果我發現一個高級官員是我的共濟會兄弟的話，那麼你會承認我們應該向他們學習他們的經商之道嗎？」

「這個我可不敢保證。」胡佛用打趣的口吻回答說。「我不在乎他們擁有多少優秀的工匠，只要他們能夠讓我們順利地開採礦場就可以了。我覺得我們與這裡的翻譯相處得很好。我們現在也太忙了，根本沒有時間去學中文。」

報信人出來了。張言卯正在大門口等著他們。

胡佛一行人於是下馬，朝著寶塔尖頂的通道走去。在他們身旁，有一群士兵護衛著。在雕刻著龍圖案的屏風後面，他們可以看到這座府邸的全景。張言卯神情嚴肅地站在那裡，身穿絲質長袍的僕人在兩邊鞠躬。翻譯在一旁講解了問候的禮節。胡佛也立即跟著做出了莊重的回禮。

張言卯是一位身材魁梧、表情冷漠的人。目光銳利的胡佛立即看得出張言卯的身高在六英尺左右，有著強而有力的雙肩，舉止優雅。在張言卯過去五十年的人生裡，他似乎總是這樣溫文爾雅地合攏著雙手，絕對不是

# 第五章

一個輕易與人吵架的人，似乎也不願意在商業問題上與他發生爭執。張言卯那雙充滿力量的眼睛似乎能夠立即看懂一切。胡佛之前就已經對張言卯的身世有所了解。張言卯出生在白河沿岸的一個貧苦家庭，從小就開始做苦力。他在童年的時候就看到過那艘載著慈禧太后的絲質頂蓋的大船經過了黃河，兩邊負責撐槳的人使用的槳都是紅色塗漆的槳。他雙眼死死地看著紅色的塗漆，接著看著壯觀的船首，船首上那個柚木做成的小屋裝飾的非常精美，還用繪有圖畫的紗布遮蓋。坐在甲板上的大臣都穿著官服在喝著茶，他們的手指上都帶著戒指，使用的杯子都是無價的，而僕人則在旁邊緩慢地扇著巨大的扇子，樂隊則在船上奏著愉悅的音樂。十年之後，慈禧太后的船隊再次經過這裡，此時的張言卯已經準備好了。在一條低矮的泥濘路上，此時身材瘦削的他站在陽光下，揮舞著兩把寶劍，用含在嘴裡的酒來噴火。之前中國的那些劍客或是著名的雜耍之人都會做他這一套的動作。張言卯希望透過這樣的方式來向躲在紗布背後的慈禧太后表達祝願。最後，他的祝願得到了回報。慈禧太后點名召見他。他在光滑的甲板上向太后磕頭。慈禧太后最後發話了，任命他為點廠署負責人。

張言卯教過年幼的同治皇帝如何騎馬。要不是手腳靈敏的張言卯在這個過程中始終小心翼翼地保護著同治皇帝，誰能說練習騎馬的過程中不會出現什麼意外呢？在紫禁城雄偉的宮殿裡，睿智的張言卯經常保持沉默，不願意在任何政治勢力裡站隊。他救過同治皇帝的性命，因此後來成為了重要的宮廷大臣。

在年輕的同治皇帝駕崩的時候，張言卯已經是朝廷的重臣了。這個時候的滿清帝國沒有了他的主人。這天晚上，紫禁城高高的城牆封閉了。慈禧太后已經選擇了當時只有三歲的光緒皇帝身為帝國的繼承人。八個小時之後，紫禁城的大門打開了。在這短暫的八個小時裡，他們做了很多工

作。在深宮內院裡，年輕的同治皇帝已經駕崩了，而躲在後面的慈禧太后則看著一切，想要牢牢抓住帝國的實際控制權。慈禧太后立即叫來張言卯。張言卯戰戰兢兢地跪在慈禧太后面前，認真聆聽著囑咐，接著畢恭畢敬地走出了宮門。他穿著僕人的衣服走在大街上，來到了光緒皇帝當時所在的地方，然後抱著當時只有三歲的光緒皇帝匆忙在夜色中穿行。在紫禁城上一位忠實的侍衛在黑漆漆的宮牆上將繩索放下來，張言卯則抱著帝國未來的統治者光緒皇帝，悄悄進入了紫禁城內。這是他之前想都不敢想的事情。在第二天早上的時候，他發現帝國最高權力的真空已經被填補了。年幼無知的光緒皇帝成為了滿清帝國名義上的統治者，成為了所謂的上天之子。慈禧太后則垂簾聽政，成為了整個帝國的實際控制者。

　　上面這些故事都是這幾年來坊間流傳的一些故事版本，講述這位從黃河邊一座貧苦的村莊的苦力成為掌控所有礦場巨大財富之人的人生故事。可以肯定的是，張言卯的確是一位具有權勢與目標的人，年輕的胡佛絕對不能輕視眼前這位滿清官吏。張言卯淡定地站在府邸的大門口，透過翻譯問候胡佛等人。

　　為了歡迎他的貴客，張言卯穿著一身官服，官服上的繡著藍色的孔雀團，還有玫瑰、翡翠形成海浪的裝飾圖案。他穿著黑色天鵝絨做成的靴子，將絲質的衣服都包裹起來。張言卯在脖子上掛著一串很長的珠子，這串珠子應該有上百顆，每一顆都是毫無瑕疵的琥珀珠子。他的雙手則從長長的袖子裡合攏著伸出來，袖子上還有黑豹的圖案。他戴的那頂官帽同樣繡著黑豹的圖案，官帽頂端上裝飾著翡翠以及紅色的穗花。在官帽的最頂端則是一顆大大的深紅色的水晶球，這是只有一品官員才能佩戴的官帽。

　　胡佛急忙透過翻譯說：「你跟他說，我們初來乍到，如果有什麼做得不對的話，這是因為我們不知道這裡的規矩，而不是我們有意為之。」

# 第五章

　　張言卯聽了翻譯的轉述之後，臉上露出了微笑。接著，他莊嚴地伸出了右手，與這位美國人進行了奇怪的握手。對胡佛來說，他之前不知道原來滿清的官吏也將西方那一套問候的禮節學會了。雖然西方人在殖民的時候時候顯得十分野蠻，但是他們在問候以及解決問題的方式上還是非常高效的。張言卯的拇指上套著一枚巨大的戒指，上面有三種顏色不同的玉器。這些派頭意味著張言卯屬於朝廷的高級官員。每當張言卯撥動拇指的時候，都會發出一陣與撥弦聲類似的聲音。

　　「貴客駕到，蓬蓽生輝啊。」張言卯走到一側，讓胡佛一群人先經過高高的雕刻屏風。但是，胡佛不能真的順著張言卯的話去做，因為翻譯之前就警告過他不要這樣做。

　　「不，我不能這樣做。你先走，我跟在後面。」胡佛說。接著張言卯繼續推辭，說胡佛是客人必須要先走，但胡佛繼續表示拒絕。這樣的事情不僅在今天、明天或是後天都會出現的，只有在完成了這些繁文縟節之後，他們才有可能去談正事。

　　胡佛最終才慢慢地走到了屏風的邊緣，結果卻看到第二面更大的屏風，這面屏風要比第一面屏風裝飾的更加華麗。此時，胡佛表示自己應該讓張言卯首先過去，畢竟張言卯是他的主人，而張言卯則一再推辭，說客人先走，最後胡佛推辭不過，就只好繼續往前走。結果他竟然又看到第三面屏風！此情此景讓胡佛意識到他在滿清帝國這片土地上遇到的困難要比在澳洲克服炎熱的沙漠還要大。因為這裡的人實在是太人摸不透了，他們的繁文縟節卻又是那麼委婉，實在讓人不知道他們到底是怎麼想的。胡佛感覺自己置身於一個迷宮，他必須要耗費全部的能量才有可能解決工作上的事情，最後卻發現自己又回到了原點。

　　他穿過了寬敞陰涼的建築，兩邊種植著參天大樹，每一棵樹的枝葉都

形成一個特別的圖案，下面則是一個蓮花池，碩大的金魚在蓮花池裡游來游去，這些金魚的顏色非常怪異，卻都在清澈的池水裡自由地徜徉。用藍色陶器做成的方形大碗放置著精挑細選的卵石，百合花的枝幹也從蓮花池裡長出來。胡佛還看到用銅器做成的像狗一樣的雕像站在樹下。在經過了許多間低矮的中國式房子之後，他們終於來到了客廳。胡佛環視了四周，看到了許多精美的刺繡品，還有用金銀透雕絲工做成的工藝品，柚木做成的屏風鑲嵌著珍珠母，而銅器做成的大碗上則冒著焚香發出來的香氣。很多中國僕人穿著一種填充墊料的鞋子安靜地走來走去。但是，張言卯這座府邸的建築風格卻是歐式的，從高高的紅磚牆到白色大理石做成的地板，這個招待客人的寬敞客廳還有一個完全歐式的舞臺，上面還有天鵝絨做成的簾幕。這裡的走廊都鋪著布魯塞爾地毯，一排排粉刷著亮光漆的椅子。而起居室同樣裝飾著許多蕾絲簾幕，發出光亮的硬木地板，從國外進口的牆紙，國外的木質座椅在按照東方的風格改裝。在客廳的最中央則是一面東方式的牆壁，其他的房間則按照不同的大小依次地裝潢。

進來之後，胡佛同樣還要多次婉拒張言卯熱情的邀請。身為客人的他必須要將主位讓給主人，即便是張言卯再三請求，他都必須要拒絕，而表示自己只能坐在主位旁白的那張較小的椅子上。此時，張言卯肯定會說，他才應該坐在那張較小的椅子上。這種過分講究禮貌的爭議最後以一方柔和的默認而告終。身為客人的胡佛最終只能坐在那張較大的椅子上。在經過禮貌性的寒暄之後，他們才開始真正的會談。不過，他們所謂的會談其實還是一些冗長的寒暄話語，根本沒有談及任何正事。

僕人靜悄悄地來到他們身旁，擺出了一張高高的柚木桌子，然後端來了塗著紅漆的杯子過來，接著幫他們倒茶。除此之外，僕人還將荔枝、醃製的薑片以及罌粟籽做成的蛋糕端上來。僕人從一個很大的銅製茶壺裡倒

## 第五章

出剛剛煮沸的水給他們泡茶。每一個茶杯都是用看似脆弱的瓷器做成的，並在上面蓋上一個蓋子，這樣做旨在不讓茶的香味散失。當年笨拙的丹麥人在十六世紀的時候就曾購買過這樣的茶杯，但是當時的丹麥人還根本沒有心情去感受生活的美好。當這些丹麥人將這些杯子拿回老家的時候，他們也無法理解為什麼他們會用這些杯子喝茶。因此，很多丹麥的家庭主婦都將這些茶杯束之高閣，轉而發明了更加難看的歐式茶托。

「貴客可賞臉品嘗一下本府的寒茶？」張言卯用一種敦促的語氣問道。但是，身為客人的胡佛卻不能照著張言卯的話來做，因為當他品嘗了這杯茶之後，那麼他今天與張言卯的對話就算結束了。他必須要禮貌地拒絕，接著張言卯繼續敦促他，胡佛需要再次拒絕。正是在柚木做成的茶桌上，這兩人都在打量著對方，形成對彼此的印象。而這樣的印象對他們接下來要談論的正事會產生重要的影響。

「沒必要那麼著急？」張言卯一臉淡定地說，用手輕輕捋了一下鬍鬚，身體一動不動，繼續用富於尊嚴的話語說：「數百年來，河水都在慢慢地流動。整個世界已經存在了上千萬年。在時間的海洋裡，每個人都像一片不起眼的雪花，我們目前看似重要的事情其實根本不算什麼。我們現在活著，終有一天會死去。後人也將會追隨著我們的腳步死去。這樣的生死輪回始終都在更替著。因此，我們要淡定一點。」

「難怪這裡到了二十世紀還沒有開採煤礦。」胡佛聽了張言卯這句話之後心想，不過他也認同張言卯是一位聰明人。慈禧太后讓張言卯負責管理帝國的礦業，只要張言卯能夠一直得到太后的寵信，就意味著張言卯就是帝國所有礦場的實際擁有者。張言卯深知，西方式管理經驗能夠說明他獲得更多的收入，因此他非常精明地邀請比威克與莫林公司派來一群有豐富經驗的工程師團隊。對當時只有二十四歲的胡佛來說，他現在面臨著一

個兩難的處境，一邊是倫敦股票交易市場對他的催促，另一邊則是這個東方國度對皇權的爭奪顯得那麼的讓人費解。大英帝國的貿易商想要在中國站穩腳跟，而詭計多端與貪婪的中國人則想要利用西方人的工業優勢，竟然還幻想著能在這個過程中依然保存著他們原先古老的傳統、藝術以及文化，從而最終保存他們珍視的封建專制制度。

胡佛與張言卯品嘗了一下味道甘甜的茶水。這次會面算是結束了，在結束的時候，他們彼此鞠躬道別，臨別時還說了一番讓胡佛感覺隱晦難懂的告別辭令。胡佛走出了客廳，經過了之前看到的那個蓮花池以及成群的中國房子，安靜地看著花園。北京式的馬車以及護衛的士兵還在門口等待著他。

「好了，我們下次再來吧。我們下次應該能夠與他談論正事了。至少，他們需要給我們安排一次前往礦場考察的機會。你能夠讓前面的馬夫讓驢子快點跑嗎？」

胡佛的馬車隊重新回到了繁忙的大街，狹窄的街道上有很多抬著轎子的人，有拉黃麵包車的人，有一些在慢慢行走的苦力，還有一些商鋪在出售著紙陽傘。胡佛的車會經過了金箔匠的商店、出售籃子的商店，很多商店的櫥窗都擺放著珠寶、刺繡以及古代雕刻的象牙製品，還有很多顏色鮮豔的絲綢製品。回到阿斯特大樓的時候，盧·亨利再也不是遠在加州的那位他只能夢想的女生了。她現在成了赫伯特·胡佛夫人，與他在一起到中國度蜜月。

月光灑在阿斯特大樓的陽臺上。他們倆抓住了片刻寧靜的時間走在古老的燈飾大街，空氣中彌漫著刺鼻的煙味。他們一路上聽到了很多人的喊叫聲、不同樂器發出的嘈雜音樂，這些人都在慶祝農曆新年。此時，農曆新年慶典正在舉行。不過，胡佛從來沒有忘記過來的目的，那就是要努力

# 第五章

完成自己的工作。

　　盧·亨利也有自己的計畫。我們千萬不要忘記，盧·亨利本人也是一位非常有能力的地理學家！她對礦業所面臨的問題同樣非常感興趣，想要親自參與其中。因此，白天在胡佛外出的時候，她都在認真閱讀著相關方面的書籍與報告。她想要進行地質地圖的描繪工作，甚至願意與自己的丈夫以及威爾遜等人前往他們將要第一次去考察的礦場。亨利的這種科學家的衝動真是太強烈了。對亨利這位精力充沛的女科學家來說，出行會帶來很多尷尬的場合。因為很多人都會用好奇的眼光看著她，無論白天還是黑夜，都有可能跟著她，因為當時的房子用的都是紙窗，只要用手指輕輕一戳，就能看到裡面的人的全部動靜，這包括房子裡面的人上床睡覺以及起床等一系列的行為。因此，盧·亨利在成為一名地質學家以及一位女性之間做出了選擇，最終選擇留在這裡。

　　胡佛一行人乘坐著官家提供的馬車，浩浩蕩蕩地出發了，旁邊有士兵護衛，還有許多專門背負包裹的驢子。他們就這樣沿著這片古老的大地前進了。他們看到了河堤兩岸漫出來的河水淹沒了田野，經過了簇擁的村莊，那裡的房子都非常矮的，很多房子都是用稻草做屋頂的。胡佛還看到了這個國家有數百萬人過著骯髒的生活，雖然這些人身患疾病，但他們依然顯得非常耐心，對自己這樣貧窮無助的生活感到知足與滿意。他們的車隊繼續向北面前進，前往牛石山的礦場。這個車隊要來到這裡的消息就像風吹過麥田那樣迅速在當地傳開了。

　　在村子外面，他們的車隊停下來了。此時一隊士兵走上前，宣布他們來到了這裡。接著，這些士兵以軍禮的形式歡迎他們，兩隊中國的騎兵站在旁邊，而僕人與運送包裹的驢子則跟在後面。在距離村子還有四分之一里的地方，禮節依然是一個不可忽視的問題。騎兵們依然坐在馬背上，雙

198

手緊握著皮鞭，大聲吼叫著向前衝，彷彿他們要征服村子裡面的敵人。接著，村子每家每戶都放起了炮竹，歡迎他們的到來。接著，負責礦場的官員穿著官服歡迎胡佛一行人的到來，接著又少不了喝茶、無止盡的宴會，晚上又有音樂表演看，嘈雜的聲音折磨著胡佛的鼓膜。他們的宴會上有很多魚、甜食、辛辣的肉球、巧克力甜食以及陳釀多年的米酒。

在第二天早上，他們被帶到了礦場。終於，他們終於來到了礦場。

胡佛說過，在澳洲的經歷曾讓他想哭，但這裡的情況卻讓他感到了深深的震驚與麻木。他之前就已經做好了一定的心理準備，知道這些礦場使用的作業方法是非常落後的，但他來到這裡看到之後依然深感震撼，因為這些礦場的作業方式簡直與史前人類的做法相差無幾。這些負責礦場管理的官員穿著藍色或是綠色的官服，身上纏著織錦絲帶，向胡佛介紹山丘上那個較淺的凹洞。這就是礦場的苦力用手工的方式挖掘出來的。這些礦場完全依賴那些累不死的苦力在工作，而這竟然成了這些礦場的核心作業方法。

這些礦場被劃分為可衡量的部分，每個部分由一組十到十二個苦力負責，這些苦力同心協力地進行作業，他們的行為不受礦場的管理。一些苦力會用鐵筆去鑿岩層，而其他一些苦力則是坐在山腳下用錘子去擊碎岩石，接著在仔細地將岩石擊碎成比榛子還小的石頭。一些苦力則負責生火來燒這些石頭。最後，他們在將燒過之後冷卻的石頭用雙層籃子背到冶煉廠。

所謂的冶煉廠建立在一塊只有四英尺長的平坦岩石上，其中一根柱子穿過中央。一塊圓圓的石頭透過一條長木柄的控制，將這些石頭搗碎，然後這些苦力則不斷地走動，將這些石頭磨成粉末狀，最後再用一把手工做成的掃帚清潔。

# 第五章

「我的天呀！」胡佛雙手插在口袋裡，用難以置信地眼神看著一切。「他們說那個就是冶煉廠？」

被搗碎的礦石透過一個傾斜的桌面運送下來，然後再利用河水淘洗。很多苦力都帶著扁平的帽子在河邊用木製的耙子對這些碎石灌洗。翻譯將胡佛的疑問告訴了站在胡佛身旁的官員，這位官員平靜的臉突然露出了奇怪的表情，他用驚訝的眼神看著眼前這位來自美國的工程師。

「這是一個洗礦槽。」胡佛用略帶興奮的口氣說，「他們用薩克森羊毛去過濾 —— 早在十五世紀的時候就有人這樣做了。我還從未親眼見過！他們用扁平的柳條筐來將岩石上的灰塵弄走，然後再將碎裂的礦石放到河水裡淘洗。他們接下來要怎麼做呢？」

這些苦力接下來要做的事情就是從這些碎石裡分離出鐵礦砂，耐心地從金礦裡分離出金礦，從山上的岩石上分離出天然磁石。

「在薩利納斯山脈工作的每一位美國礦工都能教這些苦力做五個世紀前的礦工作業方式。」

晚上，每一組苦力將淘洗出來的金子送到公司的辦公室，進行稱重以及購買。當然，稱重的稱都是調錯的，俗稱「抽水」，這些「抽水」都進入了當地煤礦熔煉負責人的口袋。這些煤礦依然用黏土坩堝在磚窯裡冶煉。一塊重達五兩的金條必須要經過很多人的抽水，最後才進入到張言卯的私人銀行帳戶裡，這個過程無疑是加重了作業的成本。

在胡佛看來，整個系統必須要從上到下全面重組。將礦場租賃給苦力去做的方式必須要廢除，苦力必須要以領薪水的方式為公司工作。他們必須要將挖掘機引入礦場，還要使用炸藥，引入現代化的搗磨機、冶煉廠以及精煉廠。礦場存在的貪汙情況必須要消除，必須要建立其一套嚴格的會計制度。所有的礦場都要使用美國式的作業方法，每個員工都必須要發揮

美國式的進取精神，遵守誠實的商業標準！是的，他必須要反對在當時亞洲普遍存在的不反抗與沉默的惰性傳統。滿清帝國四億忍耐力極強的子民就像他們的父輩那樣，用神祕的眼神看著西方文明在中國這片土地來了又去，去了又來，但讓中國始終這麼落後的根本本質卻從未被消滅過。

胡佛繼續在北方進行深度的考察。他視察了許多礦場，估算了開採成本，制定了重組的計畫。在北邊的高原上，他發現了一個礦場的存量深達六百多英尺，這個礦場是由一位之前在加州當過礦工的亞洲人負責的，此人回國之後，使用蒸汽機連接著古老的碎石機來作業。胡佛指派威爾遜負責這裡的管理，這個礦場是所有礦場裡最有希望能夠得到回報的礦場。紐西蘭人阿紐格是胡佛在瓜利亞家族公司時期的下屬，此時也過來這裡幫忙。史丹佛大學的畢業生傑克·米恩斯以及澳洲人紐波利也過來幫忙。

「我要在這裡建立起另一個美國殖民地，正如我在澳洲做的事一樣。」胡佛說。他在賽馬路成立了美國工程師俱樂部，在阿斯特大樓的一層建立起了化驗室與實驗室，而他們則居住在上面的房間裡。盧·亨利選擇在同一條街的藍色磚砌的房子裡居住，請了許多僕人來料理家事。他們準備在這裡長期定居，以便胡佛能更好解決他在工作上遇到的問題。

胡佛要面對的不僅是重組這些礦場，還要面對在這裡做事所面臨的困惑。他感覺每一件事都是相互交織在一起的，這些交織的線索從普通的民宅延伸到朝廷，從整天汗流浹背的苦力延伸到慈禧太后，這一切都是密切相關的。他必須要有鐵路才能將挖掘出來的煤礦與鐵礦運送出去。俄國希望建造一條從貝加爾湖到庫倫再到卡爾甘的鐵路，讓胡佛能獲得太平洋港口的出口。但是，英國與法國出於對俄國的恐懼，拒絕了這一方案，因為他們對俄國這隻北極熊很不放心。更糟糕的是，當時亞洲根本還沒有融入國際金融體系當中。為什麼不將英國、法國與俄國的資金都集中起來，在

# 第五章

之前古老的商旅道路上建造一條鐵路，順便將跨西伯利亞的鐵路線連接起來呢？

　　一路上還要面對氾濫險惡的黃河，這條河被稱為「悲傷之河」，就像一條蛇蜿蜒盤旋在大地上，流經肥沃的平原，在一段時間內會非常平靜溫和，但在過去幾個世紀以來，總會出現黃河河水氾濫的情況，黃河因為各種原因改變了河道，將黃河兩岸的城鎮以及村莊都吞噬了，淹沒了一大片良田，讓原本能夠豐衣足食的百姓過著流離失所的困苦生活。胡佛想要征服這條河，透過挖掘溝渠來引導黃河的航向，讓黃河能夠成為一條運載貨物的航道。在胡佛看來，這是可以完成的。他經過精密的計算，知道這是絕對可行的。

　　張言卯穿著絲質的長袍安靜地坐著，手上拿著一把雕刻精美的扇子，對胡佛提出的這些計畫不置可否。征服「悲傷之河」？這個說話語速較快、穿著藍色的嗶嘰呢衣服的年輕美國人竟然大言不慚地說出這些話，竟然說要解決困擾了帝國數百年來的心頭大患？自從黃河形成的那一天開始，數千年來無數個帝王都想要整治黃河，卻最終因為無法成功而懲罰治理黃河的官員，這些受罰官員的名單數都數不清。也許再過一年或是兩年的時間，這條黃河可能就像蛇那樣再次伸出「毒牙」，那麼負責治理黃河的官員又要掉腦袋了。張言卯的朋友以及盟友李鴻章現在就是負責治理黃河的人。三年前，慈禧太后就委派李鴻章去治理黃河，但最後卻收穫了失望的結果。從那以後，上天一直對黃河兩岸的百姓十分仁慈，始終處於一種沉睡的狀態。但是誰知道黃河又會在什麼時候再次氾濫呢？也許，這位年輕的美國人……

　　張言卯輕輕地搖起了扇子，用他那雙瘦弱的黃皮膚的手搖著扇子，拇指上依然套著一個鑲嵌著三種顏色的玉器戒指。他非常欣賞這位年輕的美

國人，並且相信他的能力。赫伯特‧胡佛與張言卯對話的這個房間，正是張言卯擺放象牙製品以及雕刻著花紋的屏風的房間。在張言卯看來，這位年輕的美國人是聰明的，而且相當的誠實。但是，他認為胡佛提出的這些計畫需要更進一步的考量。慈禧太后擔心這樣做會讓歐洲勢力深入大陸的每個地方。要是有人勇於提出這樣的建議，說不定工程還沒有開始，提出建議的官員就要人頭落地了。張言卯知道，在紫禁城那一座迷宮式的宮殿裡，在裡面就連走路都要小心翼翼，不能越過雷池半步。耐心，再耐心點吧。年輕的美國人，要想過上祥和平靜的生活，就絕對不能操之過急！無論做任何事情，都需要謹小慎微，深思熟慮。

與此同時，西方人也在納悶，原本應該流向西方國家的黃金怎麼現在突然就沒有了呢？

「進行礦業開採簡直就像用力捶打一張羽毛被。」胡佛在工程師俱樂部的客廳裡這樣說，不過他也沒有什麼閒暇時間待在這裡。他的任務是要重整滿清的礦業管理結構，使之更好地適應二十世紀的競爭需要。胡佛知道，在這個結構的頂層是所有封建制度，而在最底層則是人類一開始的那種原始的共產主義。不管怎樣，胡佛必須要想辦法在這個結構的中間灌輸一種美國式的個人主義，建立起一種能夠讓最高層與最底層都能接受的工業化資本主義。

在胡佛看來，滿清帝國整個礦業系統必須要進行全方位的改革。為了實現這個目標，他重組了直隸省的礦業局。他特別設立委派一位職員去收集、翻譯以及總結礦業方面的文獻，還收集用其他文字寫成的關於描述礦業發展的書籍。在胡佛看來，這裡所有礦場都必須要進行一番檢查、評估與報告。胡佛派了一群地質學家、調查員以及金屬分析師前往這些煤礦。那些已經開始作業的煤礦必須要進行全方位的重組，裝備現代化的作業機

械，使其產量能夠立即得到提升。胡佛對此做出了許多評估，並且發電報給美國那邊，希望能夠採購一些作業機械，計算所需要的交通運輸成本，並且將他心目中的鐵路路線描繪出來。除此之外，胡佛始終關注著世界相關地區的政治以及經濟方面的局勢。

當時這些城市都居住著很多外國人 —— 其中包括英國人、法國人、德國人與美國人，還有很多外國的軍事官員、銀行家以及外交家 —— 這些人都想要過來這裡分一杯羹，想要從這裡撈取一大筆財富。在紫禁城內，年輕的光緒皇帝因為急著想要進行改革，觸動了保守派的利益，最後遭到了慈禧太后的軟禁。此時滿清帝國的實際控制權牢牢地落入了慈禧太后手中，慈禧太后對任何形式的改革以及觸動其自身利益的做法都感到憤怒與恐懼。北京的紫禁城與外國人居住區之間存在著一種對立的情緒，而夾在中間的則是難以計數的苦力。此時的德國已經占據著膠州灣，俄國占領著亞瑟港與大連灣，法國人占據了光州灣，英國人則占據了威海衛以及香港附近四百里的領地。滿清帝國的整個海關業務都抵押給了這些貪婪的西方列強，這些西方國家在別人港口徵收關稅，這些國家的軍艦就停泊在別人港口。

在賽馬路那棟藍色磚砌的建築裡，盧·亨利在夏天午後正在倒上一杯茶，一切都是那麼的平常。在歐洲那些西方國家正在享受著瓜分中國所帶來的經濟利益。在阿斯特大樓的走廊上，一個樂隊正在演奏著音樂，所有的舞者都穿著絲質衣服，跳著輕盈的舞步。大家都在竊竊私語，偶爾會響起點燃火柴發出來的聲音。

赫伯特·胡佛此時穿著一件晚禮服，顯得悠遊自在。他的馬匹在春天或秋天的時候都要在賽馬場與其他騎手的馬匹進行比拼。對於胡佛這樣一心只想開採礦藏的人來說，這些無聊的事情實在讓他感到鬱悶，但因為

這些事情是很重要的，因此他也只能將就了。盧·亨利始終鼓勵著鬱悶的胡佛要耐心點。盧·亨利也努力抓緊對這個地區的地質結構進行描繪的工作。胡佛覺得自己對這片土地沒有任何的留戀，他並不迷戀於這個擁有龐大人口的國家底下正在暗流湧動，一種躁動不安的情緒正在蔓延開來，就像被捅了之後的虎頭蜂窩一樣。胡佛在之前的長途旅程中已經看到了他們臉上含蓄的目光，知道這些人對整個國家的狀況是深感不滿的，只是這些人因為極強的忍耐力而沒有過於明顯的彰顯出來。即便是在中日甲午戰爭之後，他們也沒有起來反抗腐敗的政府，再加上有西方列強的戰艦就停泊在港口，這更是不可能的事情。

現在已經是胡佛到來的第二年六月分了，他的工作依然沒有多大的進展。不過，他已經完成了所有的初期工作，他了解附近一帶的礦場。他與那些最精通事務的外國人一樣知道在紫禁城內發生的事情。他已經完成了計畫的制定，準備要將這些計畫付諸行動。

他乘坐馬車向南前往卡爾甘，看到了這裡的人突然變得吵雜起來，每個人都變得凶險起來，形成了一群憤怒的暴徒。胡佛聽到傳言，一些地方出現了暴亂的情況。晚上，負責馬車隊的僕人突然不知去向，誰也不知道這些僕人去了什麼地方。管家向胡佛畢恭畢敬地說，最好還是要繞道走，遠離那些已經出現了暴亂的村莊。在一些城鎮的牆上，懸掛著許多籃子，籃子裡面都裝著被砍下的頭顱。很多礦場與平原都已經沒有什麼人了，之前的苦力都不知道去哪裡了。盧·亨利現在還孤身一人在外面研究地質結構呢！

這場旅程變成了一場賽跑，原先走路的僕人被甩在身後，沉重的包裹在丟在路上，馬匹在半夜都要前進。來到北京之後，胡佛搭乘了第一列向南進發的火車。

## 第五章

在外國人居住區的高牆下，生活還是如常，並沒有受到外面暴亂的影響，每個人依然過著安靜的生活。在工程師俱樂部，胡佛聽到了威爾遜已經從蒙古回來了，並且在一個城鎮與一些瘋狂的村民發生了鬥毆行為，因為這些村民一路上攻擊他所乘坐的馬車，但是他們一行人並沒有受傷。威爾遜與紐波利都待在德國海關專員德璀琳在鄉村的房子裡。當時流傳著許多暴亂的流言，但在這片土地上，總是會有很多子虛烏有的流言。只要外國的軍隊在當地駐紮，就肯定不會出什麼亂子。但似乎出現了什麼亂子。

接著傳來了公使館遭到圍困的消息，這一消息就如晴天霹靂讓所有的外國人都驚呆了。外國的軍隊之前已經趕到了那裡，結果卻遭到了暴民的包圍，他們使用電報尋求支援，卻沒有任何回應。另一支外國軍隊從天津的街道出發，前往營救，最後也沒有傳來什麼消息。

「那些在家的人肯定擔心死了，」胡佛說，「我們最好發電報給家人，報個平安。」電報辦公室裡擠滿了人，發出去了數百條報平安的資訊。胡佛心想，將盧·亨利送到河那邊的塘沽（Tong Ku）應該會較為安全，因為那裡可以受到聯軍軍艦的保護。但是，盧·亨利反對胡佛這個想法，她感覺自己待在這裡是絕對安全的，因為她無論在任何情況下都不會離開胡佛的。當然，胡佛也不忍心離開亨利，只是他覺得那樣做會讓亨利更加安全一些。當然，胡佛不能離開目前的職位，權力帶來了相應的義務。他不僅要考慮手下美國員工的安全，還要確保躲在張言卯府邸裡數百名礦工的安全。

那天晚上，胡佛在工程師俱樂部的樓頂上看到了炮火在古老的街道上發出光亮。很多外國教堂都被熊熊大火所覆蓋。

「但是，那些暴徒是絕對不會攻擊我們的。他們絕對沒有這個膽量。」

「我也不知道。但是，如果他們膽敢攻擊我們的話，我們也可以應付的了。」

聯軍大約有五千名駐軍，這些外國聯軍將會與清軍一起鎮壓這些暴徒。顯然，清軍會與聯軍站在一起的。慈禧太后是絕對不敢公然與整個歐洲對抗的。

第二天晚上，在西南面出現了一陣暴亂的騷動。英國軍隊發射的老式炮彈落在了這些發生暴動的街道上，很多英國步兵也立即開挖壕溝，以便更好地應對各種突發狀況。盧‧亨利則因為興奮而紅著臉，雙眼發光。一群由憤怒的苦力組成的暴徒竟敢進入那間藍磚砌成的建築，想要從裡面偷走最值錢的瓷器，在亨利面前將午餐桌的桌布都搶走。盧‧亨利勇敢地用一把切麵包的小刀將這些暴徒趕走。聯軍對此表示嚴重關切，但他們對目前的局勢依然充滿自信。即便暴徒再次發動攻擊的話，他們也有能力擊退這些暴徒。張言卯在他那座歐式府邸裡淡定地坐著。他並不知道慈禧太后已經向清軍發出了要攻擊聯軍的命令，只是認為清軍肯定會與聯軍一起鎮壓這些暴徒。但是，誰又知道這次慈禧太后會下達什麼樣的命令呢？當然，這次暴亂的事情肯定會過去的，就像之前所有的大災大難都會過去的一樣。此時，他端起一個用瓷杯，抿了一口香氣騰騰的茶水。隨著時間的流逝，他的府邸湧入了越來越多的無比恐懼的人。

義和團的攻擊並不算什麼。也許，這些人的攻擊只會持續半個小時，他們只會在黑暗中有零星的交火，英國人的槍炮肯定會讓那些義和團成員心驚膽顫的。在聯軍的炮火下，這些暴徒就像鐮刀下的小麥一樣紛紛倒下。聯軍軍官會對這樣的結局微微一笑。這些愚昧無知的黃種人竟然還認為他們那一套所謂神祕的功力能夠讓他們的身體不受外國機槍子彈的掃射。我的天呀！即便是一把英國的機槍都能夠對付一千名這樣的義和團暴

207

徒。是的，我親愛的朋友，我們現在並沒有什麼真正的危險。

美國國旗依然在工程師俱樂部的樓頂上飄揚。盧・亨利在藍磚砌成的屋頂上吹著風。勇敢的盧・亨利還是像以往那樣勇敢，在腰間套著一把左輪手槍。「這樣做只是以防萬一。你說的毫無道理，我是絕對不會離開這裡的。因為我們永遠都不知道那些僕人到底在想什麼，其中一些僕人已經走了。我要下去看看德魯夫人現在的情況。聽著，你要答應我……」亨利用手整理了一下胡佛的外套翻領，「在沒有告知我之前，你絕對不要去參加戰鬥。親愛的，再見。我們晚餐見。」

威爾遜與紐波利已經過來了，他們之前在環視周圍的情況，因此來的時候已經很晚了，因此沒有親自參與。此時，又傳來消息說聯軍派去的援軍已經被擊退了，現在就駐紮在距離這裡西北十里的地方，四周都被包圍了，因此無法繼續前進。這天早上，北面又傳來了槍聲，但很快就平息下來了。在河的另一邊爆發出零星的槍聲，但情況並不嚴重。顯然，暴亂已經結束了，義和團運動被鎮壓下去了。

週六顯得風平浪靜，大家都鬆了一口氣。當然，每個人都能依然感覺到一種緊張的氣氛，但已經不像先前那麼嚴重了。胡佛當然對發生這樣的事情感到抓狂，因為這些事情會嚴重阻礙他的工作進展。也許，在列強與清政府解決一系列的問題之前，他都不可能繼續自己的工作，而這至少需要數月的時間。

週六這天，他長時間地坐在午餐前，感到了許久沒有過的輕鬆，微笑地看著坐在白色椅子上的盧・亨利。透過敞開的窗戶，他們看到了微風輕輕地吹拂了窗簾，聽到了遠處突然傳來一陣爆炸聲，接著就是餐桌上茶託上的杯子輕微地震動了一下。胡佛馬上看著亨利的眼睛，然後迅速地站起來。此時，亨利也已經站了起來，他們看著彼此。

「胡佛？」

「看來爆炸聲離我們很近，這是炮彈的聲音。」此時，又傳來了一陣爆炸聲，接著又是一陣爆炸聲。

胡佛與亨利立即前往屋頂，用望遠鏡觀察著寬闊平原上發生的情況。情況已經非常清楚了。慈禧太后竟然敢公然反抗西方列強。看來，在這的外國人是難逃一死。清軍的前鋒部隊正在發動攻擊，並且對外國人的居住區進行了包圍。炮彈爆炸之後冒出了濃密的黑煙，呼呼的炮彈從頭頂上飛過，被擊中的磚牆都冒出了灰塵。

胡佛心想，必須要盡快將盧‧亨利送到居住區的中心，因為那裡的危險相對小一些。他必須要站出來勇敢地進行戰鬥。大約五千名聯軍要與二十五萬的軍隊作戰。因此，每個人都顯得那麼重要。他們在這棟房子裡放了多少把步槍呢？他必須要拿一把步槍，盧‧亨利也必須要有一把步槍。

亨利匆忙將一些行李打包好。一位男僕呆呆地站在走廊上，詢問有什麼吩咐。胡佛立即要求他前往工程師俱樂部那裡拿來一把步槍，並且為盧‧亨利準備一架馬車。此時，聯軍已經對清軍進行了三輪的炮火攻擊。現在真的是五千聯軍對抗整個清朝的軍隊了！

男僕帶著一把毫無用處的馬林步槍回來了，這把步槍上面還有一個匆忙削好的木塞，卡住了瞄準的准心。此外，男僕還帶回來了俱樂部那邊的美國員工留下來的一張便條。便條是用鉛筆寫的，上面用潦草的字跡寫著英國那邊的領導對礦場的開工情況感到不滿，抱怨這邊的礦場竟然需要那麼多全新的裝備，並且警告這樣的情況以後不能再繼續發生。胡佛一邊看一邊咧嘴笑著，盧‧亨利則在一旁咯咯地笑起來了。美國員工的搜集資訊的能力就是強呀！盧‧亨利站在胡佛身旁，還是一如既往的勇敢，即便清

兵的炮火越來越近了，她依然表現的無所畏懼。胡佛此時感到了一種能夠
讓他的靈魂變得更加強大的情感。

　　他與亨利一起前往居住區中心德魯夫人的家裡。德魯在海關辦公室工
作，德國海關專員德璀琳也在這裡。德璀琳的鄉村房子已經被燒毀了，他
在那裡的忠實僕人已經被殺害了。清兵正在發射野戰炮，其中絕大多數炮
彈都沒有精確地命中目標，而是落在了郊區的一些磚砌建築上。如果從這
個角度來看的話，德魯的這所房子應該是保護女性的最佳地方，當然這
並不是說這裡就沒有真正的危險，但他們必須要想辦法讓這些女性保持
冷靜，不要慌張。胡佛讓盧·亨利與這些女人待在一起，亨利顯得一臉平
靜，只是用渴盼的眼神希望胡佛能夠帶他一起走。

　　如果清兵無法用更加先進的機槍發動有效的攻擊，那麼他們可能仍然
還有一線生機。五千名聯軍士兵還是能夠抵抗住一陣子的進攻，援軍很快
就會到來的。但是，在被包圍期間，他們應該到哪裡去找食物呢？他們有
足夠的食物堅持到援軍到來嗎？他們還要被包圍多久呢？這件事應該怎麼
處理呢？

　　在軍隊總部裡，誰也不會漠視現在所面臨的危險程度。如果清軍發動
總攻的話，他們也只能與敵人展開肉搏的巷戰，直到最後一個人。而至於
食物，誰都要關心這個問題，但胡佛肯定要參與負責這件事。

　　此時，商店與倉庫打開了大門，只有零星的貨物供應。胡佛在這裡停
下了腳步。他徵用了一些馬車，恫嚇經銷商，讓他的人負責這裡的食品，
將居住區內所有商店的商品都聚集起來，維持食品發放方面的秩序。他們
的食物足以維持十天時間。胡佛制定了一個食品分配制度。哥薩克人在這
方面做得很不錯，兩百多名俄羅斯軍人在沒有得到支援的情況下孤獨地對
抗著所有清軍。在河流兩岸的戰鬥還在繼續，河流前方則還沒有設防。錫

罐包裝的食品、一箱箱牛奶、一袋袋麵粉都被搬到了一座大倉庫裡。有傳言說，藍磚砌成的房子遭到了炮彈的襲擊。還有傳言說有狙擊手在張言卯的屋頂上開槍。必須要有人去了解真實的情況。威爾遜願意去一探究竟。不管怎麼說，他們現在的糧食儲量還是很充足的。

　　二十四小時過去了，食物供應問題得到了解決。猛烈的陽光照在屋頂上，街道上的彌漫著無煙火藥爆炸之後的煙塵。胡佛在晚飯時來到了德魯的房子，只有昏暗柔弱的燈光照在白色的線條上，銀製的鏡子反射著光線。盧·亨利臉龐依然充滿神色，穿著一件晚禮服。其他的女人也穿著晚禮服。一群笑盈盈的女人要求胡佛坐在一張空椅子上。「千萬不要在意你所穿的衣服。現在這裡的一切都亂了套。王，端一碗湯給胡佛先生。」

　　這些女人在喋喋不休地說著。一位夫人的銀製湯勺不見了，可能是一位之前逃走的僕人偷走了。儘管如此，她們還是一致認為，亞洲的僕人是非常可靠的，可以說是世界上最完美的僕人了。「正如我經常所說的，要是沒有這些僕人的話，我都不知道該怎麼辦呢。」

　　當然，這就是女人們經常聊的話題。胡佛心想，應該在河岸兩邊築起路障，因為那裡的河流只有八十英尺深。要是敵人萬一從那個方向發動進攻的話，那麼倉庫就很難守很長時間。此時，槍炮聲已經平靜下來了，這也許意味著敵人下一波的進攻即將到來。

　　德魯夫人身子前傾，用她那只帶上了玉戒指的手做出了一個手勢，以求吸引胡佛的注意。她說：「胡佛先生，請你告訴我們實情。我們現在真的處於危險當中嗎？整個大清帝國的軍隊都在與我們為敵嗎？」

　　德魯夫人根本不知道他們當時正處於多大的危險境地，除了盧·亨利，其他的女性都不知道她們當時所真正面臨的危險。當一道閃光從天空出現的時候，每個人都在靜靜地等待著爆炸的巨大聲響，這片刻的安靜是

# 第五章

那麼的漫長。在這張鋪著白布的桌子上，每個人都的肩膀都前傾著，大家的嘴唇都微微張開，用睜大的雙眼注視著胡佛。胡佛安靜地坐著，擺出一副毫無防備的樣子，環視著這些夫人們質問的眼神。他在努力思考著她們那個問題的回答，想盡量放鬆自己緊張的神經，但他卻沒有做到。接著，有人突然用手輕輕拍了一下他的肩膀，打破了這個讓人難以忍受的尷尬場面。盧‧亨利此時的話語讓他擺脫了當時的尷尬場面。

「真正的危險？當我們的男人都在這裡的時候，怎麼會有什麼危險呢？」盧‧亨利迅速果斷地說，「說我們現在處於危險狀態，這實在是太荒謬了。」亨利邊說邊做出一種滑稽的表情，「我們所面臨的唯一危險，就是胡佛可能會用各種繁文縟節的方式，每天分發不多的糧食給我們，從而讓我們都餓死。你不是將所有的蔬菜與水果都像關犯人那樣都保存好了嗎？」

胡佛在諸位夫人的一片笑聲當中離開了剛才那個尷尬的場合。在這個世界上，真的沒有像她如此優秀的女人。盧‧亨利總能迅速地找到問題的核心，然後用微笑的方式去解決問題。胡佛之前已經向她做出了保證，如果清軍最後攻陷了這個居住區，那麼他寧願親手殺掉亨利，也絕對不會讓清軍俘虜與虐待亨利。

此時，他應該怎麼做呢？在軍事總部，他對貝利上校說，必須要在河流前方設置障礙物。他們正在河流上搭建浮橋，想要透過浮橋來渡過河流，然後從這邊發動進攻。

在星期二這天，陽光照在荒涼的外灘上。六名苦力背著一袋袋糧食來回往返於倉庫。胡佛必須要無時無刻都用步槍監視著這些苦力，在他們身旁走來走去。有時，子彈會從他的耳旁呼呼而過，打在倉庫牆壁上濺起一陣陣磚灰。城鎮的另一端又響起了猛烈的炮彈聲。

胡佛從拂曉一直忙活到黃昏。在夜幕當中，很多步槍的子彈都在猛烈地射過來。有時，胡佛腳下的石磚都會因為被子彈擊中而冒氣一陣陣磚灰。在陰影當中，盧‧亨利穿著便裝神色平靜地走過來，她的肩膀上掛著一把獵槍。

　　「你過來這裡幹什麼？」

　　「我過來看看你在做什麼呀，並且過來幫忙。」在河流兩岸，子彈就像嗡嗡的蜜蜂那樣呼呼而過。

　　「快點回去安全的地方！」

　　「讓我幫你看管這些苦力吧，你先去休息一會。你不能整個晚上都這樣忙著。」

　　「我們要完成了，我們已經差不多將最後的糧食袋都搬走了。你快點回去吧，這裡很危險。」

　　在接下來的兩天裡，胡佛都沒有看到亨利。此時的亨利正在那棟古老的俱樂部建築裡工作，此時這棟建築已經變成了一座臨時醫院。傷患都被送到了這裡，很多抬擔架的人都在冒煙的街道上來回奔跑，最後將傷患放在俱樂部的走廊上、階梯上或是人行道上。這個所謂的醫院裡並沒有一位接受過專業訓練的護士，只有一位醫生。盧‧亨利負責醫院裡一半的工作。在沒有麻醉藥以及其他藥物的情況下，那位醫生要比之前從未接受過專業訓練的亨利感到更加慌張。最後，他在臨時搭建的手術臺上進行手術，將被鮮血染紅的衣服全部切開，清洗傷口，在悶熱與發臭的環境下不停頓地工作。

　　子彈依然在屋頂上呼呼而過，發出尖刻的聲響。德國俱樂部建築遭到了襲擊，阿斯特大樓也遭到了炮彈的襲擊。他們到處可以看到建築物被炮彈擊中之後成為一堆廢墟，空氣中彌漫著灰泥粉塵的氣味。張言卯此時也

# 第五章

深陷麻煩當中，朝廷有人上奏說張言卯悄悄將資訊通報給了敵人。傳遞信件的信鴿從被圍困的敵人聚集點出發，最後飛到了張言卯府邸的屋頂。很多在府邸外面的人都看到了這只信鴿的確飛到了張言卯的屋頂。在府邸內避難的人，包括張言卯的僕人以及礦工公司的員工都感到無比驚恐，他們向上天祈禱，希望公司總經理胡佛能夠過來解救他們。

看來，胡佛之前將威爾遜派到張言卯的府邸，並且讓他一直留在那裡的決定是非常明智的。威爾遜之前學過中文，他每天都與張言卯在一起，認真觀察著這座府邸發生的情況。他完全可以作證，那只信鴿絕對不是從張言卯的屋頂上出發的。他與胡佛之後都出來作證，這才讓原本已經一腳踏入鬼門關的張言卯獲救了。

清軍在東南面突然發動了進攻。美國的工程師與英軍、日軍以及俄軍都在戰壕裡奮力抵抗。他們在河流的沿岸進行了兩個晝夜的激烈戰鬥。清軍很快就搭建好了浮橋，想要透過浮橋度過河對岸，一舉拿下外灘。清軍迅速攻占了居住區東面的武器庫，但很快就有被聯軍打退了。此時，已有信鴿在這座城鎮的上空飛來飛去。殘餘的哥薩克人依然在零星地向清軍發動進攻。他們騎在馬背上，揮舞著軍刀，在平原上與清軍作戰，大大挫傷了清軍的鬥志。

接著就是聶將軍發動的一次無比激烈的攻勢。胡佛透過望遠鏡觀察著戰況。他看到大約有一千五百名清軍騎兵朝著英軍發射炮彈，這顯然是一場規模巨大進攻的前奏，也是他們即將要覆滅的前奏。胡佛看到身旁的美國員工都在沉默不語，似乎在說「謝天謝地，幸好我的妻子沒有在這裡。」

清軍騎兵發動了進攻，聶將軍騎著白馬衝在前頭，徑直朝著英軍的炮火前進。這些清軍騎兵都倒在了平原的血泊當中。接著，清軍就沒有發射

炮彈了，也沒有步兵的進攻了，任何進攻都似乎消停了。槍管上冒出來的煙漸漸消散了，清軍的陣營裡又籠罩在一片安靜當中。

聶將軍自殺了。這是為什麼呢？他指揮著大清軍隊的先鋒部隊，並且面對的是在一座不設防的城市裡的五千名外國人。對於這位滿清高級將領選擇自殺，只有一個可以解釋的原因。那就是聶將軍不願意執行慈禧太后攻擊外國人的命令，因此最後只能選擇自殺。看來，清軍內部的將領也對此是意見不合，很多軍事將領都擔心要是清軍強攻的話，必然會導致外國人遭到殺害，而這又必然會遭受西方列強的無情報復。這解釋了清軍延遲進攻的緣由。這也解釋了聶將軍自殺的原因，還解釋了在接下來三天時間裡清軍只是零星發動一些進攻的原因。胡佛這些外國人又看到了希望。他們緊繃了許久的神經終於可以放鬆一下。雖然食物的供應已經不多了，但在補給制度的分配下依然能夠維繫一段時間。炮彈依然會落在城鎮上，但人們已經漸漸適應了這種狀況。此時的胡佛已經有閒暇時間回到工程師俱樂部，在一個信封的背後計算著清軍每發射三噸炮彈才只能消滅一個外國人的事實。

「如果按照這種速度的話，我們還能夠活很久呢。」胡佛咧嘴笑著說。

「我在想，我的母親是怎樣的想法。」諾曼·瑪姬說，「我感覺自從上次發『安全』的電報給她到現在已經過去了一年時間了。我真的希望這裡的電報線路沒有被切斷。要是我能夠再次發電報給母親的話，我寧願什麼都不要。」

諾曼·瑪姬其實還是最好將這樣的想法埋藏在心中，因為他的話讓很多人都有所感觸。一群突然安靜下來了。胡佛伸了一下雙腳，接著將雙手插在口袋裡，隨意地問道：「假設你現在能夠發電報，那又如何呢？你會跟你母親說些什麼話呢？」

## 第五章

「我想我肯定會跟母親說：『我現在不是很安全。』」瑪姬回答說。大家在一陣歡笑之後都感覺好了些。

第六天依然響起槍炮的聲音。援軍在被包圍的城鎮另一端發動了進攻。這天晚上，胡佛在工程師俱樂部的屋頂透過望遠鏡看到了這些槍聲是來自援軍的。他們並沒有繼續趕過來，但他們已經來了。十二個小時之後，清軍的包圍圈被擊破了，聯軍到來了——有美軍、英軍、日軍、意軍、德軍、俄軍。聯軍終於昂首挺胸地進入了外國人居住區的街道，很多外國人都在街道兩旁笑著歡呼，不斷感謝上天的搭救。這場圍困戰役終於結束了。

當真正的危險結束之後，女人表達情感的方式往往會更加感性。亨利靠在胡佛的肩膀上，將壓抑了多天的淚水都揮灑出來，將胡佛那間藍色的嗶嘰呢衣服都弄溼了。上帝保佑了她。

「你一定不能怪我。」亨利說，「我，我想我只是有點疲憊而已。你知道我之所以感到失望，是因為他們以後肯定不會讓我繼續在這裡進行地質結構研究方面的工作。」

清軍向後撤退了，就像地平線上的一片烏雲消失了。此時依然會響起零星的槍聲。但是，流向塘沽的河道已經被聯軍打通了。胡佛想要將盧·亨利送到那裡，因為那裡會更加安全，不會有遭到流彈攻擊的可能性。胡佛與德雷克進行了一番商討，講述了他希望成立一個建築貸款公司，幫助重建外國人居住區內那些被炮彈炸毀的建築。之後，胡佛前往張言卯的府邸。

張言卯依然是那麼富於尊嚴，那麼神色自若，似乎任何混亂狀況都不會打擾到他。之前，因為暴徒搶劫而致死的兩名傳教士已經讓大清帝國損失了膠州灣、亞瑟港、大連灣、光州灣、威海衛以及香港的四百多里地。

這次發生這麼嚴重危害外國人的事件，西方列強會對大清帝國索要多麼巨大的賠償數額呢？昨天，張言卯還擁有大清帝國所有礦場的所有權，明天，這些礦場的財富將會落入哪個西方國家的手中呢？

毋庸置疑，張言卯的擔憂與恐懼是完全有道理的。誰也不會懷疑列強必然會利用這個契機將中國最富裕的地方劃入他們的「勢力範圍圈」，從這之後，他們想要開採礦場的希望已經變得越來越渺茫了。在胡佛看來，問題就在於找到一個方法，在錯綜複雜的國際政治與商業貿易當中，維護屬於張言卯的那一份利益。德國海關專員德璀琳是張言卯所信任的人，德璀琳提出了一個計畫，希望能夠在英國成立一個礦業公司，這間礦業公司受到英國法律的保護，這間礦業公司的股份由歐洲人與亞洲人共同持有。張言卯可以控制開平煤礦，這個煤礦擁有著豐富的礦藏，而且尚未得到什麼開發。張言卯需要付出一定的代價，作為向西方朋友示好的方式，這也是成立一間受到英國法律與英國軍隊保護的礦業公司的一個基本條件。這間控股公司要對現有的煤礦產值進行評估，然後再以高價賣給這間礦業公司，從而讓張言卯獲得的利益能與這間礦業公司當前擁有的礦藏估值一致。若是按照這樣的方式，西方金融家能夠從原來只有 1 美元的股票升值到 4 美元的過程中獲取暴利。當然，若是按照這個計畫，張言卯不會有任何損失。另一方面，若是張言卯對此有任何猶豫不決的話，那麼他將會一無所有。憤怒的西方列強都叫囂著要對滿清帝國進行報復，肯定會迅速搶占中國的礦場，歐洲那邊的投資者肯定會以西方投資以及開發方式去控制著這些礦場。當時的形勢就是那麼簡單，必須要採取具體且實際的方法去應對。

張言卯依然坐在那間擺放著銅製品以及絲質屏風的房間裡，慢慢地進行著思考。張言卯希望能夠保留滿清帝國的尊嚴與榮耀，這也是他現在唯

# 第五章

一想要保留的東西。

　　此時，他的府邸裡是一片熱鬧。很多人在砂礫的道路上走路，發出噠噠聲響，到處都可以聽到人說話的聲音。一千多人在圍困期間都對張言卯的猶豫不決感到不滿。聯軍已經控制了整座城鎮，北面依然還有零星的戰鬥，但是通向塘沽的河道已經打開了。張言卯那位說話大聲的正妻與她所有的僕人以及財產都已經轉移到了日本，威爾遜正在為這次旅程出謀劃策。張言卯不得不出面解決很多事情，因此他根本沒有時間進行深入的思考。最後，他與胡佛並沒有達成協議。這天就在混亂中度過了，胡佛與德璀琳離開了。

　　一週之後，赫伯特·胡佛在塘沽的海關等待著盧·亨利，他們將會乘坐這艘汽船返回美國。義和團運動已經讓他無法施展拳腳了，他這次算是失敗了，重新面臨著不確定的未來。比威克與莫林公司肯定會將他派到世界上其他還有礦場業務的地方，但是他絕對不能再讓盧·亨利跟著自己一起去了。

　　礦業公司的龐大府邸裡擠滿了避難者。兩層樓高的海關大樓都鋪上了軍用床，還有很多人在倉庫裡睡覺。海關大樓的欄杆外面，停泊著一艘汽船。發船的日子還沒有確定。河面上駛來了一艘小船，張言卯與德璀琳一起乘船來到了這裡。

　　張言卯已經決定接受他這位德國朋友的建議。他們一起過來要求赫伯特·胡佛將這個消息傳遞給倫敦的公司，在聯軍的保護之下接管礦場並且進行開採。此時，俄軍與日軍已經正在趕往礦場的所在地，準備直接搶占這些礦場的所有權。因此，張言卯不能再拖了。但是，胡佛知道清朝的利益必須要得到保護。他們必須要一起擁有這些礦場的所有權以及控制權。

　　他們在海關大樓一間簡陋的房子裡討論了這個問題，透過房子的窗戶

可以看到煤礦公司的倉庫以及河面上一兩艘船的桅杆。穿著絲質長袍的張言卯只坐了椅子的一角，他的雙手被寬闊的長袖所隱藏。德璀琳依然是留著鬍鬚的友善德國人，將手臂放在辦公桌上，用即將要熄滅的菸蒂點燃另一根香菸，就這樣抽個不停。而赫伯特·胡佛此時對金融方面的事情還沒有什麼經驗，但他始終都保持著警覺的態度，坐在一張堅硬木板床的一角，認真地聆聽著。

胡佛了解礦場，德璀琳也對當前的形勢進行了一番闡述，他已經聯絡了倫敦方面。張言卯與德璀琳相信，胡佛能夠完成這個任務。只有胡佛完成了這個任務，才有可能讓張言卯或是滿清帝國保住礦場的部分開採權。這是最後的機會了，也是最後一搏了。但是如果他們這次成功的話，就意味著倫敦的總公司以及大清國能夠數百萬美元的收入。

「好吧。那就將這個主張寫下來吧。」赫伯特·胡佛說。

他們準備好了紙張，擬定了合約。胡佛作為見證者，看著張言卯用蘸著墨水的毛筆在合約上簽字。胡佛將這份合約放入了藏青色嗶嘰呢外套的裡袋，德璀琳與張言卯之後乘船返回。

命運之手還是將運氣交到了胡佛的手上，他的未來將會呈現出一番全新的景象。赫伯特·胡佛乘船前往倫敦，並不是作為一位因為義和團運動而無法完成工作的年輕工程師，而是以沒有多少經驗的金融家的身分出現，因為他的胸袋裡帶回了一份極具價值的礦場協定。莫林先生非常歡迎胡佛的歸來，並且充滿熱情地聆聽他的講述。比威克與莫林公司並不是一間開採礦場的公司，而是一間操作與開採實際礦業財產的公司。儘管如此，該公司的子公司可以參加這樁國際金融業務。張言卯給予的意見以及簽署的備忘錄是接下來他們在辦公室以及在銀行進行商議的重點議題。他們認為，應該成立一間控股公司購買礦業，然後投資，再次出售。他們需

要為此專門成立一間公司來購買這些礦場，然後在礦場的估值升了之後，再放到股票市場上進行出售。礦業有限公司將會負責這些礦場的實際開發，赫伯特·胡佛將會作為這間公司的總經理再次回去，從這一頓金融大餐中得到一些油水。他將獲得這間公司價值 5 萬美元的股票。

他與另外兩人一起找到張言卯，準備完成這些礦場的最終轉讓協議。不過，在最後一刻出現了一些波折。張言卯始終堅持這間公司應該平等控制，而該公司的總部也必須要設在他這裡。張言卯還是對之前的諾言反悔。胡佛與他就此進行了幾天的磋商，但毫無結果。此時，一位新來的經理參與其中，胡佛則作為中間人協調各方的利益。胡佛說服了英國那邊同意張言卯的要求。最後，他們終於達成了一份備忘錄，張言卯與胡佛各自代表雙方的利益簽署了協定。他們將這份協定的內容透過電報的形式發到了倫敦，在得到了倫敦方面的同意之後，這份協定終於達成了，完成了轉讓協定。現在終於可以真正地開採礦場了！

胡佛充滿自信地重新投入到了工作，終於可以不受拘束地執行自己長久以來想要實行的計畫了，不再受到任何的牽制。他其實是在為歐洲的公司工作，但胡佛身為當地的負責人則有自由的管理權。倫敦作為世界礦場交易的中心，正在翹首盼望著胡佛這位證明了自身能力的工程師能夠充分調動自身的進取心、主觀能動性去完成這個龐大的任務。胡佛這位美國人在祖輩與荒野之地的鬥爭中累積下來了巨大的能量，讓他成為了推動世界商業發展的一股洪流。赫伯特·胡佛的品格已經贏得了商界的認可與尊重。他可以直接負責開採煤礦了。

那些古老礦場煥發了全新的生機。這裡的礦場採用了美國式的作業方法與機械，開挖了許多隧道，鋪設了許多條鐵路路線。從地底下面挖掘出來的煤礦透過箱式車從長長的隧道裡運載出來，然後透過斜槽運送到在港

口等待的貨船上。美國的工薪制度與帳本制度將沿襲了幾百年的苦力制度以及官員的貪汙都消除掉了，那些清朝官員再也不能鑽什麼漏洞了。其實，這一切都只不過是開始。對這位礦業有限公司的新任總經理來說，這一切都是一個更為宏大計畫的開端。

但是，張言卯卻對此深感不安。他經常懷著不安的心情與那位年輕的工程師進行交流。該公司的相關負責人在世界另一端的布魯塞爾舉行會談。負責人則對最後做出來的決定沒有任何發言權。張言卯感到擔心的是，備忘錄裡面的條款什麼時候才會真正落實呢？這間有限公司的總部什麼時候才會正式成立呢？

外國勢力並沒有領土的權力，因為列強都擔心會發生之前類似於義和團那樣的暴亂。慈禧太后依然躲在紫禁城的深宮裡牢牢地掌控著滿清帝國的最高權力，她用冷漠的雙眼看著自己之前的寵臣張言卯。慈禧太后擔心的是，如果張言卯向那些可恨的外國人出賣了她所珍視的礦場呢？

事實上，張言卯與他的朋友的確從這些礦場的開墾中得到了實惠。對張言卯一群人來說，這間新成立的公司的確帶給他們真金白銀。但是，這並不單純是一個獲得更多利潤的問題，而是涉及到尊嚴與驕傲的問題，這會嚴重影響到那位之前從苦力一直做到慈禧太后寵臣的張言卯的政治生涯。此時，距離張言卯聽從德璀琳的建議已經過去了一年時間，張言卯對這漫長的一年過去了卻依然沒有實施備忘錄的相關規定也是憂心忡忡。他想要知道的是，到底合約規定的這些內容什麼時候才會落到實處？張言卯依然表現的冷靜，但他的眼神卻難掩失望之情，急切地希望得到西方方面給予的相關保證。

其實，要履行合約中的相關內容並不是一件難事。備忘錄裡規定的條款必然會得到執行，只不過落實這些事情的確是需要時間的。備忘錄裡包

## 第五章

括他們之前達成的相關協議，胡佛在倫敦的會議上也清楚地將張言卯所處的狀況說得非常清楚。事實上，礦場的總經理與這些事情是沒有任何關係的，總經理的職責只是管理與公司相關的事務，張言卯在這個過程中也給予了相關的幫助。與此同時，煤礦的日產量不斷地攀升，這也符合張言卯一方的利益。胡佛不禁對未來進行了更為宏大的思考，思考著如何在更好地進行業務開發。

隨著倫敦總部派來了兩位年輕的比利時人過來與張言卯商討相關情況，形勢突然發生了變化。比利時與德國的利益方已經收購了礦產有限公司的英方與中方的股票，因此比利時與德國現在成為了這間公司的實際控制者，這些人決定不執行備忘錄裡面的相關規定。該公司的董事會決定廢除赫伯特・胡佛與張言卯達成的協議。突然之間，這份備忘錄就失去了法律效力，因為備忘錄上規定的條款並沒有明確規定公司的相關控制方。因此，從法律層面上來看，胡佛與張言卯達成的那一份備忘錄並不屬於法律保護的範疇之內。現在，外國人完全控制了礦業有限公司的管理權，當然他們依然能夠透過自身持有的股份獲得分紅，但是他們失去了對這些礦場的所有權與管理權。

張言卯在聽到這個消息之後一聲不吭，只是挺直腰板坐在放著軟墊的舒適扶手椅子上。在他這座豪華氣派府邸的客廳裡，他之所以歡迎歐洲那些外國人前來這裡商議，是因為他有進步思想，希望能夠借助西方的先進科技來促進現代化進程。他站起身，表示以後再也不見任何西方人了。他從這些西方人的眼神中知道這些人說的是實話，他認為自己已經背叛了滿清帝國。他犯下了這樣的錯誤，就像一隻過街老鼠那樣，只想找一個角落藏匿起來。

他安靜地坐在府邸的座位上，手上揮舞著一把象牙雕刻而成的扇子。

此時，他的那位年輕的美國朋友胡佛匆忙地趕來想要見他。胡佛對此感到憤怒，也對比利時人與德國人的做法感到極度的不滿，想要努力恢復自身的信譽。他向張言卯保證，他絕對沒有參與這場陰謀，表示絕對不會參與這個公司之後的任何工作。在他對此表示反對之後，他將會離開中國。張言卯深知這胡佛是誠實之人，他對胡佛的信任從來沒有動搖過。

赫伯特·胡佛想要以西方的方式去改變這個無法改變的事實，但他對此也實在是無能為力。公司董事會堅決拒絕履行之前簽訂的備忘錄裡面的條款，並且表示他們這樣做是受到法律保護的。對當時只有二十五歲的胡佛來說，這是一次深刻的教訓，讓他明白了在不同的國家裡經商必然會遭遇這樣的困境。胡佛知道，美國人與英國人可以在合約的精神下相互合作，而歐洲大陸的其他投資者則會遵照合約上的內容去辦事。胡佛選擇辭去中國工程與礦業有限公司的總經理職務，準備回家。他的弟弟希歐多爾現在也成為了一名礦業工程師，他們可以在舊金山一起開辦辦公室，在美國管理礦產的業務。

張言卯躲在柚木與絲綢做成的屏風後面，依然那麼淡定地安排著各種事情，等待著北京方面下達的那一份要他性命的聖旨。最後，這份聖旨送來了。用羊皮卷做成的聖旨傳來了。聖旨上說，慈禧太后要求張言卯立即返回，接受砍頭的懲罰。張言卯接過聖旨之後，莊嚴地看了一遍，然後將聖旨收好，命令下人準備好馬車，準備出發。

在張言卯準備的工作完全做好之前，他準備對自己的這座府邸說再見。燈籠掛在府邸的每個角落，燭光倒映在蓮花池上，張言卯安靜地欣賞著美麗的花園。此時，馬車已經在門口上等著了，等待著躲在柚木屏風後面的張言卯。此時，一位走路安靜的僕人見到張言卯之後低頭鞠躬，用長袖子遮住自己的臉，告訴了張言卯馬車已經準備好了。張言卯站起身，緩

# 第五章

慢地走過庭院,最後看一遍這座府邸。紅色磚瓦做成的府邸依然高高聳立著。他經過了門廊,回頭看了一眼,最後走到了大廳的走廊,這都是用大理石做成的地板,還有高高的西式壁爐。他停了一下,看著自己那個西式的劇院、絲絨窗簾做成的舞臺簾幕、機器紡織的地毯以及一排排粉刷著亮光漆的木椅。他無聲無息地走過客廳,看著舒適的椅子、發出光亮的地板、威爾頓地毯以及花邊窗簾。接著,他轉身離開,卻在大門口看到一位年輕的美國人,這位美國人氣喘吁吁地用中文說:「晚上好,張言卯。」

「晚上好,威爾遜先生。」張言卯非常有禮貌地回答,接著表示自己有要事要出去,恕不能接待。此時,馬車已經在門口等待了。張言卯用非常遺憾的口吻說,他現在必須要出發,因此他無法款待貴客的到來。

威爾遜同樣非常客氣地進行了回答,表示這肯定出現了什麼錯誤,因為門口上並沒有馬車在等待。「你的僕人肯定是出現了什麼差錯,張言卯。如果你派人去問一下的話⋯⋯」

他們坐下來了,進行了禮節性的寒暄。僕人回來之後一臉疑惑地看著他們。此時,大門口處已經沒有了馬車。「你馬上再叫一輛馬車過來。」張言卯用命令的口吻對僕人說。

威爾遜與張言卯斷斷續續地又聊了一會,他們都沒有談到相關的公事或是任何正事。接著,威爾遜突然打破了沉默說:「張言卯,門口之所以沒有馬車,是因為當我來到你家大門的時候,讓這些馬車離開了。張言卯,今晚,你留在自己的府邸裡是更好的選擇。」

張言卯迅速站起身,挺直了六英尺高的身板,他這個動作之快讓威爾遜都感到一絲吃驚。他是這座府邸的主人,手下還有那麼多的僕人,怎麼能夠任由這位外國人驅使呢?但是,張言卯的舉動並沒有威爾遜拿出左輪手槍的速度更快。「張言卯,你給我乖乖坐下。」威爾遜說,「你今晚絕

對不能離開。」

　　張言卯呆呆地站了一會，然後看著這位外國人的眼睛，左輪手槍的槍管在燭光的照射下反射著光芒。張言卯沒有說什麼。

　　「如果你膽敢往門口走一步或是大叫的話，我就立即向你開槍。張言卯，你給我坐下。乖乖聽我的話。」

　　此時的張言卯知道自己也是無能為力，如果他執意離開的話，去到那裡之後也會被砍頭。如果他現在就去的話，這位外國人就會立即用手槍把他殺掉，這又是何苦呢。威爾遜舒適地坐在椅子上，左輪手上放在膝蓋的位置上，用西方的思維方式向張言卯分析當前的形勢。張言卯的一位朋友已經將張言卯被判死刑的消息告訴了威爾遜，這位朋友懇求威爾遜無論如何都不要讓張言卯離開。威爾遜在知道這個消息之後，就立即派人到紫禁城找人求情，而他則親自來到張言卯的府邸。也許，慈禧太后最後會撤走那道聖旨。在慈禧太后收回聖旨之前，張言卯絕對不能離開。對張言卯來說，面對著一位手持手槍的年輕美國人，他又該怎麼辦呢？「因此，張言卯，我們最好還是好好地利用今晚分析當前的形式，在愉快的談話中度過這個晚上。」威爾遜用愉悅的口吻說，「我絕對不會讓你離開我的視線，因為我知道如果這樣做的話，肯定會鬧出事故的。」

　　張言卯一動不動地坐著，雙手藏在寬袖裡面，眼瞼與嘴唇都沒有抖動一下，誰也不知道他內心壓抑著什麼樣的想法。最後，張言卯說了一些毫無相關的事情，一如往常那樣以主人的身分接待客人。最後，他們就在歐式裝飾風格的客廳裡度過了這個夜晚。威爾遜強忍著睏意，始終監視著張言卯，而張言卯則談論著中國古代的一些詩人，威爾遜的左輪手槍就在他們兩人中間放著。

　　第二天早上，形勢隨著時間的流逝而變得越來越複雜。張言卯肯定不

# 第五章

可能被持續關在他的客廳裡。此時，馬車已經在府邸門外等候了。威爾遜與張言卯都知道，當威爾遜的警覺性稍微降低一下，那麼張言卯就會上了馬車，朝著北京的方向前進，最後成為劊子手刀下的冤魂。在中午的時候，一位信使進來了，帶來了慈禧太后從輕發落的旨意。張言卯保住一條性命，但日後只是平民了。他的頂戴花翎被剝奪了，滿清二品官員官帽上半透明珠寶都被拿走了。他再也不能在手指上佩戴有三種顏色的玉戒指了，再也不能出現在慈禧太后的身邊了。開平的煤礦落入了那些外國野蠻人的手中，即便他銀行帳戶裡的數目不斷增加，但他感覺自己在人們心目中的地位已經徹底被毀滅了，他在過去三十年的努力奮鬥才獲得的地位在一夜之間就沒有了。

此時的張言卯顯得心力交瘁，但他依然勇敢地面對個人的「人生廢墟」。在胡佛要乘船前往美國的那一天，他來到碼頭與胡佛道別。他們之間的友情經歷了義和團運動的災難，可能也就此結束，但是關於這段經歷的記憶對年輕的胡佛來說卻是無比苦澀的。他說：「我這輩子將再也不踏上這裡了。」

此時的胡佛才只有二十七歲，已經是一位成功的礦業工程師了，在世界範圍內的礦業圈子裡享有名聲。比威克與莫林公司給予了他合夥人的地位。之後，盧·亨利在倫敦找尋一間小房子，這間房子成為他在英國期間的住所。

在接下來作為合夥人的兩年時間裡，胡佛兩次環遊整個世界。現在，他知道了緬甸、西伯利亞與非洲等地的煤礦。回到史丹佛大學之後，面對著自己的學弟學妹們，他身為一名史丹佛人，已經是世界上他這個年齡層的人薪水最高的礦業工程師了。在二十七歲的時候，他就已經為自己的母校贏得了榮耀，他所獲得財富足以讓他過上舒適的生活，他對未來也充滿

了期望，希望自己能夠在累積一定的財富之後，就永遠地離開這場賺錢的遊戲。此時，他身邊的人都是些百萬富翁，這些富翁手上的金錢就是他們在世界金融領域內展開各種龐大遊戲的籌碼。但是，胡佛並不想成為一名百萬富翁，他真正的興趣依然還是在實際的礦業勘探與開採之上，對礦場的架構進行重組，提高礦場的經濟效益。

　　在胡佛看來，只需要賺到 40 萬美元就可以了，在達到這個目標之後，他將停止賺錢的活動。在五年前，40 萬美元這筆數目對他來說簡直是一個天文數字，但對現在的他來說也只是一個不算多的數目。相比於胡佛在工作中要結算的帳目，40 萬美元的確不是一筆龐大的數目。但是，這筆數目的金錢能夠讓他以及家人過上舒適的生活，再也不會因為缺錢而陷入到困苦的生活狀態。對胡佛來說，如果在賺到 40 萬美元之後還將過多的精力投入到賺錢當中，這就是一種愚蠢的行為。相比於他們認識的那些富人來說，他與盧·亨利的生活品味都是十分簡樸的。他們關心身邊的朋友，卻不是很看重社交活動。他們的家是一個愉悅的地方，很多從美國前來倫敦工作的人都會過去他們家拜訪，但是他們在英國的朋友卻表示，他們並沒有在英國這個講究社交活動的國家裡與更多的人進行交往。誠然，正如盧·亨利打趣地說，赫伯特·胡佛在陌生人面前就像一頭熊。他們都一致認為，生命有那麼多值得關注的事情，沒有必要將過多的時間浪費在一些他們不感興趣的人或是事情上。

　　總的來說，這個時候的胡佛是幸福的，他為自己精力充沛地活在這個世界上感到興奮。1902 年，在義和團運動被鎮壓之後的第二天早上，他就懷著節日般的愉悅心情欣賞著這個世界。在下午的時候，他與盧·亨利、羅威夫婦以及他們的孩子一起觀看了耶誕節舞劇，並在之後一起吃了晚餐，欣賞了煙火表演，並在聖誕樹上點燃了蠟燭。羅威是一位非常友善

# 第五章

的主人，他的幾個孩子也為這樣快樂的時刻感到無比興奮。這喚起了胡佛內心深處的情感，因為孩子總是很容易觸碰他內心的柔軟處。這是被他埋藏在內心深處關於孤獨童年的痛苦記憶，這是他內心一個永遠的遺憾。也許，正是這樣的童年經歷讓他希望帶給孩子們美好的童年。或許，正是孩子的笑聲讓他忘記了世間的煩惱，無視艱苦的情形。他沒有對此進行過深入的分析，他只是對孩子有一種由衷的親和感。

一天早上，當他搭乘電梯前往比威克與莫林公司的辦公室，突然想到了羅威一家人。在這一家人裡，他想到了羅威。胡佛認為羅威是一個有能力的人，在倫敦城受人尊敬，也深受公司的資深合夥人莫林的信任。長久以來，比威克只是這間公司名義上的主席。在莫林之後，羅威是在這間公司裡工作時間最久的人，已經在這裡工作了十年。在胡佛剛剛進入公司的時候，羅威就已經成為了這間公司的合夥人，負責管理金融方面的業務，而胡佛則是公司旗下礦業財產的實際管理者。他們的業務活動幾乎是毫不相關的，但無論在業務上還是私底下，他們都尊重著對方。

那個愉悅的假期，羅威給胡佛留下了不錯的印象。於是在這天早上，他想要過去羅威的辦公室裡問候一下，聊一會天。此時，羅威的辦公室裡空無一人，胡佛就找來羅威的祕書問道：「今天早上，羅威先生去哪裡了？」

這位祕書對胡佛的這個問題顯得非常驚訝。「先生，羅威先生已經離開了這個城鎮，據我所知，他已經離開了有一段時間了。」

胡佛帶著一點疑惑走進了自己的辦公室。奇怪的是，羅威竟然沒有跟自己提起他要出差的事情。顯然，這可能只是他們家內部的事情吧。有可能是羅威的某位親人突然生病了，因此他才如此匆忙地離開。於是，胡佛想打個電話給羅威夫人，問自己是否能夠幫上什麼忙。他將羅威夫人的電

話給了祕書，然後準備打開信封。但是，當電話接通之後，他卻聽到電話那頭的羅威夫人在啜泣，用語無倫次的聲音說發生了一件讓人無法容忍的悲劇。羅威夫人似乎無法理解胡佛想要幫助他的急切心情或是他的憐憫之心。「我馬上就讓亨利過去看看。」胡佛對她說。

「羅威一家發生了一些可怕的事情，我想羅威夫人現在需要妳。」

「好的，我現在馬上過去看看。」

「如果有什麼需要我去幫忙的話，馬上打電話給我。一接到妳的電話，我馬上就會過去的。」

當盧‧亨利的電話再次打來的時候，只聽到她用顫抖的聲音說：「胡佛，我也不知道羅威女士到底遇到了什麼事情，她正處於某種極為可怕的歇斯底里狀態，她甚至無法與我說話。她只是給了一個密封的信封，說這個信封是給你的。她哭得那麼傷心，我都不知道她到底想說些什麼，但這肯定與羅威先生留給你的那封信有關。羅威夫人認為自己不應該這麼早就給你這封信的，但她再也不能忍受下去了。」

「你快叫信使將這封信送過來。」

一個小時之後，胡佛看完了這封讓他難以置信的信。接著，他按下桌子邊緣的一個按鈕，然後站起身，雙手插在口袋裡。他發現祕書已經進來了，但似乎根本沒有看到這位祕書的存在一樣。他要求祕書立即叫來公司的會計主管，馬上審查比威克與莫林公司的帳本，然後他走到窗邊呆呆地望著外面。比威克與莫林公司一直以來就像英國銀行那樣堅不可摧，現在卻面臨著崩潰的邊緣。羅威將公司的財富都竊取了，並且一走了之。羅威在過去幾年裡一直進行著竊取公司財富的行為。此時，公司帳本上已經出現了 70 萬美元的虧空。後來，羅威在認罪的時候表示，公司對此並不需要承擔法律上的義務，他只是從抵押的證券當中借錢，然後偽造一些檔案

的簽名，但是法律絕對不能將羅威的個人行為當成是公司的責任。儘管如此，公司在道德層面上還需要為羅威竊取的金錢負責，為公司的其他合夥人負責。

　　70萬美元！比胡佛資格更老的合夥人以及那些更富有的人能夠承受這樣的損失。但是，胡佛所損失的資產卻幾乎是他的全部！他在過去六年辛辛苦苦努力工作所累積下來的財富幾乎都沒有了。他夢想在加州建造的房子，為自己以及盧·亨利打造的一個安穩的未來，想要過上舒適安逸的生活的夢想之前是那麼的唾手可得，現在卻被無情的現實粉碎了。這讓胡佛感覺整個人都被掏空了，讓他的腹腔神經叢感到一陣噁心。當他從窗邊轉過身看著前來的首席會計師的時候，臉上的表情幾乎是滑稽的。這位對公司帳目已經審計了多年的資深會計師告訴自己，公司的帳本上出現了70萬美元的虧空，這讓胡佛感覺就是一個笑話。

　　從某種意義來說，當他打電話給公司主席，告知他自己所擁有的證券被別人用偽造的檔案竊取了，現在變得一文不值的時候，他感覺整件事具有一種幽默感。胡佛整個下午都忙著這件事，不斷打電話給多間公司，讓那些臉色蒼白的會計師對帳本進行深入的審計，然後將結果告訴他。羅威在竊取公司財富的過程中表現的十分聰明，要想將他竊取財富的整個計畫全部了解清楚，可能需要幾個星期的時間。但就目前的情況而言，公司的失敗可能會倫敦這座城市多年來最嚴重的一次。

　　當然，要是公司選擇承擔起道德責任，而不是透過法律允許的技術性手法來獲得喘息機會的話，那麼他多年來的累積的財富將會化為烏有，還會讓他未來幾年工作累積的財富都成為填這個大坑的犧牲品。但是，盧·亨利顯然在這個問題上與他有著相同的看法。他們只能選擇一種補救的方式：公司必須要償還其所欠下的債務，而不能去鑽法律上的漏洞。現在，

是否做出這個決定就掌握在他的手上，身為最年輕的合夥人，他是當時唯一一個身在倫敦的高層人員。這個責任就落在他身上，他必須要勇敢地承擔起這個責任。

　　之後，當公司面臨的最糟糕情景以及他感覺精神難以承受的狀態過去之後，他才開始思考自己在這個過程中的損失。畢竟，他現在才只有二十八歲，還可以從頭來過。

# 第六章

## 第六章

美國的道德基礎就是對現實情況採取一種務實的態度。上帝讓那些先驅者踏上這一片全新的大陸，正如上帝讓摩西率領著一群反抗統治的奴隸，共同為了爭取自由而付出生命的代價。十誡的教條對那些生活在一個小社區裡的人來說是必要的，因為這是日常生活規範的基本原則，讓他們可以共同面對危險與困難。因此，表現出憤怒的情緒，搶劫或是謀殺我們的鄰居，這是絕對不明智的做法，因為我們的生命與安全都與鄰居的生命與安全是密切相依的。因此，在一個國家裡，每個人都應該說出事實的真相，因為很多時候人的生命就取決於人們對事實的了解程度。早期的美國人就知道這些道理，後來頭腦聰慧與成功的班傑明‧佛蘭克林將這些道理闡述出來了，他的人生以及作品都在不斷地重複這樣一個事實，那就是追求道德的法則才是上策。當科學知識不斷稀釋我們內心的法則，當宗教作為一種神祕的精神力量讓我們看不清人生的方向時，美國人依然能夠以確切的道德法則作為他們人生的基礎。赫伯特‧胡佛之前在史丹佛大學的演說裡這樣說：「我的意思是，我要獲取誠實的成功。」

現在，這個任務就落在他的身上。在這間享譽世界的礦場公司的根基搖搖欲墜之時，他必須要說服自己的同僚，唯一能夠拯救公司的方法就是讓公司承擔起應該承擔的責任。當然，公司可以透過拒絕履行其在金錢或是證券方面的賠償義務而得救，但在道德層面上，這個責任卻始終應該是公司承擔的。他們必須要在經濟損失與道德失敗兩者中選擇。經濟損失可以挽回，但是道德的正直一旦遭受破壞，就永遠都無法彌補了。在遭遇危機的時候，選擇誠實的經營方式是那些具有尊嚴的人所應該選擇的唯一路線，也是最明智的商業政策。誠實的經營之道最終必然會帶來豐厚的回報。

這是一個極其忙碌的月分，胡佛每天都與公司高層舉行會議、爭論，

還要與投資者以及記者進行採訪活動。可以說，這間公司的失敗是倫敦這座城市一百年來最嚴重的一次商業失敗。莫林在收到情況緊急的電報之後，匆忙從中國趕回了倫敦。赫伯特‧胡佛之前努力工作所獲得的財富以及幸福的生活就像水中花鏡中月一去不復返了。現在，他必須要忙著解決各種讓人煩惱的商業問題，根本沒有時間去思考自己的未來到底會是怎麼樣的一種情況。他唯一的港灣就是當他拖著疲憊的身子，在凌晨時分回到家，盧‧亨利比以往的任何時候都顯得更加勇敢，與他一起討論當前遇到的一些情況，鼓勵他完全遵循自己的決定去做事。

比威克與莫林公司的失敗在倫敦這座城市造成了長達三週的轟動。很多報紙都特別為此開闢專欄報導，還有很多關於這間公司的辦公室政治以及俱樂部的八卦新聞廣泛流傳。赫伯特在處理此事的態度得到了各方的廣泛表揚，因為他在這處理這件前所未有的危機事件上表現出果敢以及強大的能力。但是，這份表揚的獲得卻是以他損失了過去六年辛苦努力累積下來的財富作為代價的。一個月後，之前的評論與表揚都漸漸平淡下來了。在接下來的四年時間裡，他繼續進行著重建公司的努力。

公司的重組讓他承擔了更多的責任，他在公司裡得到的薪水也得到了進一步的提升。公司的資產包括許多非常能幹的員工以及因為他果斷的決策而獲得的財務誠實的名聲。儘管如此，公司還有一大筆負債需要還清，而胡佛的個人帳戶裡則是一分錢都沒有。

當胡佛在半夜依然在努力工作，正如他早年在澳洲賣力工作的時候，盧‧亨利則在一旁愉悅地做著帽子。每當這個時候，在亞洲工作的那段糟糕的經歷又會浮現在胡佛的腦海，就像一團神祕的烏雲出現在地平線上。在一場猛烈的暴風雨襲來之前，就提前出現了一些謠言。很多人說，胡佛在亞洲擔任總經理的時候，在備忘錄簽名的時候耍了兩面派。今天，胡佛

# 第六章

聽到有人說他背叛了那些信任他的人；第二天，有人說他不願意去救張言卯，儘管張言卯送給了他那麼多儲量豐富的礦場。有人還說，當初比威克與莫林公司派他來只是為了達成一個妥協的礦業合約，而胡佛則巧妙而將自己的名字寫上去，而當時的胡佛還沒有成為公司的合夥人。要是人們能夠稍微了解一下事情的來龍去脈，就會知道這是完全的誹謗，因為這些傳言都是自相矛盾且違背邏輯的。但是，這些謠言卻讓人難以忽視。當然，誰也知道這些謠言一開始是從誰的口中說出來的。這些謠言似乎是空穴來風的，也許是一些人在飯店走廊上喝著茶閒聊的時候說的。對那些外國人來說，在外出差的生活是無聊的，因此即便是最沉悶的人也會發揮想像力，虛構一些有趣的話題來談論。這些謠言就像一群嗡嗡作響的昆蟲，穿越了半個地球，傳到了倫敦，說張言卯以及他的團隊正準備在英國的法庭上打一場官司。

充滿尊嚴的滿清官吏以及他們的朋友穿著色彩豔麗的絲質長袍，帶著官帽，頭上則紮著辮子，神色平靜地出現在倫敦灰濛濛的大街上。這些大清官員就像浪漫小說裡的人物那樣，用高傲與不置可否的眼神看著讓他們感到陌生的倫敦，他們對倫敦這座城市的面貌感到興奮。只要英國報紙將對這些大清官員描述的內容登上報紙，英國人都會懷著極大的興趣閱讀這些內容。這些滿清官員從東方那個遙遠國度來到這裡，希望英國的法庭能夠幫助他們搶回比利時人與德國人奪走的權益。從很多方面來說，這個案子都是沒有法律先例的。當張言卯出現在英國的法庭上作證的時候，他的證詞引起了一番轟動。很多傳言都顯得模糊不清，就像一團霧那樣籠罩在天空，而之前在中國工作的赫伯特·胡佛似乎則是這團迷霧中的核心人物。

當法庭要求胡佛在這個案子作證的時候，這對胡佛來說是一種解脫，

因為他能夠證明那個備忘錄的合法性。他之前就作為兩個利益衝突方的中間人進行調停。胡佛在法庭上用簡短卻又充滿力量的話語作證，他的證詞就像一塊塊壘砌的磚塊那樣堅不可摧。他說出了對方無法反駁的事實。他將最原始的合約檔案帶到了倫敦，並且表示這是根據張言卯的要求做的，說自己當時代表比威克與莫林公司在備忘錄上簽名。胡佛在法庭上始終說明一點，那就是備忘錄裡規定的內容應該得到履行。他抓住每個機會反對董事會成員拒絕履行這個備忘錄的規定的行為。這些中國官員是否能夠打贏這個官司取決於胡佛的證詞，而胡佛的證詞又是那麼的不容爭辯。這個案子打了幾個月的時間，正如胡佛之前所說的，這個官司即便打贏了，也很難改變現有的局面。最後，法院做出了有利於中方的判決。在這場牽涉到各方利益的官司上，胡佛的表現得到了各方的尊重與信任。中國的官員信任胡佛管理他們在歐洲的利益，漢堡集團的高層任命胡佛為他們駐倫敦礦業公司的代表。比利時人在多年之後也認可胡佛是一位出色能力以及具有無可指摘的誠實品格的人。

　　四年的工作，四年的焦慮與艱苦磨練，胡佛終於讓公司償還了他在羅威挪用公款時做出的那個決定所帶來損失。對胡佛來說，這四年裡並沒有發生什麼戲劇性的場面。在這四年裡，他去過澳洲、美國、緬甸與亞洲。對他來說，這條路線已經非常熟悉了。很多過去的老問題現在以全新的形式出現，或是全新出現的問題需要經過深思熟慮或是迅速的行動去加以解決。比威克與莫林公司開始重新站穩腳跟。在這個過程中，胡佛了解了國際金融的各種複雜事務，知道了一些國家以及國際事務中存在的問題，知道了人類事務這張複雜的大網是如何編織而成的。胡佛始終勤奮地工作，總是希望能夠了解明天會發生什麼事情。他感覺每一天都沒有足夠多的時間去解決一些問題，每天晚上都要工作到深夜，直到睏意襲來。他從解決

這些問題的過程當中掌握了許多歷史、政治以及經濟方面的知識。這樣的生活實在是太繁忙與太充實了，他根本沒有任何時間反省與回顧。每一種經歷都會迅速地過去，在胡佛的內心也無法激起太多的感受。但正是這些累積下來的閱歷與經驗才讓他成為了一個更加老道、能力更強且更有思想的人。

胡佛是一位強而有力的召集人，他的一生都在努力地將人或是事物集結起來，使之能夠迅速平順地運轉，不會造成任何的浪費，製造出能讓人類主宰地球的金屬。他看到了一個缺乏秩序、混亂且到處都是浪費的世界，很多人都因為不同的利益而發生爭執，大家都不遵守秩序、不遵從理智或是一個明確的目標。此時的胡佛已經是一個擁有邏輯思維縝密的人，看到了很多國家會因為一時的衝動而做出愚蠢的舉動，就像愚昧的孩子那樣搶著要奪走自己離最近的那個發出光亮的玩具，而從沒有思考過未來。歐洲許多國家的宮廷、一些實行共和制國家的祕密，許多陰謀詭計、背叛或是卑鄙的買賣不為世人所知，但胡佛卻對此瞭若指掌。他已經穿越了其他人依然在懵懂當中所幻想的美好世界。他知道無論在任何地方，生命都是一樣的，無論在什麼地方，都會有愚蠢、貪婪以及徒勞無功的理想主義所帶來的混亂局面。但是，他對人類的愛意以及對人性的信念卻始終都沒有動搖。他天生就流著追求民主的血液，對民主的信仰是最為關鍵的，他相信人類的智慧與尊嚴。他之所以熱愛人類，是因為他愛人類。這種支撐他信念的泉源要比任何邏輯或是思想都要更加深沉。對那些努力創造一個充滿自由民主的美國的先輩們來說，這個世界並沒有那麼多的憤世嫉俗。

此時的胡佛是快樂的。雖然他遭遇了許多挫折，希望遲遲無法實現以及每天疲憊的工作，但他依然感覺自己是快樂的。他身邊有很多忠誠的朋友，這些朋友知道他在遇到危機或是誘惑的時候，絕對不會拋棄他們以及

他們的友情。他的人生也因為這些朋友而變得更加豐富,與這些朋友的親密交往讓他獲得了更多的滿足感,雖然他很多時候沒有將這樣的感覺表達出來,但他對這樣的生活感到滿足。有時,他會幾個月在外出差,無法回家。當他回到倫敦之後,又要忙著處理其他許多事情。但是,家庭始終是他人生的中心,每當與家人在一起的時候,他總是感覺到一種全新的樂趣,這種樂趣集中在他對孩子未來的人生規畫以及希望之上。現在,他成為一名父親,成了小赫伯特·胡佛的父親。在 1904 年這個充滿著不安與焦慮的年分裡,孩子的降臨讓他感到無比興奮。他將兒子取名為艾倫,用來緬懷他的艾倫叔叔,正是艾倫叔叔當年將失去雙親的胡佛帶到他在西布蘭奇的那座簡陋的房子細心的撫養與照顧。此後,胡佛所有的閒暇時間都投入到他那幾個胖嘟嘟的孩子身上,孩子們那雙好奇的眼神,緊握的手指以及當他回頭看了一眼盧·亨利的時候,滿眼都是亨利年輕時候在史丹佛大學跨越柵欄的矯健身姿,這些甜美的回憶讓他感到幸福快樂。

對胡佛來說,要離開盧·亨利與自己的孩子,這始終是一件極為痛苦的事情,現在他們再也不會因為胡佛要出差而分離了。胡佛不顧其他人的反對,做出了一個決定,那就是無論出差到哪裡工作,全家人都要一起出發。在他們慶祝小胡佛一周歲生日之前,這個小傢伙已經在母親的懷裡兩次環遊了世界。對他們來說,家的地點不斷發生變化,有時是在客輪上,有時是在火車上,有時是在馬車或是汽車上,但不管周圍的環境發生什麼變化,只要他們在一起,家就在。當他們有足夠的經濟能力之後,就在加州買下一座房子,將他們從上海到紐約收集到的圖書、繪畫、傢俱或是衣服都放在這裡。

又過去了四年,比威克與莫林公司已經恢復了元氣,徹底還清了債務,公司的經營情況變得越來越好,在業內也享有比失敗之前更高的信譽

度與名聲。胡佛在公司又工作了四年時間，在倫敦成立礦業公司，負責澳
洲、朝鮮半島、西伯利亞與緬甸等地的礦場業務。胡佛希望等到自己手上
掌握足夠多的資源，就可以展開身為顧問工程師的業務了。

　　最後，他在倫敦開辦了自己的辦公室，盧·亨利與孩子都在紅樓裡定
居。此時的胡佛已經知道如何緩解內心的不安與焦慮情緒，更加擅長於表
達自己的想法，而在以前，他的這些想法會因為童年的經歷以及後來工作
的要求而一直壓抑在內心。紅樓成為了許多從美國來到倫敦工作的美國人
暫住的地方，這棟房子陽光充足，有孩子與小狗。很多人都喜歡過來看
看，與剛剛從西伯利亞、秘魯、埃及或是波斯過來的美國人的有趣對話。
赫伯特·胡佛則會安靜地坐在壁爐旁邊，懷著愉悅的心情聆聽這些人的所
見所聞，看著盧·亨利老道地處理各種社交場合，在必要的時候說上一
句。有時，胡佛也會用簡明的話談論自己在遙遠地方的見聞，當然他說話
的口氣較為平淡，透露出幽默的氣息。他已經感覺到與人簡單交流能夠帶
給他內心的愉悅。他的幽默代表著美國的幽默，就像美國這個國家的歷史
那麼年輕，充滿孩子那些荒謬卻又戛然而止的驚喜。但是，胡佛已經擁有
了深邃的思想，了解世界各地的人與當地的政府。

　　1910 年，喬丹校長從海牙參加完和平會議之後準備回到史丹佛大學，
他去了一趟紅樓，與赫伯特·胡佛見面，他們倆的友誼從胡佛剛上史丹佛
大學那會就建立下來了，一直延續到現在。喬丹校長談到了海牙法庭制定
的全新規定，談到了國際的共識，表達了希望世界將會開始一個理性與智
慧的年代，讓戰爭永遠都不可能再爆發。喬丹校長這個充滿秩序的人類社
會的視野、符合人類福祉的想法喚醒了從小在貴格會村莊裡長大的胡佛的
熱情，他這輩子就一直在世界各個國家進行商業往來。胡佛在晚餐桌前認
真聆聽著喬丹的話，沒有做出評論。當胡佛最終開口說話的時候，他說了

一句略帶幽默的話：「這個世界從未像現在充斥著那麼多和平的談判，或者說世界各個國家從未像現在這樣在不斷增加武器儲備。」

從胡佛在史丹佛大學發表演說到現在已經過去十年了，他在此期間收集資料，出版了一本名為《採礦原理》（*Principles of Mining: Valuation, Organization and Administration*）的書，想以此作為他告別這個行業的禮物。八年前，他已經賺到足夠多的錢來確保他的家人在日後能夠過上舒適的生活，他已經達到了他可以離開賺錢這個行業，將精力專注於其他工作上面的階段了。但是，自從那個早上收到羅威的信件到現在，已經八年過去了，他已經深深陷入這個行業當中了。畢竟，擁有金錢並不能讓他獲得自由。他所創造的許多公司現在已經讓他成為了自身的奴隸。他已經開始了一些工作，成立了一些公司，制定了一些工作計畫，他絕對不能在此時選擇放棄，每一間公司都將他與別人捆綁在一起，帶領著他們一起走向未來。世界各地年輕的工程師都依賴他，就像他當初依賴比威克與莫林公司一樣。股票持有者依賴他做出良好的業績來獲得分紅，礦工需要他發工資養活家人。他已經深深陷入了世界商業貿易的大網當中。倘若他選擇離開，必然會導致這張大網出現破裂。

他內在的改變也對這種外在衝動產生了一定推波助瀾的影響。這場他原本以為想玩就玩，想退出就退出的遊戲已經將他牢牢束縛住了。他不止一次想過要退出，他曾經考慮過自己能夠置身事外，成為自己的主人，認為自己有足夠的能力去抗拒這場遊戲的誘惑，在認為適合的時候悄然離開。這場遊戲對別人來說充滿誘惑的東西對他來說已經是毫無意義的了，他不再需要更多的錢，不在乎自己是否擁有更高的社會地位，是否能享受更加奢華的生活，也不需要用金錢收買他人對他的尊重。但是，誰也不能抗拒他所處的那個時代。那個時代的精神牢牢控制著每個人的生活，讓每

## 第六章

個人要麼選擇順從，要麼選擇反抗。這場偉大的遊戲之所以能夠將胡佛牢牢束縛住，是因為這個遊戲為他提供了取得實實在在的成就的機會。他並不想追求金錢、名聲或是安逸的生活，但是他想要追求權力，一種能夠讓他去做他認為有價值的事情的權力。

就以在緬甸發現鉛礦與銀礦的事情為例子吧。他被那些滿清官員廢棄的礦場裡重新開採。他研究緬甸地質結構、地層的方向以及河流的方向，忍受著緬甸的沼澤地所帶來的各種折磨。為了了解緬甸那裡的地質結構以及礦場儲量，他因為患上了瘧疾而連續在病床上神志不清地躺了六個星期。胡佛相信，只要恰當地勘探與開採這些地方的礦場，就能挖掘出龐大的鉛礦與銀礦，帶給世人巨大的財富。

胡佛在回到倫敦之後，立即著手組建專門的公司去展開這樣的工作。這是一件充滿困難的事情。胡佛身為礦場專家在礦業界的權威能夠讓那些對此感興趣的投資者知道，這個項目肯定不會讓他們遭受損失。即便如此，這件事在公司內部還是遭遇了重重阻礙，胡佛必須要讓手下的管理人員統一思想，消除彼此間不和諧的局面，讓原本利益衝突的各方處於一種共同合作的狀態。胡佛相信，一方面，他能夠讓整個公司都團結起來，另一方面他有足夠的能力在緬甸開採礦場。他能從緬甸那些被廢棄的礦場裡得到豐富的鉛礦與銀礦，從而獲得巨大的財富。當然，這不僅是對他的公司意味著巨大的財富，也為整個世界增添了一筆龐大的財富。這意味著能夠僱傭數千人，讓這些人獲得工作的機會，這意味著他能夠完成一項龐大的工作。但是，需要數年的時間才能達成這樣的結果。

與此同時，胡佛的興趣還集中在處理一些低級別礦石上面。從某種程度上說，這已經成為了胡佛的專長 —— 就是重組那些看似已經被開採完的礦場，從而讓這些礦場發揮全新的價值。胡佛一開始是在澳洲的尾礦堆

裡完成這樣的工作，當時誰也不相信胡佛能夠讓尾礦堆裡變成那麼有價值的礦場。這些礦產都是從地面挖掘出來的，之後卻裸露在礦場上任由風吹雨打，最後又重新回到了土地上。胡佛認為這些礦產能夠重新得到利用。他花費了三年的時間進行了無數次的實驗都以失敗告終，但是胡佛並沒有放棄，他投入了更多的資金以及更為堅定的信念，最終在他的支持下，他手下的化學家們終於解決了這個問題。他取得了最終的勝利：澳洲整個地區的礦場都重新恢復了生氣，原本被認為是礦場裡的廢料竟然能夠生產出鉛、銀與鋅等金屬。

對胡佛來說，地球的整個表面都隱藏著這種重組的機會 —— 這包括在西伯利亞地區對那些尚且沒人開墾的財富進行挖掘。在胡佛負責西伯利亞礦區的時候，這個地方才是只有十七萬五千人居住的小地方，但隨著礦業的開採不斷進行，這裡的人可以透過獲得的財富過上更好的生活。在偏遠的朝鮮半島，胡佛教會了那裡的朝鮮人使用美國的開採方法。在南非草原上的礦場或是在加州的高山上，胡佛同樣使用最先進的開採方法來提高生產效率。胡佛感覺到，在工作的過程中，他能夠發揮自己富於建設性的想像力以及實用性的智慧來造福更多人。當然，胡佛也參與了這場賺錢的遊戲當中，因為他需要金錢。他之所以現在仍然處在這個遊戲中，已經並不是完全為了金錢，而是因為胡佛在賺錢的過程中感受到了自己有充分的機會可以發揮自身的能力，能夠實現自我發展以及獲得個人的滿足感。對胡佛來說，這場賺錢遊戲的本質已經不再是單純的賺錢了，而是因為這樣做能夠改變這個世界，讓這個世界變得更加美好。

在休閒的時候，他與盧·亨利共同完成了那本古老的拉丁語著作《論礦冶》（*DE RE Metallica*）的翻譯並且出版了，這是第一本礦業專業方面的翻譯作品。這本書用羊皮紙與牛皮紙做成，作為他們獻給礦業界的一份

# 第六章

禮物。

　　胡佛的一大夢想就是希望回到他在加州的家裡。一旦他有機會可以抽身離開在倫敦的繁忙工作，就會選擇回家。即便在離開中國之後，他始終都將自己的辦公室設在舊金山，他在舊金山飯店的房間始終等待著他的入住，正如他在上海、墨爾本以及紐約的飯店房間一樣。此時，他已經成為了史丹佛大學的董事，忙著為史丹佛大學的發展出謀劃策，出資建造學生俱樂部大樓，希望史丹佛大學能夠永遠將民主的氛圍保持下去，防止兄弟會帶來的不良影響。胡佛還計劃改造過去老舊的四方院子，使之成為一個學生能在下課進行休息娛樂的地方。

　　1914 年春天與往常一樣，胡佛都住在舊金山。他已經了解了世界各國的重要城市 —— 這些城市就像一張連接著工業、金融與政治的大網，這些城市就構成這張大網的一個個節點。胡佛知道很多事情都是互相纏繞在一起的，東方與紐約以及倫敦的關係是密不可分的。很多內部的衝突都依然會以劇烈的情感或是戲劇性的事件爆發出來，正如在 1849 年時的世界局勢。也許，正是這樣一種局勢的演變才讓人類社會出現了嚴重的貧富兩極分化帶來這麼多的不滿與怨氣 —— 很多銀行、工廠以及勞工組織都表現出一種積極進取的精神。而舊金山在經歷了前幾年那一場大火之後，就像古老的龐培城那樣煥發了生機與魅力。夾雜著鹹味的海風自由地吹到舊金山，將市場街旁邊的特文峰峰頂上的大霧都吹走了，舊金山人民憑藉勇敢無畏的精神從廢墟中重建了這座偉大的城市，讓世人能夠從每個山腳都能看到高聳的建築。當胡佛站在輪船的甲板上，他看到舊金山深藍色的海灣，看到海鷗在海面上迎著清爽的海風自由地歌唱，看到碼頭上的輪船不斷地出發與返航，看到舊金山這座城市美麗的天際線。這一切都充分展現了舊金山這座城市的力量，他知道他就要回家了。

在 1914 年春天的時候，整座舊金山都處於一種幸福快樂的狀態，舊金山恢復了往日的繁華與興旺，八年前的那一場大火幾乎將整座城市都變成了廢墟。但在今天，銀行在它們原先的地方上聳立起來，用大理石重新裝飾了一遍，在格蘭特大道兩邊的商店也顯得無比華麗。如果說某個空曠的地方還堆積著一些殘破的磚，那麼這些廢墟就是舊金山人民有意識保存下來的，用來記錄那一段慘痛的歷史與記憶。市場街與科爾尼等地都能感受到向岸風夾雜著芳香再次吹來，全新的唐人街在晚上掛上了彩色的燈籠，奏起了美妙的音樂，顯得格外熱鬧。當然，在密集的建築當中，依然會讓人感到一絲不安。很多舊金山人臉上露出的勇敢表情，將他們尚未償還的債務所帶來的憂愁掩蓋住了。但不管怎麼說，舊金山這座城市獲得了新生，舊金山人民為這樣的新生而歡欣鼓舞。舊金山正在籌備世界上最重要的展覽會，讓世人感受這座城市的美麗與神奇。很多追求美感與歡樂的藝術家都將這座城市點綴的極其美麗。

每一個熱愛舊金山這座城市的人都會想辦法幫助它實現這個夢想。赫伯特·胡佛原本打算在史丹佛大學住上一個夏天，因為他要重建古老的建築，並且他還有更為宏大的計畫。他還想著在蒙特利白色的沙灘上晒太陽，再次回到聖塔克魯茲的高山上。但在他的假期裡，舊金山世博會卻在歐洲許多國家那裡遭受了冷遇，很多國家都不願意參加這一次的世博會。德國、法國、英國與西班牙等國原本受邀應該將他們珍貴的藝術品或是工業品帶到博覽會上，但是這些國家現在卻遲遲不肯答覆。是不是這些國家輕視舊金山這座城市呢？這些國家的這些行為完全有可能摧毀這一屆在舊金山舉辦的世博會。舊金山這座城市必須要派某個人以非正式的身分前去歐洲那邊打探一下情況，闡述舊金山這座城市的立場，讓這些國家派人參加 1915 年在舊金山舉辦的世博會。赫伯特·胡佛成為了當之無愧的人選。

# 第六章

　　胡佛在六月乘坐輪船跨越了大西洋，前往了歐洲，接著很快就回來了。他知道當時英國以及歐洲大陸不願意派人參加這屆世博會的恐懼心理。但是，胡佛認為難道人類真的沒有足夠的智慧再次阻止戰爭的爆發嗎？歐洲的許多國家都在加緊擴充軍備，這些帝國主義列強在資本主義的商業競爭中的關係越來越緊張。在過往的歐洲，這樣的情況是一直存在的，只不過許多國家都已經習慣了這種「慢性病」。當沉寂已久的不滿最終要爆發出來的時候，就帶來了讓世人意想不到的震驚結果：第一次世界大戰爆發了！

　　赫伯特‧胡佛的商業利益分布在世界各地。他的公司裡有來自世界各個國家的股票持有者。他廣泛的業務正是國際貿易這張大網的一部分，推動著人類朝著現代化的道路不斷前進，打破國界的局限。現在，這張大網突然被無情地撕碎了，原先依附在這張大網上的任何東西都處於混亂的狀態。此時，信用消失了，股票證書成為了一堆廢紙，現金突然之間失去了往日的購買力，人類似乎突然之間陷入了原始野蠻的戰爭所帶來的複雜困境當中。支票、匯票、信用證甚至是銀行存票現在都突然沒有什麼用了。胡佛突然發現口袋裡放著一大堆這樣的票據是毫無用處的，他感覺自己似乎一下子活在了中世紀。而在此時，市面上已經看不到黃金的身影了。

　　這就是大戰造成的第一波衝擊。面對這樣的情形，胡佛必須要牢牢地堅持住，希望這場危機能夠盡快過去。人類生命賴以依附的整臺機器無法在一個瞬間就被完全摧毀。這臺機器只是分裂成了兩個部分，每個部分都能繼續地轉動，但卻無法實現其整體的功能。每個部分的輪子都在越轉越快，背負著越來越沉重的重量。此時，重新調整是非常有必要的，修理也是有必要的。那些失去功能的零件必須要盡快更換掉才能讓機器正常地繼續運轉。但不管怎樣，這臺機器必須要運轉下去的，因為這臺機器就代表

著整個人類。

　　要是胡佛之前只是一位金融家、推廣者或是投機者的話，他可能已經一無所有了。但是，胡佛負責的實業財產，因此這些財產是具有真正的價值。隨著戰爭的深入，雙方對金屬的需求越來越迫切，他的財富反而得到了增加。在這場最為嚴重的危機當中，胡佛需要將全部的精力都投入進去，將個人能動性以及智慧都投入其中。但是他知道自己能夠應付這樣的局面，可以保護股東以及員工的利益，讓礦場繼續運轉下去。

　　對胡佛的個人財富構成即時壓力的是來自他的朋友與熟人，這些人從歐洲那邊逃到美國的時候身無分文，紛紛跟胡佛講述他們的驚險逃脫的經歷，並且懇求胡佛借給他們一些錢來度過難關。數百人湧入了他的辦公室以及紅樓，這些人帶來了他們的朋友以及朋友的朋友。這些人都想要得到胡佛的幫助。一些陌生人在路上甚至都會攔著胡佛的去路，用簡單的話說：「我是一個美國人。」胡佛同樣想都不想就給他們一些錢，就像他當年讓萊斯特‧欣斯代爾幫助那些他素未謀面的史丹佛大學的學生度過難關一樣。「只需要借給他們一些錢就能讓他們度過暫時的難關」。在戰爭爆發的第一個星期，從倫敦過來的朋友一共從他這裡借了 5 萬美元。胡佛的口袋裡塞滿了簽署著陌生人名字的借據。顯然，現在有必要舉辦一次營救尚未歐洲的美國僑民的行動。

　　美國大使館的走廊上擠滿了心煩意亂的美國人，每天加班的使館人員也無法處理這麼多人帶來的工作。佩奇對這樣的情況也是無可奈何，遞給他的祕書赫伯特‧胡佛的電話號碼。此時必須要採取一些行動解決這些問題。胡佛就是做這件事最合適的人選。「好的，我會的。六點鐘見。」

　　對胡佛來說，這並不算一件十分困難的事情，畢竟他過去幾年裡一直都在做這樣的事情。當他在天津被圍困的危急關頭過去之後，就曾成立了

## 第六章

一間建築貸款公司幫助重建。現在，他也需要投入到集結美國救濟協會的工作當中。他與他的商業朋友們立即捐獻了 20 萬美元，美國政府也出資 25 萬美元。他們在薩沃伊飯店租了一個地方，安排員工在那裡辦公。之後，他只需要監督整個過程，確保整個過程能在平順的過程中迅速完成，讓在歐洲的美國人不需要繁雜的過關手續的情況下回到美國。任何的匯票、信用證以及支票都立即兌換成為現金，他們調集了火車與汽船，最後讓美國人安全地離開一片混亂的倫敦城，平安回到了美國。對胡佛來說，相比於他過去面對的許多危機來說，這只能算是一件小事。對胡佛來說，這場戰爭絕對不是讓他成為報紙頭條或是獲得個人的名聲的機會。胡佛知道，整個世界正在他的腳下慢慢地崩塌，他只能盡自己最大的能力去拯救他所能拯救的一切。

之前，他做了許多統籌工作，讓公司與礦場處於井井有條的狀態，但現在世界的許多商業機構卻在這場大戰中自我毀滅。當交戰雙方開始屠殺平民的時候，他同樣感受到了一種震驚與極度的厭惡。他感受到了自身的痛苦，因為之前原本帶給人類幸福的鋼鐵行業現在卻正在摧毀著人類的文明。歐洲人正在將自身的能量變成一種自我摧毀的力量。胡佛知道，即便是將歐洲現在所具有的一小部分能量騰出來，都能讓歐洲大陸上所有人吃的飽睡得好。戰爭是不可能有真正的勝利者，雖然交戰雙方都表示戰爭之後能夠獲得永久的和平。在這樣的環境下，倫敦從一開始的震驚與錯愕中驚醒過來，開始變得歇斯底里。他必須要努力幫助那些充滿焦慮情緒的股東，讓他們從損失中走出來。他知道自己必須要這樣做，他一輩子養成的習慣讓他必須要這樣做。當他重新投入到複雜的工作當中，他獲得了一種解脫，因為當他專注於工作的時候，就可以麻木自己的神經。在大西洋對岸，德軍的進攻遭到了英法聯軍的極力抵抗，這導致了英吉利海峽遭到了

封鎖，一場曠日持久的戰爭正式打響了。比利時這個國家注定要遭受滅頂之災。胡佛深知，在這場戰爭當中，比利時人民必然要遭受死亡的代價，他們要麼是死在德國人的鐵蹄之下，要麼就是因為英國的封鎖而餓死。此時，比利時人發出了求救的呼聲。

在胡佛的商業利益遭受巨大損失的時候，比利時這個國家的求救呼聲傳來了。認識胡佛的比利時礦場工程師協會派一名認識胡佛的美國工程師米勒德·謝勒過來，穿越了敵人封鎖的前線，懇求胡佛給予幫忙。這是一個事關七百萬比利時人是否會因為缺乏食物而餓死的問題，其中包括男人、女人與孩子。這是一個極為龐大複雜的工作，而且這份工作必須要迅速及時地完成。只有像胡佛這樣的礦場工程師才能夠完成這個使命。比利時人不斷敦促礦場工程師協會，認定胡佛就是最佳的人選。當然，這是一項牽涉到極其複雜的外交談判的工作。胡佛讓米勒德·謝勒去找佩奇。

當然，胡佛深知比利時人民現在所面臨的處境。這個國家的城鎮與工廠就像一座城市，它與鄉村地區的聯絡已經完全被切斷了，這會讓比利時城市裡的人在兩個月之內就陷入糧食短缺的危及情況。在正常情況下，比利時這個國家需要進口 75% 的糧食以及 50% 其他的食物。現在，隨著德軍的逼近，已經將這個國家與外界的連結全部切斷了。德軍本身也陷入了被包圍的狀態，因此在不斷囤積糧食，所以是絕對不會與那些不想看到他們勝利邁向巴黎的比利時人分享食物的。德軍也不會允許比利時人透過黃金從中立國家那裡購買糧食，雖然聯軍願意為比利時人提供食物的通道放行。

七百萬人正面臨著飢餓的危險。在兩軍的交戰當中，愛好和平且辛勤工作的平民陷入其中，成為了最大的受害者。即便是在正常情況下，養活這麼多人都將是歷史上最為艱巨的糧食供應使命，這項任務要比餵飽那些

# 第六章

軍人還艱巨許多。目前這種需要在英國、德國以及中立的美國之間進行外交斡旋去完成這樣的使命，似乎是不可能完成的。

但是，放任在德軍占領區裡那七百萬平民活活餓死，這更是一件讓所有人都無法容忍的事情。一位比利時代表團人員穿過了德國的防線，將德軍的請求送交給了英國人。德國人占領了安特衛普，並且將原本屬於比利時人的糧食都搶走了。德軍現在同樣遭到了封鎖。要是英國願意解除封鎖的話，那麼比利時人就能夠獲得糧食補給。

英國表示，他們是不會解除封鎖的。按照海牙會議的規定，德軍有義務去餵飽那些比利時人，就讓德軍履行這樣的職責吧。

德軍方面提出了一個備選方案，德軍允許美國人在得到聯軍的同意下經過荷蘭進入比利時，但必須要確保美國人的一切救濟行動都要在德國人的監視之下。聯軍對此表示同意，佩奇立即找來了赫伯特·胡佛。

胡佛要是接受這份工作的話，就必須要放下自己從事了一輩子的工作。他需要在目前的危機狀況下放棄自己的事業，這將意味著他失去自己半生所賺到的一切財富。要知道，在四十歲的年齡重新開始並不是一件容易的事情。這麼多年來，他知道自我利益以及實現個人的目標這才是最重要的，要是按照這樣的理念出發，他必然會拒絕送糧食給比利時人民的重任。畢竟，如果他不去的話，還會有其他的礦業工程師可以去。

佩奇堅持表示，胡佛是唯一一位有能力在歐洲完成這一項重大使命的美國人。比利時代表團也對此表示同意，他們整個國家都將全部的希望寄託在胡佛一個人身上。

「先生們，你們讓我這樣做，不僅是讓我放棄畢生的財富，還讓我放棄對股東所肩負的利益。我需要時間考慮，給我兩天的吧。」

他回到了紅樓，與盧·亨利商量了一番。這並不是一個可以輕易做出

的決定。他知道這項工作的艱巨性,知道他在處理德國與英國之間各種敏感棘手事情的過程中會遭遇各種讓人心碎的挫折。他知道無論是對自己、妻子以及兒子,他都必須要有所放棄。過去二十年辛苦努力所得到的一切,這是他從史丹佛大學畢業之後就一直在為之奮鬥的一切,都將會失去。緬甸那裡的鉛礦與銀礦證明是儲量極其豐富的,仍然有待繼續開採。他心目中思考的其他計畫與目標都有待於慢慢執行。

盧·亨利認真地對待這個問題,同時也理解胡佛的矛盾心理。此時的胡佛獲得了一個去做一項龐大人道主義工作的機會。比利時整個國家的男女老少都在忍受著飢餓,在設法挽救這些人生命的時候,絕對不應該考慮個人的得失。如果胡佛能夠成功完成這項工作,如果他能夠在不影響別人商業利益的前提下離開目前的工作,他就應該這樣做。

整個晚上,胡佛都在房間裡來回踱步,雙手插在口袋裡,微微地低著頭,認真地思考著。他將接受這項任務的得失都列舉出來,正如他之前在選擇地質學研究與礦業這個問題上的重大選擇一樣。挽救七百萬人生命的重要使命是一個任何個人得失都無法與之相比的重要因素。畢竟,從事這樣偉大的人道主義工作正是他多年來一直想要去做的。他必須要在獲得這種機會的時候牢牢抓住。

關於胡佛選擇接受這項偉大工作的過程,不需做任何戲劇化的描述了。這是一項極其龐大複雜的工作。除了外交方面的考量之外,挽救人類的生命,這是他從史丹佛大學畢業後十五年來一直都想要做的事情。他現在就要想辦法將這件事做好。他前往美國大使館與佩奇會面,宣布了自己的決定:「好吧,我想我只能讓自己的財富化為泡影了。我接受挽救比利時人生命的工作。」

接著,他立即辭去了自己在礦場公司的所有職務,專心投入到這項偉

# 第六章

大的工作當中。胡佛的舉動在整個倫敦城都造成了轟動，很多人都對此表示強烈的不解。很多公司的董事長、總監、經理都陷入了恐慌的狀態，懇求胡佛三思，希望他繼續作為中立的美國人遠離戰爭，幫助他們度過難關。他們都說胡佛摻和進去的想法簡直是瘋掉了。胡佛微笑地站著，雙手插在口袋裡，顯得非常友善，但他的立場已經是無法動搖的了。胡佛知道，這些人即便沒有他的幫助依然能夠度過難關。如果這些人想要他的專業建議，隨時都可以過來找他，他也會想盡一切辦法去給予幫忙。但是，他現在接受了挽救比利時人生命的這項工作，就不再參與公司任何的具體管理了。「我將要投入到世界上最為龐大的零售工作當中。」胡佛說。

比利時救濟委員會正是出於這樣的目的成立的。對這個委員會來說，食物作為一種考量的因素，不過是一種商品而已。但是，胡佛需要購買的食物數量與種類卻是巨量的，還要負責運輸以及派送這些貨物。胡佛不僅要購買與處理各種食物，而且還要購買機械、木材、燃料以及各種礦場所需要的一切物質，包括鐵路運輸等工具。胡佛知道這個委員會所面臨的困難不僅僅局限於技術方面，而且還涉及到人與人之間錯綜複雜的關係。當所有的人都與他同心協力的話，那麼他們就能像一個人那樣去工作，提高整個工作的效率。

胡佛處在歷史上一個獨特位置 —— 身為個人，他沒有任何權力，但他卻與交戰各國進行了各種談判。身為個人，他可以迅速採取一些行動，做出果敢的決定。當他成為了比利時救濟委員會的主席之後，比利時人距離挨餓還只有十四天的時間，他面臨著各式各樣官僚主義的障礙，讓他無法及時地將食品透過火車、輪船運出港口，然後穿過軍艦巡航以及布滿水雷的海峽。胡佛透過無視重重障礙去慢慢解決這些問題。在胡佛獲得所有必需的允許之前，比利時人就能及時得到食品。這就是胡佛工作的方

式，正如他的祖輩那樣的思想，那就是任何影響發揮個人主義的組織都絕對不會有較高的效率，最終也不會有好的結果。胡佛領導的這個組織的基礎就是將權威與民主完美地結合起來，這正是貴格會村莊所傳播出來的思想，而這樣的思想正在世界各地傳播開來。身為一個正在給比利時這個國家提供糧食的機構的頭子，胡佛希望被圍困的比利時人能夠發揮個人能動性與智慧去解決他們目前面臨的一些即時問題，而他也給了這些比利時人這樣做的空間。此時的胡佛成為了一個非政府機構的「國王」，他的觸角延伸到了世界各地。他對這個組織有絕對意義上的控制，對這個組織所做的每個決定負責。與此同時，他又將自己的權力下放給手下的人，讓每個人都不需要受困於所謂的繁文縟節的官樣文章。他們所感受到的自由以及身上承擔的責任讓他們的工作收穫了良好的結果。胡佛將手下的人的熱情與效率都調動起來，讓他們為了一個共同的目標而努力。在那段讓他深感不安與焦慮的日子裡，他手下那些能幹與忠誠的人都依然支援著他的工作，這讓他感到十分欣慰。懷特、亨奇克、李卡德、露西、格拉芙、洪納德、謝勒、波蘭德這些美國礦業工程師協會的會員都全身心地投入到這份工作當中。在不到兩個月的時間裡，胡佛領導的比利時救濟委員會就源源不斷地透過荷蘭將食物運送到比利時。

這項工作可以分為五個部分，每個部分的工作都需要同時展開，而且還要各自解決難以計數的細節問題──其中包括購買、運輸、送達食物、為這項工作籌備資金確保外交溝通的管道順暢。胡佛是一位訓練有素的買家，他知道世界各地的市場狀況。他的買家分布在美國、阿根廷、印度與亞洲，多年來他在股票市場裡的浸淫讓他能夠順從市場規律，省下一大筆資金。當時的市場已經陷入了瘋狂，之前穩定的食物價格在跳出國際貿易的規則之後變得十分瘋狂。利物浦的小麥無法運送出去，很多船隻停

泊在港口都無法運輸出去。可以說，當時的形勢就像賭徒面臨著一張輪盤賭的賭桌，夏威夷的糖類食品與肯薩斯州的牛肉，滿洲里的小麥的價格都飆升了許多，但在芝加哥那邊傳來了豐收的傳言之後價格又猛地下降了。對當時的比利時救濟委員會來說，這就是一場騙子的遊戲，需要一個具有睿智眼睛與靈敏雙手的人去操作。胡佛在倫敦辦公室裡玩的這一場遊戲的賭注就是比利時人的生命。當阿根廷那裡的小麥價格漲了之後，他就在緬甸的仰光那裡採購。在哈瓦那遭受大雨襲擊之前，他就在菲律賓過買了糖類食品。他從來不會在一個食品價格上漲的市場裡採購，總是能夠趕在食品價格在谷底的情況下大舉採購。要是胡佛當時的工作不是那麼艱巨與那麼繁忙，那麼他管理下的比利時救濟委員會在採購食物方面所取得的成就的確是值得歡呼與鼓掌的。

當時，他們面臨著尋找船隻、執照、護衛隊以及駁船等問題。從南美洲、蘇伊士運河運過來的食品都需要經過大西洋上面布滿水雷的海域，然後進入鹿特丹的港口，接著再搬運到駁船上，透過荷蘭的水道運送到比利時境內。有七十艘船隻掛著比利時救濟委員會的旗幟以及五百艘駁船在鹿特丹港口待命。除此之外，他們還需要面臨德軍在比利時境內製造的各種麻煩。這些都是屬於比利時救濟委員會的駁船，但什麼是比利時救濟委員會呢？赫伯特·胡佛當時只是一個沒有官銜的自由人。

德軍用猜疑的眼神看著他以及他手下的人，認為他們是潛在的間諜，可能是聯軍的同情者。德軍的軍官反對提供糧食給比利時人這種仁慈的政策。讓比利時平民與德軍在無法突破的封鎖線內一起挨餓吧，這樣的話，比利時平民就會加入德軍的隊伍，與他們一起反擊聯軍。英國海軍軍官也認為比利時救濟委員會的工作其實是在延長戰爭的時間，造成每個英國家庭人員傷亡。因此，英軍繼續維持著封鎖，讓比利時人民繼續挨餓。英國

人認為，比利時人民最後在忍無可忍的情況下會進行絕望的反抗，這會嚴重打擊德軍的實力，或者德軍選擇餵養這些比利時人，從而讓他們的部隊陷入飢餓當中，最後迅速崩潰。

　　胡佛當時正在努力提供食物給比利時人，他必須要克服交戰雙方的猜疑以及各種相互衝突的矛盾。對他來說，每一天都要面臨一場危機。德軍不允許駁船離開比利時前往荷蘭，除非這個委員會為每一艘駁船交付5,000美元的費用，確保這艘駁船還會回來。胡佛乘著夜色度過了布滿水雷的海峽，乘坐一艘小船躲避了潛水艇的監視，與德國人就此問題進行談判。他手下的人都被困在這裡，德軍無時無刻都監視著他們的行動。德軍有很多次都威脅說要禁止胡佛的救濟行動，將比利時救濟委員會趕出比利時。胡佛整天在倫敦、布魯塞爾與巴黎等地奔波斡旋，穿過德軍、法軍以及英軍的交戰前線，他始終表現的那麼自信，即便在他被人仇恨的時候依然沒有辜負自己的信念。在這場政策時刻發生變化的角力當中，胡佛不得不與各種反對勢力鬥爭，他要與德軍、英軍與法軍斡旋，甚至還要與比利時人溝通。但他由始至終都保持著自信，始終沒有發過脾氣，說出的任何一句話都是經過深思熟慮的。他始終沒有將自己的真實情感流露出來，他的大腦就像一臺機器那樣始終在高速地運轉。事實上，這些事情讓胡佛感到心力交瘁。

　　這項工作必須要籌資。法國北部已經被德軍占領了，又有兩百五十萬的法國人需要得到糧食的補給。在之前的時候，比利時救濟委員會都是將食物賣給那些有能力支付這些食品的人，將其中的利潤轉化成為慈善資金，用於幫助那些一無所有的人。隨著戰爭的深入，每過一個星期，就會有成千上萬人在飢餓線上掙扎。在工業高度發達的歐洲，可以說看不到了一個工廠的機械輪子在轉動，工廠已經人去樓空了，大家都沒有了工作與

薪水，他們唯一的食物來源就是比利時救濟委員會發放的食物。這個救濟專案每個月的花費為 1,200 萬美元，來自慈善機構以及來自政府的非官方捐獻。這些錢都進入了赫伯特·胡佛的帳戶。沒有人監視他這個擁有數億美元的帳戶，有的只是他的良心。因為胡佛正直的名聲對歐洲的各個政府來說就像政府債券那麼安全可靠。當胡佛接受了這筆金錢的時候，其實就是接受了全部的責任，他必須要以誠實高效的方式去利用這筆錢。他深知，即便他在處理金錢的問題上犯下一點錯誤，都會讓他的敵人有機可乘。他讓會計對這個帳戶的流水帳進行雙重審核，並且讓英國與法國的會計對此進行公證，防止任何一分錢落入他個人的口袋。在此過程，他不僅拒絕獲得任何薪水，而且還要自掏腰包支付差旅費。不管怎麼說，比利時救濟委員會的財富都在他的肩上，他每天用於救濟比利時人所需要的費用，要比他之前在任何一間公司裡見過的數目都要龐大，這麼龐大的支出數目會讓任何一間企業都陷入破產的危機。最後，胡佛知道這場救濟行動變成了一場是否能夠籌措到更多資金的問題。他與德軍將領商談過，但德軍拒絕將他們沒收的比利時富人的財富轉交給他們，與此同時，比利時人也宣布，他們寧願餓死，也不願意向侵略他們的德軍低頭屈服。在世界各地遭受戰火蹂躪的國家裡，金融秩序也出現了混亂的狀況。倫敦那些最著名的金融家對胡佛說，他的這些努力終將是毫無用處的。胡佛制定的許多計畫都遭受了挫折與變更，但他依然想盡一切辦法將已有的資源重組起來，以堅韌的態度抗爭。最後，他成功了。即便在和平的年代，能有這樣的成就已經可以說是金融界最偉大的人了，況且這是他在戰爭年代，透過周旋於交戰雙方之後才取得的成就。胡佛最終獲得了讓比利時救濟委員會繼續運轉的資金，這是一場他必須要取得勝利的戰鬥，因為要是他失敗的話，那麼比利時人將會活活餓死。

凡爾登——這是法國政府想要極力控制的地方。有限的資源讓法國政府考慮過放棄對比利時救濟委員會的支持。按照法國官方的說法，法國沒有義務對處於德軍占領區內的兩百五十萬法國人提供糧食的義務，因為按照海牙會議的規定，德國人需要向這些法國人提供糧食補給。儘管如此，法國政府還是祕密向赫伯特‧胡佛每月提供 1,250 萬法郎的資金，但法國政府收到的只是帶有胡佛個人簽名的收據。現在，法國內部一些人要求政府停止這些資金的援助。法國其他地方的人都在挨餓，所有法國人都在忍受著戰爭帶來的痛苦，法國必須要將所有的物資都集中在凡爾登戰役上。在德軍占領區內的兩百五十萬法國人就任由德國人來養活吧。如果德國人不提供糧食讓他們挨餓的話，那麼他們自然會在德軍的占領區發動起義，這些法國人絕望的抗爭必然會動搖德軍的勢力，讓德軍沒有足夠的實力去攻占凡爾登。

赫伯特‧胡佛不得不在英國與巴黎之間往返數百次斡旋。他知道法國內部這些人的邏輯是錯誤的。他知道德軍占領區內發生的真實情況，但他不能說。他應該以中立者的身分去完成這項救濟工作，可以自由地出入德軍與法軍之間控制的地方，他絕對不能說出任何一句影響惡劣的話或是給出一個暗示的眼神。法國必須要接受胡佛所說的沒有多少人去加以證實的話，因為有兩百五十萬法國同胞的生命取決於法國政府的決定。

胡佛帶著勝利回到了倫敦。他挫敗了法軍內部一些將領的陰謀，讓法國政府決定繼續支持比利時救濟委員會的工作。接著，又一場危機在德國內部發生，一些德軍高級將領表示要將比利時救濟委員會趕出德軍占領區，防止任何可能出現的意外。德軍指揮總部對媒體報導的關於德軍在占領區的暴行報導非常震怒。為了避免任何人將德軍占領區的情況告訴世人，德軍將領表示應該將這個機構的所有人都趕走，因為他們不知道這些

人是否同情德軍的行動。一些德軍將領甚至表示，應該將這些人投入到集中營的鐵絲網下，讓他們好好感受什麼才是順從。他們表示，德國人也在挨餓，為什麼比利時人就要得到糧食？胡佛立即度過英吉利海峽，在黑夜中避過了魚雷，乘坐小船趕到了布魯塞爾。

「馬克‧吐溫曾經說過，人生就是面對一件該死的事情接著另一件該死的事情的過程。也許，他說的沒錯。現在，我們這裡的工作就正如馬克‧吐溫所說的那樣子。」一些工作人員在倫敦的比利時救濟委員會總部這樣說。他們還要二十多次地向英國方面證明，比利時救濟委員會的食品並沒有落入德國人的手中。

因為胡佛制定了較為科學的管理體制，因此分配食物反而成為了整個工作中最為簡單的事情。即便是在比利時最小的村莊裡，實際分配食物的問題都是讓當地的比利時經銷商在比利時國家委員會旗下去完成的。這些人需要親臨現場去送食品給那些忍受著飢餓的人，這也是胡佛本人無法去做的。他已經看見過安特衛普的許多孩子在飢餓線上掙扎，之後他就再也不忍心見到這樣的場面了。胡佛無法忍受這些場景帶給他內心的衝擊，這些情感會沉重地壓在他的心頭，讓他無法繼續手頭上的工作。他斷然拒絕了那些對他從事這種人道主義工作的女性的感謝，因為他知道必須要想盡一切辦法拯救那些貧苦的女人與孩子們的生命，但他不願意談論這些事情。

「我記得，整個工作就像是一場沒有任何回合的長期抗爭。」當這項工作在 1917 年結束的時候，他這樣說。盧‧亨利在心情處於陰鬱狀態的胡佛的臉上看到了一絲陽光的起色。她說：「也許，你現在可以再次回歸到家庭上面了。你知道，你擁有一個非常幸福的家庭。」

比利時救濟委員會的工作結束了。這項工作在兩年之內耗費了數十億

美元，該機構的日常管理費用只占到所有費用的 0.5%。現在這個委員會的所有工作已經結束了，所有的帳目都清算完畢了，所有的數目都能夠與花銷對的上。赫伯特‧胡佛與他的家人立即乘坐輪船回到美國。時任美國總統的威爾遜在佩奇的建議下，任命赫伯特‧胡佛擔任軍需局長，讓他負責管理美國食品局。

春天到來的時候，華盛頓大街兩旁的樹木再次冒出來青綠的葉子，公園、廣場都擠滿了人，白宮草坪上的木蘭科植物在盛開，清澈的波多馬克河倒映著兩岸的樹木。此時華盛頓就像一個被捅了之後的虎頭蜂窩，大街小巷都聚集著人，空氣裡迴盪著錘子與鋸子的聲音，飛機在華盛頓的紀念碑上空飛過，無線電的塔樓正在滴答滴答地傳送著無線電資訊。政府部門在加速擴張，很多木製與混凝土做成的建築拔地而起，在飯店或是古老的公寓裡，很多打字員在忙著打字，很多員工在壁爐旁或是浴缸內忙著整理檔案。華盛頓這座城市依然有著古老的政治制度，現在卻突然變成一個機構臃腫的龐然大物。之前較為集中的權力現在都開始漸漸地分散開來，試圖用這樣的方式帶領著經濟高效地繼續前進。

在過去兩百年裡，美國就像拓普希那樣不斷成長。美國先驅者們身上散發出來的簡樸個人主義式民主不可避免地成為了現代工業社會以及勞工聯盟的專制制度。機構的集結方式隨著時代的發展而不斷發生變化，但是無論怎麼變化，任何機構都應該建立在保護個人私有財產的基礎之上，這才能形成一條明確的路線，讓每個個體都能夠將權力下放，而任何領袖的權力都源於個體權力的轉讓。股票持有者將自身的權力轉讓給公司的管理者或是主席，讓他們擁有這樣的權力去集結工人生產。而有組織的工人們則轉讓自己的權力，選舉出工會代表。資本與勞動力就是代表著兩種極為龐大的專制組織，要是這兩種勢力出現矛盾或是衝突的時候，必然會導致

最大的惡意。當時的美國農業依然是由很多珍視著個人主義民主思想的農民去做的，這些農民就成為了這兩者的犧牲者。當時美國的農業依然遠遠落後於其工業發展水準，因為當時很多人都遠離了農村，從事農業生產的人數不夠，加上缺乏足夠的資本去購買先進的農業設備，再加上勞工組織要求加薪，這就造成了生產機械設備的成本大幅度攀升。而投資者為了獲益，最終只能貶低農場品價格。政治制度應該以個人的民主思想為基礎，但現在卻面臨著專制經濟與專制的政治結構的影響，很多人都試圖化解這兩者之間的矛盾卻徒勞無功。

此時的美國已經宣布加入了第一次世界大戰，赫伯特·胡佛負責美國國內的食品生產以及出口等方面的工作。胡佛深知，正是一種成就了美國先驅者的精神才能讓這個國家繼續前進，他知道自己在二十多年來在世界各地工作之所以取得成功，就是因為他身上始終具有美國主義的本質精神。現在，這個國家正沿著那些先輩們的足跡前進。美國已經征服了美洲大陸，成為了一個偉大的國家。現在，美國已經有足夠的能力去解決世界其他地方出現的一些衝突。

赫伯特·胡佛面對的一個爛攤子。當時美國的農業生產只能勉強養活國內人口，這要依賴美國擁有豐富的自然資源。在過去五十年來，美國的耕地面積呈現出逐漸減少的趨勢，再加上政府對此沒有多加管理，導致這樣的趨勢始終沒有得到扭轉。佃農的人數在不斷增加，土地出租抵押金讓那些想要從事農業生產的人必須要支付高額的利息。農業機械的成本在逐漸增加，而從事農業生產的勞力卻在不斷降低。發生在歐洲的戰爭讓當時美國國內的市場處於混亂的狀態，很多投機分子就像小偷劫掠城市那樣搶奪著屬於農民的利益。這些投機者以 1.44 美元的價格收購小麥，當這些小麥送到了芝加哥地區，價格則飆升到了 3.25 美元，而且一桶麵粉的價

格是這個價格的兩倍之高。很多從事畜牧養殖的人都紛紛將他們的小羊賣掉，因為他們無法從養殖這些牲口中得到任何利潤。大城市的中產階級每天不得不少吃肉，因為高昂的肉價讓他們無法承受。

這不單純是關乎贏得這場戰爭，更重要還是要餵飽美國人。還有歐洲的許多人都需要在華盛頓負責食物管理局的胡佛去解決這個問題。胡佛知道解決問題的希望是非常渺茫的，因為他比大多數美國人都清楚一點，即幾乎每個國家都陷入了這場戰爭當中。他必須要立即著手穩定美國的糧食物價，同時增加糧食產量，降低美國人平常的飲食需求量，從中擠出一大部分食物作為出口。他必須要立即這樣去做。

他立即制定了一套分散化的管理模式，這個管理模式所建立的理論與美國所有的政治與經濟制度都是相悖的。過去二十年在世界各地經商的經驗並沒有改變胡佛對個人主義式的民主的信念。現在作為食品管理局最高管理者的他擁有著絕對的權威，但他必須要盡快將權力下放出去。在他二十多年礦場管理的經驗當中，他知道這樣做是對的，他也將這樣的方法運用到救援比利時人身上。他將自己的權力下放到各州的食物管理局，透過他們在將權力下放到各縣的管理局，最後將權力落實到每個個體身上。接著，胡佛展開了一次大規模的宣傳活動。他繼續運用當初在貴格會村莊裡經常使用的方法到更為複雜的事情上，將自由討論以及個人的責任作為基本的原則。他相信人性，他將自己一半的希望都寄託在那些通情達理且自由的個人能夠做出正確的決定上。當時美國的兩千萬戶的家庭中有一千兩百萬戶響應胡佛的號召，差不多有六千萬美國人表示響應胡佛的號召，願意節約食物。

增加農業生產以及合理的糧食銷售，這是一個更加難以解決的問題。胡佛從這件事情中看到了每個人在自身財產受到攻擊時展現出來的那種天

第六章

然的自私以及很多農民為了生活而付出的巨大努力。他必須要解決那些投機者獲利豐碩的局面，讓農民看到從工作中獲得一種過上富足生活的希望。他必須要努力改變美國過去長達兩百多年的食品供應制度，因為這樣的供應制度從來就不會建立在一種公平的基礎之上的。根據 1917 年制定的《食品控制法案》，他開始實行農產品授權制度，因為這些授權經營農產品的人一年的生意額高達 10 萬美元。透過這樣的方式，確保農民在 1918 年每蒲式耳的價格可以維持在 2 美元左右。

但是，聯軍要想贏得這場戰爭，就取決於每個美國人都去響應他的號召。胡佛將個人的希望都寄託在美國民眾身上。在危機關頭，雖然他要求實行食品供給制度以及食物卡，但他依然相信自由的個體聯合起來能夠產生更多的力量。胡佛繼續進行著相關的宣傳工作，他的宣傳進入了美國每個家庭。從根本上來說，美國只有依靠每一個自由的美國人共同做出努力，才有可能贏得這場戰爭。要是使用禁止、制度或是專制的權力去進行硬性的規定，都很難讓民眾發自內心地遵守這樣的號召。如果說這真的需要理由的話，那就是現在還不是使用這些方法的時候。在 1918 年 1 月，此時胡佛已經成為美國食品管理局局長五個月時間裡，英國食品管理局局長羅達爵士覺得聯軍勝利的最後一絲希望都沒有了。他攤開雙手，在英國戰爭委員會上無奈地說：「先生們，我們完蛋了，聯軍在這場戰爭中失敗了。」

他發給赫伯特·胡佛的電報已經送到了在華盛頓食品管理局的辦公室。「除非你至少能夠送去七千五百萬蒲式耳的小麥給聯軍，再加上從加拿大那邊運送過來的糧食，否則我無法向我們的國民保證我們有充足的食物可以贏得這場戰爭的勝利。當前嚴峻的局勢讓我不得不這麼唐突地發這封電報給你。沒有人比我深知一點，那就是美國人民已經為這場戰爭付出

了巨大的犧牲，他們為這場戰爭提供了所需的一切物資。但是現在到了一個極為關鍵的時刻，美國能夠決定在歐洲的聯軍是否有足夠的糧食去取得勝利，除非美國願意派遣軍隊直接參與歐洲的戰爭。」

這封電報讓赫伯特·胡佛深感不安，這些不安的情緒從去年冬天一直延續到現在，並在此時此刻達到了最高峰。美國在 1917 年的小麥產量不多，美國人民每天所吃的糧食也僅僅只是能夠維持日常的溫飽。胡佛不得不與麵包店、大米生產商以及中間商進行磋商，解決其中許多纏繞的問題。胡佛將權力都下放出去，讓部下具體負責相關的事情。而他則作為提供糧食給聯軍的協調者。事實上，胡佛這樣做是為了讓農民能夠免於遭受投機以及中間商的敲詐，從而穩定糧食物價，防止農產品市場出現投機與恐慌的情況。面對著世界各地出現糧食短缺以及船隻不夠的情況，他必須要想辦法將足夠的糧食運送到歐洲，在不讓美國人挨餓的前提下幫助歐洲的聯軍贏得這場戰爭。在七月的時候，他已經將八千五百萬蒲式耳的糧食運到了歐洲，這要比羅達爵士提出的要求多出了一千萬蒲式耳。歐洲聯軍的危機終於解除了。

在這場危機過去之後，胡佛感覺工作上的壓力降低了許多。之後更多涉及的是統合與重組的問題。在完成了比利時救濟委員會以及在華盛頓工作第一個月所帶來的不適應之後，胡佛開始了對食品管理局的重組。他獲得了國會的授權，讓他能夠以買家的身分進入市場。他透過嫻熟的商業技能建立了美國糧食公司，將小麥的價格保持穩定，並且努力將麵粉的價格壓低。在他上任之後，從農產品獲益的群體的百分比出現了變化。在 1910 年，單純是從麵包的價格當中，農民只能獲得 27% 的利潤，麵粉廠能夠獲得 6.5% 的利潤，而中間商與麵包製造商則能夠獲得 66.5% 的利潤。在 1915 年，這樣的比重分別為 30%、11% 與 59%。隨著糧食公司與食品管

第六章

理局的介入，農民獲得了40％的利潤，麵粉廠獲得了3％的利潤，而中間
商與麵包製造商則獲得了57％的利潤。生產商與消費者之間的差價已經
從每桶麵粉的11美元降低到3.5美元。這些數字都是美國民眾很少去了
解的，而且他們也沒有對此深入思考過，但是這樣的轉變對於每一位耕種
農田的農民以及每個每天要吃麵包與奶油的孩子的健康來說卻是十分重要
的。改變這些獲利比重正是赫伯特‧胡佛的任務所在，他在執行過程中深
感不安與焦慮，因為他覺得這代表著人性的價值。但是，他最終做到了，
因為他必須要這樣做，雖然這樣做的方式與他所持的信念是相悖的。他不
得不在食品管理局中運用專制的方法，雖然這樣的做法違背了他的信念。
他並不相信這樣的經濟管制是政府應該採取的恰當行為。但在戰爭的緊要
關頭，這卻是有必要的舉措。公平高效地分配食品供應，這在戰爭的關頭
是必要的。

　　胡佛在食品管理局採取的相關措施引發了更多的問題。胡佛讓他的部
門與戰爭貿易委員會以及航運局合作，管制出口商品，防止國內因為出現
食品短缺而出現恐慌的局面。他負責聯軍的食物採購與供應的工作，透過
中立國家與紅十字會將食物運送出去，從而讓供應與需求之間達到一種平
衡。胡佛管理下的食品採購與協調部門對從美國出口的任何一艘船都進行
了審批與放行。

　　雖然這樣的工作對聯軍的勝利以及每一位美國人都是極為重要的，雖
然這項工作並不如他在比利時救濟委員會的工作那麼累人，但也讓胡佛感
到疲憊不堪。他每天要工作十個小時、十二個小時或是十四個小時，但在
週末的時候，他可以有足夠的時間放鬆自己，在休閒的時光裡慢慢地儲備
他在工作中所需要的能量。每個週末的早上，他與盧‧亨利以及他們的孩
子都會將午餐籃子、地毯放到汽車上，然後出發前往鄉村野餐。一些來自

食品管理局各部門的領導以及職員都會跟隨著他們一起去。有時,他們會前往維吉尼亞州或是馬里蘭州的一些地方,在一條小溪旁邊的陰涼地方,他們停好車子,將地毯鋪在地上,然後開始玩耍。孩子們赤腳在小溪裡走來走去,女孩們則在草叢中採集著花朵。赫伯特・胡佛則會用工程師特有的眼光觀察著這些場景,在小溪上選擇一個有趣的地方,然後捲起袖子,幫助孩子們建起一座小小的「水壩」與溝渠,做成了一個微型的「發電站」,讓小溪的水流轉動著用樹枝做成的輪子。胡佛的雙手沾滿了泥土,溫暖的陽光照在他的後背上。孩子們都在他的身邊看著他,對他做出來的東西非常著迷。胡佛對孩子們解釋了與過去以及未來的相關工程問題,講了他在薩利納斯、埃及以及在俄羅斯等地的見聞。孩子們都彎下身子,想要努力地讓小溪的水流往高處流動。但他們在營帳前升起篝火的時候,大家的胃口都很好。他們聞到了烤雞與夏日烘乾的木材燃燒時發出的香味。胡佛像個孩子那樣吃著食物,盤腿坐著,一手拿著一個棕黃色的麵包三明治,另一隻手拿著吃剩下的雞鼓。此時的他將一切煩惱都拋在身後了。

「派你去歐洲?當你可以這樣烤雞的時候,你哪裡都不想去」。躺在地毯上,胡佛點燃了一根味道較淡的雪茄菸,這是他為數不多的一個愛好,他輕輕地吸著雪茄菸,看著陽光穿透了層層葉子。當他在地毯上入睡之後,盧・亨利就會向孩子們揮揮手,讓他們在較遠處的小溪那裡玩耍。

這些歡樂的週末假期就是赫伯特・胡佛的人生縮影。此時的他已經擁有了享譽世界的名聲。身為美國政府一個機構的負責人,他經常要在東西半球上出差,改變歷史的進程,拯救數百萬人的生命。他的名字在英文字典裡已經擁有了動詞的語義。在他的名聲後面,他依然是一位勇敢進取的人,正是這樣的精神讓美國成為了一個偉大的國家。這種簡樸、務實、積極的精神,讓胡佛能從其他的活動中得到精神的慰藉,讓他能從森林與小

溪等自然環境中得到精神的力量，也許這是一種他從那些開闢荒野的祖先
中得到的一種力量。

當第一次世界大戰在歐洲人民的淚水以及廢墟當中結束的時候，胡佛
立即以美國所具有的力量去給予歐洲應有的幫助，這讓世界的歷史進入了
一個全新的時代。

過去的文明在遭受戰爭的洗禮之後都已經分崩離析了，過去制度留下
來沉重的包袱必須要放下。在專制制度遭到毀滅的時候，歐洲人處在飢餓
與絕望的境地，面對著未知的世界。他們所熟知的世界已經成為了腳下的
廢墟，他們必須要在廢墟中努力地掙扎，必須要拋棄過往，試圖重新站穩
腳跟，重新為他們的後代建立一個安定祥和的環境。

俄國是這場戰爭當中第一個分崩離析的國家，這個國家想在戰爭的血
腥與恐懼當中建立一個全新的國家，但是，這個國家的工業文明與其他的
工業國家是毫無相似之處的。在戰爭的濃煙尚未完全散去的時候，就有人
傳出一個更為恐怖的消息，那就是莫斯科裡一小撮人試圖將共產主義作為
這個國家的基本原則，然後在此基礎之上建立一個龐大複雜的國家機器。
那些俄國人到底要怎麼做，誰也不知道。但是這個消息從北面的俄國那邊
迅速地吹到了世界各地。

德國此時依然受到英國的封鎖。德國人民在這場戰爭中元氣大傷，他
們無法相信德國軍隊竟然在戰爭中遭受了慘敗的事實。在英國戰艦的封鎖
之下，德國人面臨著飢餓的困境，整個德國都彌漫著恐慌的氣息。德國人
已經為他們的德皇奉獻出了最後一絲力量，此時的他們已經十分飢餓了，
他們不得不向戰勝國屈服。他們已經推翻了德皇制度，但他們依然非常飢
餓。德軍將機關槍安排在柏林的街道上，嚴密防止飢民發動暴亂。

赫伯特·胡佛看到了目前的情形需要像當初比利時救濟委員會那樣的

工作。他知道德國的食物儲備資源,他知道德國人無法熬到 1919 年 4 月之後。他知道德國人民的飢餓最終會演變成一場饑荒。當他作為和平使團的成員來到歐洲,他知道除非英國在 4 月之前解除對德國的封鎖,否則德國就只能將投靠俄國視為他們的唯一希望。到那個時候,即便是柏林街頭上安排的機關槍都無法阻擋那些飢餓的民眾,到時候整個歐洲都無法將要投靠共產主義俄國的德國拉回來。

德國人民希望能夠得到食物救濟,並且願意以黃金支付。但是,戰勝國希望德國用黃金進行戰爭補償以及戰爭損耗費用。在倫敦以及巴黎舉辦的會議當中,各國政府都使出了各種陰謀以及反陰謀的策略,每個國家的代表團都就各自在戰爭中的分贓情況進行激烈的辯論。此時,英國依然封鎖著德國,已經有部分德國人開始發動暴亂了。柏林的街頭開始出現血腥的鎮壓與槍炮聲。諾斯克用槍炮讓德國人民保持冷靜,但每個德國人都在忍受著飢餓。

在 1 月的時候,赫伯特・胡佛在四方會議上闡述了德國目前面臨的局勢。他了解德國目前的食品供應的情況,知道德國國內斯巴達克同盟運動的力量,知道德國目前的問題如果不解決的話將會成為日後歐洲動亂的根源。他希望英國盡快解除封鎖,接著他克服了重重困難,將食物運送到德國。讓英國人與德國人坐下來一起談判,達成經濟方面的協議以及資產轉移,化解戰爭帶來的仇恨以及協調衝突的利益關係,這些工作都需要數週乃至數月的時間。在德國國內,諾斯克依然控制著整個德國,但之前的飢餓已經開始演變成饑荒了。看來,德國當時的狀況無法等到四月分。

三月,四方會議在布魯塞爾終於達成了最後的協定。胡佛參與了整個會議,並為達成協議做出了努力。現在,他可以將美國的食品透過輪船運送到德國。但他並不需要等待輪船到來的時間,裝載食品的輪船已經在大

第六章

海上航行了，正在前往德國的漢堡。在布魯塞爾會議結束的四天之後，第一艘運載小麥與動植物油的食品抵達了德國。這是胡佛讓整個歐洲團結起來對抗共產主義俄國所取得的第一場勝利。

身為美國救濟委員會的主管以及最高經濟委員會的成員，胡佛所擁有的權力要比過往任何的國王都要龐大。但是，他始終以沉穩高效的方式運用手中的權力，將歐洲各地出現的反抗之火撲滅。他看到了整個世界都需要一番重組，他知道解決各種問題的根本方法就是個人主義式民主精神，這樣的民主精神是根植於每個人都必須要發揮主觀能動性，獲得屬於自己的財產以及掌握自身命運基礎之上的。他不僅將共產主義看成是必然會帶來暴動起義的迫切危險，也看到了共產主義必然會給整個國家經濟組織帶來徹底的毀滅以及極其嚴重的後果。在胡佛看來，共產主義更是人類絕對不應該踐行的一條道路，因為這是錯誤的。任何社會都應該建立在個體之上，而不是建立在集體之上。每個政府的正確職責並不是經濟管制，政府最不該做的就是控制每個個體，而應該履行確保每個個體都應該有過上正常生活的權力，保護私有財產，讓每個人都能享受到政治上的自由以及追求幸福的自由。他見過許多政府的失敗、軟弱以及所犯下的罪行，但他認為政治問題最好還是應該透過建立民主制度的共和制國家，透過分權式的管理結構糾正經濟制度中國家存在的不公平現象。

因此，在胡佛看來，共產主義是全人類最為可怕的敵人。在那些充滿困惑與痛苦的歲月裡，他使用的一種武器是當時歐洲最為強大的武器——食物。

胡佛身為美國救濟委員會的主管，手裡掌握著美國政府給予的一億美元的援助。相比於當時處於廢墟的歐洲各地爆發的起義來說，這簡直是杯水車薪。共產主義的俄國已經在地平線上升起來了，德國此時依然在掙

扎，奧匈帝國這個曾經是歐洲與亞洲堅固的屏障，現在已經分崩離析了。義大利各地也出現了起義運動，法國也出現了零星的起義。英國正在努力撲滅克萊德與貝爾法斯特地區的暴亂行動。這樣的情況一旦失去控制，那麼歐洲各地的起義火焰就會將世界這個擁有著古老文明的地區全部燒成一片廢墟。

必須要拯救歐洲！拯救歐洲的唯一途徑就是在一個原本建立在穩定經濟基礎之上的廢墟進行重建，撲滅各地出現的暴亂。與此同時，在巴黎舉辦的四方會議上，每個國家都在為他們在戰後的利益分贓激烈的討論著，從山東的膠州灣、南斯拉夫的阜姆港、薩爾河、小亞細亞的領主權到向德國索要戰爭賠款等問題，一直在爭論不休。赫伯特·胡佛始終在默默地為建立一個全新的歐洲做出努力，讓從德國邊境到黑海再到裡海的歐洲邊境免於遭受共產主義的侵襲。雖然當時的交通設施遭受了損毀，工業設施變成了一片廢墟，相關國家的政治版圖出現了變化，再加上中歐各地依然出現小規模的暴亂活動，這讓胡佛的重建計畫變得十分困難，但他依然在努力地推進。雖然當時的鐵路已經沒人運營了，原本機器轟鳴的工廠變得安靜，軍隊到處燒殺搶掠，製造了全新的仇恨，但胡佛手下的人依然在努力為中歐地區重建過去的商務邏輯。奧地利的機械可以拿來換加利西亞的食物油以及克羅埃西亞的豬肉，羅馬尼亞人的食用油可以用來換匈牙利人的小麥，南斯拉夫的小麥可以用來換維也納製造的鋼鐵，波蘭種植的馬鈴薯可以換捷克地區的糖類食物，捷克的煤炭可以換布達佩斯的機械。雖然這些交換的過程要解決很多外交協商、繁文縟節、躲避劫掠的士兵或是政治勢力的影響，但他們還是做到了。這些國家能夠獲得足夠的食物來餵飽他們的國民，拯救他們瀕臨崩潰的政府。正因為胡佛從中不斷地斡旋，這些國家得到了各自想要的東西。

## 第六章

　　在此期間，匈牙利投入了共產主義俄國的懷抱。貝拉‧昆與俄國人勾結起來，重新當上了哈布斯堡王朝的王位，在到處都是飢民的維也納，奧地利政府面臨全面的崩潰也只是時間的問題。奧地利的許多將軍都明白一點，當飢餓的危機進一步加深的時候，他們也將無法控制手下的軍隊。在德國的慕尼黑爆發了一場共產黨人發動的起義。如果整個奧匈地區都投靠共產主義的話，那麼捷克斯洛伐克也將會步後塵，最後德國、義大利甚至是法國也將會投入共產主義的懷抱。

　　此時的胡佛在巴黎，他手下的格里高利上校正在布達佩斯舉行一場反對起義的鎮壓活動，當然他們使用了食品供應以及對政治局勢嫻熟的運用一些手法。貝拉‧昆以及俄國勢力被打倒了，維也納在美國救援以及美國士兵的幫助下重新站穩了腳跟，捷克斯洛伐克的局勢也穩定下來了，整個歐洲避免了全面倒向共產主義的危險。

　　赫伯特‧胡佛無法讓羅馬尼亞軍隊停止進攻陷入絕境的匈牙利。此時匈牙利國內的政治形勢發生了變化，偏離了胡佛之前認為較好的共和制，讓哈布斯堡王朝的後裔約瑟夫大公擔任國王。赫伯特‧胡佛想要將這位大公趕下臺，他在四方會議上臉色蒼白、怒氣沖沖地指責這些事情的發生，並且透過電報發去一封內容嚴肅的電報給在布達佩斯的格里高利。美國政府是絕對不能允許共產主義勢力的壯大，美國政府絕對不會承認哈布斯堡王朝這個反動王朝的合法性。最後，約瑟夫大公與貝拉‧昆的命運一樣，都黯然下臺了。格里高利在電報裡用愉悅的口吻帶給赫伯特‧胡佛這個消息。

**赫伯特‧胡佛，巴黎**

**今天早上八點鐘，大公已經下臺了。**

**格里高利**

隨著戰後歐洲那段危機四伏的日子過去了，美國救濟委員會的工作也隨之結束。在此期間，四方會議各國在閉門會議裡重新瓜分了歐洲的版圖，很多政府與派系都想出各種陰謀與反陰謀的方法，想要瓜分這個戰後滿目瘡痍的世界版圖。歐洲人民對這樣的情況感到幻滅。面對軍隊的鐵蹄、飢民遍地以及工廠變成廢墟等場景，他們感到了深深的絕望，想要將過去那個制度的所有殘餘都毀滅掉。美國救濟委員會就是在這樣的情況下，對歐洲各國給予了幫助，幫助他們在廢墟的基礎之上重建。

歐洲各國絕對不能放棄一點，那就是確保在歐洲的白人能夠擁有自己的未來。這些白人的孩子正在奄奄一息，過去那個世代的年輕人已經被戰爭的熔爐燒成了灰燼。滿目瘡痍的歐洲就像一朵就要凋零的花朵，讓人看不到希望。但是歐洲必須要得到充足的糧食，必須要重建，必須要擁有強大的力量去承擔這個新世紀所帶來的負擔。在胡佛的良好管理下，美國救濟委員會將所有的利潤都用於購買牛奶與藥品上面，這樣的工作一直持續到胡佛到紐約工作之後。這是美國政府對歐洲各國人民最後所能做的慈善工作了。

美國也面臨著國內的重建以及保護在國外企業利益的問題。正是在幫助美國解決這些問題的過程中，赫伯特・胡佛才漸漸找到了屬於自己的未來。他回到了美國，這個鍛造他精神的國度，他在世界各地豐富的工作經驗讓他具備了兩百多年前創造美國這個國家的先輩們都具備的特質：勇敢、誠實、能量、對具體事實的務實眼光以及對基於個人主義式民主不可動搖的信念。這些特質讓胡佛成為了新世界推動美國前進的一部分，胡佛也在這個過程中成為了歷史上最具權力的人之一。胡佛相信，只要美國人民具有這樣的品格，那麼美國就能在任何風雨下都巋然不動，在過去打造的牢固基礎之上建立一個和平的未來。

# 美國唯一漢語總統赫伯特‧胡佛：

## 支援八國聯軍、誆騙清帝國，救援歐洲大功臣，卻使國家差點破產，飽受爭議的一戰後領袖

作　　者：[ 美 ] 蘿絲‧懷德‧萊恩
　　　　　（Rose Wilder Lane）

翻　　譯：王少凱

發 行 人：黃振庭

出 版 者：崧燁文化事業有限公司

發 行 者：崧燁文化事業有限公司

E-mail：sonbookservice@gmail.com

粉 絲 頁：https://www.facebook.com/sonbookss/

網　　址：https://sonbook.net/

地　　址：台北市中正區重慶南路一段六十一號八樓
　　　　　815 室
Rm. 815, 8F., No.61, Sec. 1, Chongqing S. Rd., Zhongzheng Dist., Taipei City 100, Taiwan

電　　話：(02)2370-3310

傳　　真：(02)2388-1990

印　　刷：京峯彩色印刷有限公司（京峰數位）

律師顧問：廣華律師事務所 張珮琦律師

定　　價：375 元

發行日期：2023 年 03 月第一版

◎本書以 POD 印製

**國家圖書館出版品預行編目資料**

美國唯一漢語總統赫伯特‧胡佛：支援八國聯軍、誆騙清帝國，救援歐洲大功臣，卻使國家差點破產，飽受爭議的一戰後領袖 / [ 美 ] 蘿絲‧懷德‧萊恩（Rose Wilder Lane）著，王少凱 譯 . -- 第一版 . -- 臺北市：崧燁文化事業有限公司，2023.03
面；　公分
POD 版
譯　自：The making of Herbert Hoover
ISBN 978-626-357-204-1( 平裝 )
1.CST:　胡 佛 (Hoover, Herbert, 1874-1964) 2.CST: 總統 3.CST: 傳記 4.CST: 美國
785.28　112002230

電子書購買

臉書